企业社会责任信息传递机制研究

杜　剑等　著

国家社会科学基金项目“企业社会责任信息传递机制研究”（项目号：11XSH027）资助

科学出版社
北　京

内 容 简 介

本书作为学术研究著作，尝试在一个合理、科学的框架内对企业社会责任的信息传递机制（包括信息传递动机、信息传递充分性、信息接收反馈三个环节）进行解析。本书立足我国国情，以理论为指导，通过实证研究，探讨了我国企业社会责任信息传递对企业价值的贡献和影响，以及对企业税收规避和利益相关者的影响，揭示了上市企业社会责任信息传递行为的特征及改进措施。

本书内容覆盖面广、信息量大、系统性强，适合高等学校会计、财务管理、审计、税收等经济类专业的高年级本科生、研究生作为参考书使用，也适合对企业社会责任感兴趣的研究者阅读，对财政、证券监管等政府部门的实际工作者也有一定的参考价值。

图书在版编目（CIP）数据

企业社会责任信息传递机制研究 / 杜剑等著. —北京：科学出版社，2018.8

ISBN 978-7-03-058473-1

Ⅰ. ①企… Ⅱ. ①杜… Ⅲ. ①企业责任–社会责任–信息传递–研究–中国 Ⅳ. ①F279.2

中国版本图书馆 CIP 数据核字（2018）第 177258 号

责任编辑：王丹妮 / 责任校对：孙婷婷

责任印制：吴兆东 / 封面设计：无极书装

科 学 出 版 社 出版

北京东黄城根北街 16 号

邮政编码：100717

http://www.sciencep.com

北京凌奇印刷有限责任公司 印刷

科学出版社发行 各地新华书店经销

*

2018 年 8 月第 一 版 开本：720×1000 B5

2019 年11 月第二次印刷 印张：12 1/4

字数：246 000

定价：86.00 元

（如有印装质量问题，我社负责调换）

作 者 简 介

杜剑，男，汉族，四川峨边彝族自治县人，中共党员，博士，贵州财经大学教授，硕士生导师，贵州省高校哲学社会科学学术带头人（会计学）。主要从事企业社会责任、公司治理、税收政策等方面的教学和研究工作。主持国家级、省（部）级课题三项，撰写专著三部，在《税务研究》等刊物公开发表论文三十余篇，并多次获得优秀教师荣誉称号及省部级科研成果奖。

前　言

企业社会责任正迅速成为一个全球性的共识，需要企业从战略上予以全面的回应，要把伦理规范和企业社会责任确立为企业工作开展所应遵循的核心价值观。十八届三中全会将企业社会责任作为深化改革的重点之一，十九大提出推进诚信建设和志愿服务制度化，强化社会责任意识、规则意识、奉献意识。此时选择企业社会责任信息传递机制问题进行深入研究，将有助于拓宽我国企业社会责任的研究思路，丰富我国企业社会责任理论的研究成果。因此，本书在深入研究中国企业社会责任信息传递机制特殊性与借鉴国内外相关研究成果的基础上，试图综合分析中国企业社会责任信息传递的动机、传递的充分性、传递的接收反馈机制。这对全面提升我国企业社会责任履行义务具有重要意义：一是通过研究中国企业社会责任信息传递机制，进一步推进企业履行社会责任，弥补市场经济中市场失灵和政府失灵的缺陷，减少政府行政成本；二是通过研究企业各利益相关者对企业社会责任信息的接收与反馈，揭示我国现有信息传递机制中的不足，为进一步保障员工、消费者、社区、环境利益提供更好的路径选择；三是通过企业社会责任信息传递体系的完善，进一步提高我国企业社会责任信息传递效率。

目前，学术界有关企业社会责任信息披露的研究成果颇丰，专家学者们从公司治理、盈余管理、公司特征、产品市场特征、媒体舆论环境与市场竞争等各角度对企业社会责任信息披露的经济后果进行了较多的研究，也得出了较为丰富的成果，但是研究过程中并没有全面系统地考虑到行业效应、区域效应、市场成熟度等外在因素对整体研究的影响；而且从利益相关者角度对企业社会责任信息传递的感知价值进行分析的文献也较为缺乏；对于企业社会责任信息传递与政府税收之间的关系研究也有待进一步拓展；此外研究视角尚未完全展开，较为缺乏对这个问题进行系统的交叉学科研究。笔者于 2011 年 6 月承担了国家社会科学基金项目“企业社会责任信息传递机制研究”（项目号：11XSH027），本书正是以上项目的综合性研究成果。期望能填补该领域的研究空白，力争对有关企业、部门、专家学者在研究这类问题和决策时有所帮助。

本书在撰写过程中，吸收了不少前人的研究成果，参考和借鉴了大量优秀学术著作的写作方法，得到了杨杨、周松、冉渝、廖治宇、张帷、赵淑兰、汤晓建、窦康、曹玲燕、牛硕、王珺、赵子昂、王肇等专家学者、同仁及学生的鼓励和帮助，也得到了科学出版社的大力支持，在此一并表示衷心的感谢！

由于时间仓促，加之笔者研究能力与水平有限，书中存在许多不尽成熟之处，敬请广大读者、专家批评指正，以便我们进一步改进和完善。

杜　剑

2018 年 3 月

目　　录

第1章　企业社会责任的历史演进及本书逻辑思路

1.1　企业社会责任的历史演进

远在古希腊时期，商业道德便开始受到重视，其中又以社区精神为主要方面。以利润最大化为目的进行经营生产的商人在古希腊时期社会中处于较为底层的社会阶层，人们往往会看不起这些只追逐利润的商人，因此也会顺带排挤这些人的生产经营活动。古罗马时期的哲学家西塞罗认为，只有当企业将经营累积的利润和财富用于回馈社会，如用于建设公共设施、建筑物、社区、贸易港口、船舶等社会工程时，商人们从事的经营贸易活动才是合理合法的。重商主义时期，企业以盈利为唯一目标的理念充斥全球。早在 19 世纪初的西方国家，近代企业社会责任的理念就出现了萌芽，但企业社会责任真正开始实践（只限于个别领域）则始于20世纪50年代，安全生产、环境的保护、消费者权益、员工福利等企业社会责任的内容开始发展，其内涵不断扩大，自此，国际社会舆论开始逐步认同“企业社会责任”的理念。20世纪70年代，席卷全世界的“经济全球化”的风暴疾驰而来，其有三个主要特征，即“生产要素全球化”“市场全球化”“贸易规则全球化”，实现了全球资源配置上的三个“更”，即“更大的范围”“更高的层次”“更快的速度”。经济全球化在使世界经济更加繁荣的同时，也不可避免地将以往既已形成的传统利益格局打破，地区之间的各种社会矛盾日益凸显。崭新的国与国之间的经济贸易规则开始形成，为了在目标市场树立良好的企业形象，进而扩大市场份额，跨国公司也开始认识到企业社会责任，尤其是对消费者权利的保护、对员工权益的保护和对环境的保护的重要性。跨国公司凭借自身雄厚的实力不断加大对全球经济、政治及社会生活的影响，为数不少的跨国公司将生产线进行了转移，在生产成本低廉的发展中国家建立起全球性的生产网络，与此同时，跨国公司凭借其世界范围内的资源流动和全球化生产，想方设法规避国际法规和东道国法规，从而得以在国际竞争中获取更大的超额利润。伴随着跨国集团全球化步伐的加快，消费者权益受到侵害、“血汗工厂”的出现、环境污染等社会问题不可避免地如影随形，抵制运动由此产生，这些抵制运动多由消费者权益保护组织、工会组织、环保组织以及其他关注企业社会责任的非政府组织共同发起，提出强烈诉求，即跨国公司在扩张全球市场、追逐利润最大化的同时，应当且必须承担对其利益相关者的社会责任。就这样，伴随着跨国公司在全世界的业务发展，企业社会责任运动开始了“全球渗透”的新进程。20 世纪 90 年代至今，随着全球范围内各种社会责任事件的频繁发生，如安然丑闻事件、大型跨国通信公司倒闭、各种环境生态问题等，这些问题都迫切地要求企业充分地重视其社会人的角色，努力塑造好社会形象，满足社会对企业的期望，因此企业社会责任问题越来越受到关注，社会责任议题也引起了社会各界的频繁讨论，企业社会责任运动开始逐步地繁荣发展起来。国际经济社会在不断发展，企业社会责任也随之不断得到丰富，其内涵不断拓展，并呈现出继续扩大的趋势。20 世纪伊始，伴随着科学技术的不断进步，各种新型发明不断提高社会生产力，经济社会得到蓬勃发展。伴随着物质基础的日益丰富，人们开始注重自身精神世界的建设，个体的独立意识和维权意识不断加强，从而激化了个人、企业与社会的矛盾，为了解决这一矛盾，世界各地的企业在全球范围内相继成立了工会组织以起到积极的引导、调解作用。与此同步的是，世界各国人民的价值观念、消费观念正在悄然改变，对于“可持续发展”开始有所诉求。在此前提下，企业欲实现利益最大化，必须改变原来依靠单纯市场竞争的模式，而转为必须以社会公众利益的实现为前提。由此，企业承担社会责任的动机大大改变，从“被动行为”（被动地处理消费者矛盾、劳工冲突和环保问题）提升到“主动行为”（发挥主观能动性地多方面履行社会责任），从而通过不断提升企业形象来提高企业价值、增强企业国际竞争力，并在未来保持可持续发展的能力。

同国外相比，中国的工业化进程相对较慢，改革开放后，中国的制造业才开始迅猛发展，并一跃成为全球制造业第一大国——名副其实的“世界工厂”，但同时，各种负面问题也接踵而至，尤其是国际社会普遍关注的劳工问题，其中最引起非议的是国外劳工组织和非政府组织利用跨国公司进行采购的现象。当处在社会责任运动觉醒的社会中时，这种现象不仅引起了广泛关注也遭受到了强烈的谴责，为了进一步督促企业对员工履行社会责任，中国工人在跨国公司范围内开始组织一场“生产守则”的运动；自 2001 年中国被批准加入世界贸易组织（World Trade Organization，WTO），在各种利好政策下经济社会不断发展，伴随着新的领导人上台，开始强调科学发展观，倡导绿色发展，并以构建社会主义和谐社会为发展要求，因此，关于企业社会责任的说法开始逐渐受到社会的普遍关注并在我国社会中普及开来。

一些社会责任事件的频繁发生也加速了社会各界对企业社会责任的重视程度。例如，三鹿集团作为国内著名品牌，在奶粉中加入三聚氰胺，导致食用该奶粉的孩子长成“大头娃娃”，对当时的家庭和社会都产生了难以弥补的恶劣影响，导致直到现在国内家长还是更加信赖国外的奶粉品牌，代购进口奶粉成为一种经久不褪的热潮，并导致国外不得不针对性地颁布奶粉限购令。地沟油事件进一步加剧了国人对食品安全的担忧。食品安全方面隐患还未消除之时，哈药六厂的“假药事件”又进一步加深了社会各界对企业的信任危机，医药行业也不能幸免地加入企业社会责任信任黑名单。2013 年中石化的青岛分公司发生输油管道爆炸事件，这次事件不仅造成了数十人的直接死亡和七亿多元的资产损失，三天后中石化的股票大幅度跌损，其股票市值直接蒸发将近二十亿元，比起这些直观的后果和损失，更严重的是对海洋生态环境造成了难以恢复且不可逆转的污染，这些不能用数字来衡量的损失才是最严重的。这次事件中不仅股民表达了对中石化社会责任缺失的强烈不满，社会各界也都认为中石化没有认真履行企业社会责任。紫金矿业事件、国内地区持续的雾霾天气、康菲石油污染泄漏事件提升了人们对环境的关注；富士康员工跳楼事件进一步引发人们的疑问，即“盈利是企业唯一的目标吗？”。至此，人们关注的焦点开始涉及对企业社会责任的信息披露。

企业社会责任在全球范围的出现和发展大体经历了如下三个阶段：最开始社会责任概念出现时，企业仅仅将履行社会责任作为公众营销过程中的噱头来提升企业形象；在随后的发展中，企业逐步认识到社会责任的重要性并开始考虑在长期发展战略中融入社会责任方面的考虑因素，以此提高企业的产品竞争力，以期在长期的发展中获取利益最大化；当社会责任方面发展到一定阶段时，企业履行社会责任的情况开始受到外界第三方社会公众的监督和要求，这些外界压力要求企业更加全面地披露社会责任履行情况，从而对企业的社会责任表现提出了更全面、多层次的要求。与此同时，企业的社会责任意识也开始自我觉醒，开始意识到良好的社会责任表现不仅能提升企业形象，也能实实在在地给企业的可持续发展带来长远利益，因此在这个阶段，很多企业不仅严格遵守各项法律法规，还能够主观能动地去从员工、社区、环境等方面履行社会责任，可以看出，现阶段，企业社会责任履行不仅是一种在法律法规下执行的要求，更多的是一种自主的道德诉求。企业也必须将对社会负责看为在发展过程中应该实现的目标之一。

企业社会责任在我国的发展也同样可以划分为三个阶段，BSR（Business for Social Responsibility，即商务社会责任国际协会）的中国区总监周卫东先生对此进行了较为深入的研究，并详细阐述了社会责任在三个阶段的不同发展状态。

第一个阶段处于 20 世纪 90 年代中后期，世界范围内社会责任意识觉醒时，许多跨国公司已经逐渐意识到良好的社会责任表现可以促进企业的可持续健康发展，各国企业的社会责任行为纷纷开始从被动履责发展为主动实施，在自身积极践行社会责任的同时还开始要求上游供应商、下游产业链等商业合作伙伴积极履行社会责任，在商业活动中自觉遵守社会责任行为规范，严格按照劳动标准和环境审查标准生产经营。但是与此同时，中国国内的企业才刚刚接触到社会责任的概念，并且还是在做对外贸易的企业接受外企审核时提出企业社会责任方面审核才知晓这一概念的存在，这时该外贸公司就要为了开拓市场配合国外合作方展开审核，提供有关审核的各种详尽资料（如正规会计师事务所出具的审计报告、企业的人事档案、员工薪酬表、银行对账单），通常关于这种审核的资料准备时间需要长达数月之久。

第二个阶段则处于 2000~2004 年，中国正值加入世界贸易组织的时期前后，越来越多的国内外贸公司接收到了外国客户针对公司各方面的审计调查要求，由于国外客户会因此对国内外贸公司建立贸易壁垒从而阻碍中国货物出口，企业社会责任这才引起了商务部的关注，但这种关注也仅仅建立在为避免影响出口额的基础上。

自 2004 年起，国内社会责任发展进入第三个阶段，国内逐渐掀起了社会责任运动的热潮，企业社会责任作为热门话题引起了包括政界、学术界、主流媒体等社会各方的热烈讨论。《南方周末》联合其他相关组织在 2013 年公布了“中国社会责任评选”活动的榜单，这已经是连续第九年公布该活动的榜单了。截至 2014 年 10 月底，从《中国企业社会责任报告 2014》可以看出，2014 年，我国（不包括港澳台地区）公司合计发布企业社会责任报告（corporate social responsibility report，CSRR）的数量已经达到 1 526 份，相比较上年同期发布的 1 231 份社会责任报告，有高达 24 个百分点的增长，说明了我国（不包括港澳台地区）的社会责任履行情况正不断呈现出更加良好的表现。相反，有些外国公司为了追求在发展中国家建厂的低成本，在享受第三世界较低的优惠税率和较廉价的劳动力的同时，不断对代工厂提出压缩员工薪水和缩短产品交付期等不合理要求，当苹果公司代工厂富士康企业频繁发生员工跳楼事件后，中国政府开始逐渐意识到这些跨国公司对于本土企业和中国企业实施的“双重标准”。因此，为了保护本土公司和劳动者的正当权益，制定适合我国的企业社会责任标准、出台相关行业的标准要求等政策对于政府来说是一件迫在眉睫的事情。十八大报告提出，要将科学发展观作为社会长期发展的指导观念，提出构建和谐社会的五位一体建设（经济建设、政治建设、文化建设、社会建设、生态文明建设），首次将生态文明建设提高到战略层面，并强调要在尊重自然、顺应自然、保护自然的建设理念下构建和谐社会，在发展中保持权利、机会、规则的公平公正，由此可以看出，政府对企业社会责任的重视程度不断提高、要求不断增多。《DZCSR30000 中国企业社会责任标准体系》于 2013 年初正式颁布，是第一部扎根于中国且能指导在中国进行生产经营活动的企业良好履行社会责任的标准体系，这项标准体系的颁布标志着中国终于成立了符合中国国情的、具有中国特色的企业社会责任标准体系。

综上所述，根据上述分析可以看出企业社会责任的发展在中国有着鲜明的特点，可以归纳总结为以下三个方面：社会责任运动推广的紧迫性、社会责任运动发展的广泛性、社会责任运动实施的有效性。第一个方面，社会责任运动推广的紧迫性。鉴于中国的基本国情，人口众多，人均占有资源匮乏，如果众多公司不重视社会责任的履行，那么将会对社会环境产生非常严重的影响，因此社会责任运动的推广具有紧迫性。尤其是最近频繁被曝光的各种社会责任事件，不仅涉及了环境污染，还威胁到职工权益，甚至涉及食品和药品的安全问题，这些都表明社会责任运动的推广急需加速。第二个方面，社会责任运动发展的广泛性。2012 年，中国国家认证认可监督管理委员会公开颁布了《认证机构履行社会责任指导意见》，该文件清晰地指出了我国要如何设立企业社会责任报告披露体制，建立公开公正的制度，不仅积极号召认证机构从该文件公布之日起主动公开发布社会责任报告，还要求文件发布的两年后所有正规成立的认证机构都必须按要求进行社会责任报告的披露。由此可以看出，我国在社会责任运动的发展中积极推广，具有广泛性。第三个方面，社会责任运动实施的有效性。我国社会责任事件的频发导致社会责任重视程度提高，国家也相继出台各种政策鼓励企业积极履行社会责任。现实生活中，很多企业也身体力行地响应国家政策，积极践行社会责任。例如，王老吉（加多宝集团）就在 2008 年的汶川大地震中捐出 1 亿元善款用于救援和灾后重建，这一举动大大增加了其市场份额，之后的“王老吉 · 学子情”主题捐赠则进一步提升了加多宝集团的企业形象。由此可见，社会责任的良好表现能实实在在地为企业的长期可持续发展带来经济利益，而且能直接提升企业形象这种无形资产。加多宝集团的这种企业行为不仅起到了良好的示范作用，还成为大家争相效仿的对象。因此，越来越多的中国企业开始加入广泛的社会责任运动中，积极践行社会责任。

吴丹红（2012）通过研究发现，国内的专家学者主要通过撰写专著、学术论文、政策建议方针等三个方面对我国企业社会责任信息披露进行学术和理论研究。根据统计分析可以发现，近些年，相关研究的学术论文的发表数量呈现倍数增长的现象，直接表明了社会责任问题已经成为学术界、理论界中的研究热点，并且研究成果的激增也表明关于企业社会责任信息披露的研究在我国越来越受重视。而 Campbell（2004）、Deegan 和 Gordon（1996）经过严谨分析，发现企业披露的社会责任信息数量受市场反应的影响较大。那么，企业社会责任信息披露的动因归根结底是由哪些因素组成的呢？本书拟针对这一问题，对我国企业社会责任信息传递的动机、影响等进行深入分析。

1.2 本书逻辑思路

本书由 10 章组成，具体章节内容如下。

第 1 章：企业社会责任的历史演进及本书逻辑思路。该章介绍企业社会责任的历史演进，并对本书的逻辑思路（研究内容结构）进行说明。

第 2 章：文献综述。该章先对企业社会责任思想的起源和发展进行追溯，详细地介绍国内外专家学者对企业社会责任的概念解释；然后从企业社会责任信息披露状况、影响企业社会责任信息披露的因素、企业社会责任信息披露与企业绩效及经济后果的关系等方面做出详细的说明，通过大量阅读相关资料和文献，总结归纳国内外学术界的现有研究成果，以理论分析为基础建立起本书的理论框架，同时为本书的后续研究提供扎实的文献研究素材。

第 3 章：企业社会责任信息传递机制理论基础概述。该章对企业社会责任、利益相关者、社会契约等核心概念进行界定，对社会契约理论（social contract theory）、利益相关者理论、企业公民理论、可持续发展理论、组织社会学相关理论等企业社会责任基础理论和有关企业社会责任信息传递的理论基础（如信息不对称理论、信号传递理论、委托代理理论）等进行阐述，并简要介绍企业社会责任信息传递的内容与形式。

第 4 章：企业社会责任信息传递动机研究。首先，该章对引导企业社会责任信息传递的源头进行查找和分析，在了解其动机的基础上提出企业社会责任信息传递的几大研究假设——提升营利能力动机、实现融资需求动机和降低代理成本动机。其次，根据假设构建模型，选取合适变量和数据，通过对变量的描述性统计分析了解现状。最后，对模型进行交互性分析和 Logistic 回归分析等处理，同时检验该模型是否存在多重共线性，完整严谨地对我国企业社会责任信息传递的动机进行实证检验。

第 5 章：企业社会责任信息传递的充分性研究。该章的研究以介绍我国上市公司社会责任信息传递是否充分为开篇，以社会责任信息传递的制度背景为基础。首先从信息披露数量、文字性披露、数据性披露等三个方面对中国 A 股上市公司企业社会责任信息传递充分性的总体状况进行实证分析。其次从企业性质、行业状况、企业规模和地区等不同角度对中国 A 股上市公司企业社会责任信息传递充分性进行具体分析。最后比较分析中国 A 股上市公司标杆企业社会责任信息传递充分性与我国的法律规定、国际公认的 ISO 26000 标准及发达国家标杆企业在社会责任信息传递方面的差距。

第 6 章：企业社会责任信息传递与品牌价值的相关性研究。该章的逻辑框架建立在分析企业社会责任履行情况、企业社会责任信息披露、企业声誉和品牌价值之间的关系之上，据以提出实证假设，建立模型进行检验，通过对变量的描述性统计分析、相关性检验、回归分析得出实证结果。

第 7 章：企业社会责任信息传递、产权性质与企业价值。该章结合相关理论基础和文献研究提出研究假设，选取合适变量建立实证模型，以期通过对数据的实证分析探究企业社会责任信息传递机制对企业价值的影响、产权视角下企业社会责任信息传递机制对企业价值的影响，旨在证实企业社会责任信息传递机制是否存在价值增值作用。通过变量的描述性统计分析、回归分析得出实证结果。

第 8 章：企业社会责任信息传递与税收规避的相关性研究。该章另辟蹊径从税收规避角度研究其与企业社会责任信息传递的关系，在理论分析的基础上提出实证假设，建立模型进行检验，通过变量的描述性统计分析、Pearson 相关性分析、回归分析得出实证结果。

第 9 章：利益相关者对企业社会责任信息传递的感知分析。该章先通过相关调查研究尝试性地构建衡量利益相关者感知企业社会责任信息传递的指标体系，根据该指标体系发放的调查问卷信息对企业利益相关者对企业社会责任信息的感知价值进行评估。

第 10 章：完善企业社会责任信息传递机制的路径选择。该章根据前文分析，提出进一步改进我国企业社会责任的履行及其信息传递政策的可行性建议，具体包括：第一，从法律层面上建立、完善企业社会责任报告披露制度；第二，通过颁布各项政策方针，指引越来越多的企业自觉自愿地披露社会责任履行信息；第三，重视社会责任报告验证与评价，完善监督机制；第四，建立企业社会责任信息反馈制度；第五，深化财税体制改革，规范税收优惠政策。

本书逻辑思路：在相关基础理论与现有研究成果的基础上，构建研究假设，根据研究假设设计实证考察维度并设计指标，收集并对实证数据进行分析，检验研究假设，最后总结研究的主要发现（包括“证实的”与“证否的”）并提出政策建议。其中，研究假设的实证检验分章进行，这样，整个研究报告呈现出“总—分—总”结构（图 1-1）。

基础理论	相关实证研究成果及行规	
社会契约理论	企业社会责任信息传递的主要内容	环境保护
利益相关者理论		平等的工作机会
企业公民理论		个人和员工福利
可持续发展理论		当地社区活动参与
		产品质量或安全
组织社会学相关理论		公共关系和社会事务
信息不对称理论		其他：和商业伙伴进行公平交易、诚信纳税、维护债权人的合法权益等
信号传递理论		
委托代理理论		
	企业社会责任信息传递的形式	单独披露较为完整的企业社会责任的年度报告
		财务报告的附注中增加企业社会责任的信息
		通过网络等渠道对企业自身履行的社会责任进行报道及进行相关的信息披露

→推出→

研究假设或拟验证目标
假设：企业披露社会责任信息的动机是为了提升公司营利能力、满足融资需求、降低代理成本
拟验证：企业社会责任信息传递的充分性
假设：企业披露社会责任信息有助于提升企业声誉和品牌价值
假设：企业社会责任信息传递能促进企业价值的提高；相比于国有企业，民营企业社会责任信息传递更能促进企业价值的提高
假设：社会责任信息进行单独披露的企业更倾向企业税收规避
拟验证：企业社会责任信息传递的感知

→推出→

实证考察维度	一级指标	二级指标
信息传递动机	动因	营利能力
		融资需求
		代理成本
信息传递的充分性	整体情况分析	企业性质
		行业状况
		企业规模
		地区
信息传递对品牌价值的影响	企业社会责任履行及信息传递	企业社会责任履行
		企业社会责任信息的信号传递
社会责任信息传递、产权性质对企业价值的影响	社会责任信息传递	责任管理信息
		市场责任信息
		社会责任信息
		环境责任信息
	产权性质	国有企业
		民营企业
信息传递对税收规避的影响	信息传递	行业
		地区
企业社会责任信息传递的接收情况	社会责任信息传递感知	消费者
		员工
		债权人
		供应商
		销售商
		股东
		政府
		自然环境
		社区和社会

图 1-1 逻辑思维图

参 考 文 献

吴丹红. 2012. 中国企业社会责任信息披露理论现状研究[J]. 会计之友，（1）：58-61.

Campbell D. 2004. A longitudinal and cross-sectional analysis of environmental disclosure in UK companies—a research note[J]. The British Accounting Review，36（1）：107-117.

Deegan C，Gordon B. 1996. A study of the environmental disclosure practices of Australian corporations[J]. Accounting and Business Research，26（3）：187-199.

第2章 文献综述

2.1 企业社会责任思想的起源与发展

早在远古的希腊时代，企业社会责任的思想就已经在西方世界萌芽。在当时的社会中，公民权利已经受到人民群众的广泛关注，商人仅仅关注自身商业利润的行径受到唾弃，因此，为了融入社会，大多数商人不得不开始注意经营行为是否社会化。20 世纪初，现代企业社会责任思想迅速发展，其主要的推动因素包括：一方面，伴随着当时大工业的进一步繁荣和发展，生产力迅速发展，公司规模开始迅速扩大，伴随着社会分工的不断细化，当代企业产生了所有权和经营权分离的现象，规模较大的公司其利益相关者也不仅仅局限于股东或所有者，还包括了经营者和管理层等更加宽泛的利益群体，这就需要企业不仅仅考虑其狭隘的经济利益，也需要考虑承担一定的社会责任；另一方面，现代企业中所有权和经营权分离的现象可能会导致股东仅仅关注企业盈利，管理层仅仅关注自身待遇和权力，而忽视其他相关利益方的权益，这种现象的出现也引起了许多有识之士对企业目标的进一步思索。

关于企业是否需要履行社会责任的问题，在西方学术界的历史上曾经出现过两次非常激烈并且产生广泛影响力的辩论。第一次是在 20 世纪 30~50 年代，Berle 与 Dodd 围绕管理者受托责任的界限进行了争辩，针对管理者是否仅对所有者或股东履行受托责任，还是要对社会上广泛的群体履行受托责任提出了各自不同的见解。

1970 年，新古典经济学派的支持者 Friedman（1970）认为企业存在和运营的根本目的就是营利，利润最大化是企业的终极目标，并且提出企业履行社会责任的概念是一种可以在根本上颠覆自由社会发展的学说，原因在于自由社会中经济发展的规则就是企业均以营利为目的并追求利润最大化，这种思想理念作为经济社会中的最根本原则，一旦动摇则后果不堪设想，而社会责任的理念便颠覆了这一基本原则。20 世纪 80 年代，管理学大师德鲁克以美国的两位先锋慈善家卡内基“赚钱行善”的慈善理念和罗森沃尔德“行善赚钱”的慈善理念为切入点进行比较分析，通过对两种不同慈善理念指导下的慈善行为进行对比，发现履行社会责任最高效的方式逐渐倾向于罗森沃尔德所倡导的模式，即在“行善赚钱”的理念下企业可以通过解决社会问题来从事商业经济并从中赚取利润。

目前，履行社会责任对于企业发展的重要性已经为广大学者和企业所认识。无论是理论界还是实务界都同意，企业履行其社会责任是必要的行为准则。Davis（1960）认为，权利和责任是相辅相成的，企业动用自身权力追求盈利的前提是，必须要先履行企业的社会责任。Carroll（1991）提出的企业社会责任理念为其后的学者所广泛认同，产生了深远的影响。他认为企业社会责任应分为经济、法律、道德等方面。在 Carroll 之后，对企业社会责任思想的研究进入一个高峰期，出现了不少新的观点。例如，Frederick（1994）在继承前人思想的基础上，进一步提出，企业的生存和发展离不开周围的社会环境，也会面临相应的压力和约束，而企业履行社会责任就是对其所面临的压力和约束的反应，即企业社会责任是企业面对外部环境的一种被动反应。当然，在企业社会责任施行过程中，企业社会责任思想的主动性会越来越强，最终与企业社会责任活动相协调。企业公民理论的重要性日益提高，成为企业社会责任的一个重要理论支撑。Wood（1991）、Swanson（1995）等学者也对“企业社会责任内涵”进行了讨论。同时，许多专家学者也对企业社会责任进行了范式研究，在理论层面讨论了社会责任的必要性。例如，Donaldson 和 Dunfee（1994）阐述了综合社会契约理论；1995 年，Jones 则通过工具性利益相关方理论进行了论述。与此同时，实务界中的研究也逐渐丰富起来，Mcguire 等于 1988 年开始研究企业社会责任与财务绩效之间的相关性。

2.2 企业社会责任概念

1. 国外企业社会责任概念

正如前文所述，企业社会责任的思想发源已久，但“企业社会责任”这一正式概念的提出，是在 20 世纪 20 年代大工业化时代，当时贫富分化日益加剧，环境污染问题日益突出，这才引起了社会各界对企业经营目标的深刻思考，尤其是西方学术界的专家学者开始热衷于与此相关的研究。根据书中的记载可知，最早提到企业社会责任的意识来源于芝加哥大学教授克拉克的《改变中的经济责任》一书，克拉克教授在该书中明确指出，到目前为止人们还没有意识到很多社会责任是企业的责任，当然，该书的一个缺陷是并没有给出企业社会责任的详细定义。随着学术界对社会责任研究的不断探索，美国著名的学者谢尔顿在1924年于他出版的《管理哲学》一书中对企业社会责任的概念进行了详细的阐述和明确的定义。他第一次将道德因素加入公司社会责任中，认为企业社会责任是在其生产经营过程中需要满足的内外部利益相关方的各种义务。

现代社会对企业社会责任的定义要追溯到1953年，学者Howard R. Bowen在《商人的社会责任》一书中写道，商人在经营过程中不能仅仅为了追求利润，还应该具有社会责任的观念，在进行战略、政策或制度的制定时要综合考虑其决策是否符合社会大众的期望。Howard R. Bowen还在书中对企业社会责任的履行做出了三个方面的强调：首先，强调了大型企业应该是承担社会责任的主体；其次，强调了公司内部的高级经营管理层必须要具体负责指导企业履行社会责任；最后，强调了企业应该出于主管自愿的态度去履行社会责任。

美国经济发展委员会（Committee for Economic Development）于1971年出版的《商业企业的社会责任》一书中分三个层面对企业社会责任进行了详细的有层次的定义，认为企业社会责任的最基本层面包括产品质量和生产安全的保障、员工权益的保护、就业机会的提供等；然后认为企业社会责任的更深层面包括对社会生态环境的保护、配合社会经济宏观发展等；最后最深层次的含义虽然模糊，但是对企业应最大限度地将发展糅合到社会发展中去提出了更高的要求。由Carroll提出的著名的企业社会责任“金字塔模型”，则将社会责任划分为四种层次，他认为社会责任最基础的是经济责任，企业为了生存发展必须在日常经营中获取经济利润；其次是法律责任，即企业在生产经营中的所有行为必须要遵循法律法规的要求；再次是伦理责任，它要求企业除了要遵循法律法规的要求外，还要遵循普世的价值观和社会行为规范；最后是慈善责任，企业应该在经济行为之外热衷于公益事业和慈善行为，这种更加具有社会责任感的行为将会慢慢成为社会责任履行的研究热点。

另外有部分学者如Angelidis和Ibrahim（1993）、Enderle和Tavis（1998）将企业社会责任看作企业为了融入社会而进行的行为或者策略，但Lerner和Fryxell（1988）却持有不同的观点，认为企业社会责任行为需要主动符合社会期望并产生社会化价值。Schwarts和Carroll（2008）认为，经济社会中组织或者个人作为社会公民都应当承担其社会人应尽的责任和义务，为社会的可持续健康发展做出力所能及的贡献，企业可以寻求合适的方式来平衡各方利益、满足各利益相关者的要求，在各个方面的商业运营的伦理道德规则中取得平衡，并且要表现出能够自愿承担企业社会责任的勇气。

2. 国内企业社会责任概念

国内学术界关于企业社会责任的研究相对落后，这是由于1949年以后我国市场经济发展较晚，故对其研究也较晚，内容仍不够完善，主要集中在对企业社会责任的认识上。卢代富在 2004 年时便认识到企业社会责任将会成为企业必须承担的不可分割的一部分，并认为企业除了追求社会责任最大化的目标之外，还需要承担起维护社会利益的责任。李淑英（2007）也认为企业的商业行为不能仅仅为了单纯地追逐商业利润，股东最大化和利润最大化的商业目标要在企业能自主承担社会责任的前提下才能成立，她甚至认为，竭尽所能地增加社会财富和维护社会利益才应该是现代企业存在的目的。夏明月（2008）提出，应充分考虑中国企业的背景、特征，建立企业社会责任预警、咨询、审计和控制体系，加强中间力量的博弈程度和法律的制裁力，强化企业社会责任的进程和发展。刘刚（2008）基于我国先秦儒家义利观的论述，提出构建包括底线标准、中间标准和高调标准的企业社会责任标准体系。齐方媛和周祖诚（2009）对 1979~2008 年我国学术界关于企业社会责任研究的不同角度进行了统计，经过分析发现，之前的学术研究对投资者的利益、慈善等社会公共利益、竞争者的利益、消费者的利益较为关注，而对供应商、员工、政府的利益关注较少。杨晓智（2009）在对企业社会责任理念及相关运动的发展进行总结的基础上，提出目前的趋势是企业社会责任的范围将日益扩大，企业社会责任信息披露已经成为主流行为。丁瑞莲（2009）从孔子提出的公共范畴出发，提出企业社会责任的立论依据是促进人性仁善，价值目标是止于至善，实现方式是企业家的伦理引导。章辉美和张坤（2009）提出，中国传统文化的义利观、以人为本、诚实守信和可持续发展思想是现代企业社会责任的思想基础。李政辉（2010）提出，应对企业社会责任的理论基础重新思考，特别是针对企业社会责任正当性的研究，需要结合现有理论，借助商谈理论进行重建。龚天平（2010）指出企业公民包括三大内涵：遵守法律、遵守企业伦理、认真忠实地承担社会责任。董海军和章辉美（2008）提出，企业的赈灾救援行为是勇于担当企业社会责任的表现，并探讨了企业从灾害发生开始后的反应模式。孙中叶（2010）提出，必须通过政府性规制使不承担社会责任的企业面临受到惩罚的可置信威胁，促使承担企业社会责任成为企业的自觉行为。黄晓鹏（2010）提出企业社会责任是利益相关者关于企业“共同剩余”分配的契约性质，认为企业社会责任的最优契约是经营者和其他利益相关者之间利益协调和激励相容的逻辑统一体，应从政府制定正式制度、推动利益博弈、融入非正式制度等三个方面推动我国企业社会责任发展。邓子纲（2008）的研究表明，良好的社会责任表现可以成为帮助企业提高核心层面竞争力的强大助力器。徐尚昆和杨汝岱（2009）检验了企业承担社会责任对企业社会资本的影响。沈艳和蔡剑（2009）的研究显示，社会责任越强的企业从正规金融机构融资的能力越强，知道企业社会责任的企业比不知道企业社会责任的企业融资能力平均高出 8%。邓泽宏和何应龙（2010）分析了我国企业社会责任运动的发展，结合中国国情，提出我国应充分发挥政府的主导作用，利用现行政府的强势地位，科学设计相应的保障体系，积极推进我国企业履行其社会责任。毛洪涛和张正勇（2009）对企业社会责任信息披露的国内外发展进行了系统梳理。吕玉芹和蒋欣文（2009）从利益相关者视角对食品制造企业社会责任及其信息披露进行了研究。

2.3　企业社会责任信息披露

2.3.1　国内外社会责任信息披露状况

正如前述，西方社会对企业社会责任的关注较早，早在1905年，西方国家中就有企业对外披露的信息中包含有关社会责任的信息，曾掌握美国社会半数钢铁资源以上的美国钢铁公司在对外披露的财务报告中包含的某些信息就已经涉及企业的社会责任。

1992 年全球出现了第一份正式的企业社会责任报告鉴证。截至 2007 年，全球范围内共披露了 9 750 份社会责任报告。到 2008 年为止，全球公司规模排名前 250 名的公司中已经披露社会责任报告的企业占比已经达到了 80%，其中通过第三方鉴证的社会责任报告比例高达 56%。

法国政府在 1977 年颁布的政策就要求当企业规模符合一定条件时，即人数达到 250 人以上的企业需要编制“社会责任资产负债表”，并在 2001 年起对企业披露的财务报告中包含的重要信息提出了第三方鉴证的要求；瑞典和丹麦分别从 2008 年和 2009 年开始对国有企业提出了需要披露经过第三方鉴证的可持续发展报告的要求（沈洪涛和秦信任，2010）；张鹏冲和杨海燕（2010）研究发现，北美企业社会责任主要围绕良好的公司治理和道德标准，员工安全、平等就业和保护消费者，对环境的责任等方面展开，同时还发现西方国家如美国、加拿大的企业社会责任披露现状中大部分企业都处在强制披露和自愿披露相结合的模式下，而且大部分西方国家都已经颁布了提案，要求企业披露社会责任报告时需要通过第三方鉴证。

许家林和孙清亮（2010）对我国社会责任信息披露情况进行了详细的研究分析，并将其演变过程划分为四个阶段：第一个阶段是 1993 年以前——国内企业社会责任信息披露的零阶段，这一阶段企业还未存在社会责任意识；第二个阶段是 1993~2001 年——国内企业社会责任信息披露的起步阶段，这时企业的社会责任意识已经处在萌芽阶段；第三个阶段是 2002~2005 年——国内企业社会责任信息披露的发展阶段，这一阶段中我国正式颁布了有关社会责任的政策文件，不仅明确指出了社会责任的范围，还要求企业必须重视社会责任；第四个阶段是2006年以后——国内企业社会责任信息披露逐渐步入较为成熟的阶段。

企业社会责任报告及其鉴证方面的披露情况如下：我国第一份涉及社会责任的报告由中国石油于2001年披露，虽然当时这份报告仅仅片面地披露了社会责任中环境责任方面的内容。2006年，身为央企的国家电网第一次披露了其完整的企业社会责任报告，这也是国内首家披露企业社会责任报告的央企。截至2010年7月，全国范围内披露的企业社会责任报告数量已经达到了 1 164 份。关于社会责任报告的鉴证方面，中远集团是发布我国第一份企业社会责任报告鉴证的企业。截至 2010 年 9 月，全国范围内发布的企业社会责任报告鉴证的数量已经达到了108 份。但是我国出具社会责任报告鉴证的机构大多为一些咨询机构，而不是像西方一样大都由事务所提供此类业务，所以部分专家学者认为国内的会计师事务所也应该像外资所学习，将业务承接拓展到对企业社会责任报告进行鉴证等方面。郭炜等（2011）研究了国内煤炭企业的社会责任披露情况，并发现其主要存在五类问题：其一是社会责任的观念意识薄弱；其二是针对煤炭等高污染型企业的法律法规不完善且执行力度不够；其三是关于社会责任信息传递的理论基础不完善；其四是关于社会责任信息传递的机制效率不高、针对性不强；其五是相关企业缺乏独立的第三方审计。于洪洁（2012）专门针对商业银行研究了其社会责任的履行情况，认为由于商业银行的行业特殊性，管理层必须平衡好股东、存款人、贷款人还有监管者等各方面利益相关者之间的关系。该研究以2010年处在内地的、具有不同模式的四家商业银行（其中包括两家四大国有商业银行、一家浦发银行为代表的股份制商业银行，以及南京银行为代表的城市商业银行）的企业社会责任报告为研究样本，对比汇丰银行的企业社会责任报告，提出内地的商业银行与发达的银行相比，在企业社会责任的履责和信息披露方面仍然存在较大的差距。陈辉（2012）对中外钢铁联合企业的社会责任信息披露案例进行了比较研究。格桑卓嘎（2012）以自2008年起西藏矿业发展股份有限公司五年的财务报表为研究样本，通过对财务报告信息的深入解读来考察西藏矿业企业社会责任信息披露情况，从而发现该企业在社会责任信息披露方面存在的问题。李赫颖（2013）则专门研究了电力企业的社会责任披露情况，研究样本为上海证券交易所（以下简称上交所）上市的34家电力公司，在此基础上结合德清源案例进行了分析研究，最后对促进企业披露社会责任信息提出了较为具体的政策建议和措施。林天源（2013）较为全面地选取了我国A股上市公司的近三百家企业2011年的数据作为研究对象，运用实证分析法并结合比较分析法进行学术探讨，不仅分析了国内不同行业的上市公司的企业社会责任会计信息披露情况，还通过与西方国家企业进行比较，凸显出我国上市公司社会责任信息披露中出现的问题，最后为完善国内企业社会责任信息披露机制提出了建设性的意见。汤晓建和杜剑

（2013）发现，我国企业社会责任报告的内容在逐渐丰富，但各区域的披露情况极不均衡、缺乏独立的第三方审验、企业社会责任信息披露不及时。

2.3.2　企业社会责任报告披露标准

Moblcy 认为，由于当时的会计准则对财务报告中涉及企业社会责任的部分没有相关规定，也没有相关法律法规对企业社会责任报告的内容进行约束，故企业社会责任信息披露不应包含和员工相关的招聘、培训、工作岗位变动等信息，这些信息属于企业的内部机密。Yamagami 和 Kokubu（1991）提出，企业应披露的企业社会责任信息包括五个方面：环境保护（包括节能减排等）、员工人力资源管理、企业对当地社区的参与情况、企业的跨国社会责任活动、企业的研发支出等。Epstein 和 Freedman（1994）指出，企业应披露的社会责任信息需要满足其利益相关者的需求，因此其内容应该涵盖企业的股东利益、债权人利益、供应商利益、客户利益、环境保护、企业对当地社区的参与活动等方面。此后的学者都是在此基础上进行的更为丰富的研究。例如，Gray 等（1995）指出，企业履行社会责任后，应该披露的信息中需要详细阐明其在节约能源等方面的贡献，以及对环境保护所做出的努力，要突出披露对本企业雇员的履责情况和对当地社区的参与情况等。Brammer 和 Pavelin（2004）指出，企业社会责任报告应该集中在公众所主要关心的内容上，因此只应该披露对本企业雇员的履责情况、对当地社区的参与情况及对环境保护所做出的贡献这三个部分。

为应对企业社会责任问题，联合国启动了全球契约活动，其后与企业社会责任紧密相关的 SA 8000（Social Accountability 8000 International Standard）、ISO 26000 等国际认证体系也陆续公布，特别是 ISO 26000 对企业社会责任做了较为全面的阐述。不少跨国公司自愿编制并发布可持续发展报告（GRI①发布）（国外跨国公司公布的企业社会责任报告普遍采用可持续发展报告所规范的标准）。其中，全球契约（globle compact）是 1999 年由联合国秘书长安南所倡导而发展起来的，其核心在于要求企业履行人权保护、环境保护、反对腐败、劳工最低待遇和工作环境保护等企业社会责任。社会责任标准 SA 8000 是全球首个道德规范国际标准，主要对工会和集体谈判权、健康与安全、强迫劳动、童工使用、企业内部的歧视、惩戒性措施、工作时间要求、工资及管理系统等提出了规范。GRI 总部位于荷兰阿姆斯特丹，其公布的可持续发展报告指南 G3 指标协议中的核心指标和补充指标包含了对工资与利润、与政府的交易、社区投资、与当地社区交互作用、对社区的社会经济影响、员工利益、气候变化风险、直接能源消耗等的

① GRI 全称为 Global Reporting Initiative，即全球报告倡议组织。

衡量。ISO 26000（社会责任指南标准）是 2010 年国际标准化组织（International Organization for Standardization，ISO）在瑞士日内瓦国际会议中心发布的，ISO 26000 明确了社会责任主体、概念及履行社会责任的七大核心主题——组织治理、人权、劳工实践、环境、公平运营实践、消费者问题、社区参与和发展，由于其前所未有的利益相关方（包括发展中国家）的广泛参与、独特的开发流程而广受关注。Ji 和 Kim（2011）探讨了 ISO 26000 对企业声誉和忠诚度的影响。

在企业社会责任报告披露标准方面，2005 年《中华人民共和国公司法》（以下简称《公司法》）修订后首次在第五条规定中明确要求公司应该承担相应的社会责任。随后深圳证券交易所（以下简称深交所）、上交所、国务院国有资产监督管理委员会（以下简称国务院国资委）、中国消费者协会也发布了相关的规范性文件，对企业股东、企业债权人、企业员工、企业供货商等利益相关者的利益都明确要求进行保护，同时强调了企业环境保护的责任及对上市公司社会责任信息披露的要求。例如，深交所 2006 年颁布的《深圳证券交易所上市公司社会责任指引》、上交所 2008 年颁布的《关于加强上市公司社会责任承担工作暨发布〈上海证券交易所上市公司环境信息披露指引〉的通知》、国务院国资委 2008 年颁布的《关于中央企业履行社会责任的指导意见》、2007 年中国消费者协会公布的《良好企业保护消费者利益社会责任导则》。同时，财政部联合五部委于 2008 年 5 月 22 日共同发布的《企业内部控制基本规范》与之后发布的《企业内部控制应用指引》（2010）都认为，企业社会责任应该作为内部控制内容中不可或缺的一部分，充分强调了企业社会责任在企业管理中的重要地位。对国家出台的有关社会责任的政策文件进行梳理可以看出，随着我国经济社会的不断发展，国家开始不断强调企业社会责任的履行，也对企业承担社会责任、披露社会责任信息提出了越来越高的要求。随着相应的政策指引不断出台，国内企业整体的社会责任意识有所提高，但是到目前为止我国仍尚未形成统一规范的企业社会责任信息披露的标准，这不仅会对企业社会责任表现的效果产生直接的影响，也会造成外界对企业社会责任表现的无所适从及公信力下降问题。宋献中（1992）认为，企业社会责任会计信息披露的规范应分层次，建议在充分考虑企业的规模、需要编制的企业社会责任报告的难易程度基础上，将企业社会责任报告分为高、中、低三种形式。葛家澍和陈少华（2002）认为，企业社会责任信息披露应包括环境保护（包括节能减排等）、劳工最低待遇和工作环境保护、员工人力资源管理、企业对当地社区的参与情况、对社会就业的贡献、企业的反歧视活动等内容。阳秋林（2005）在前人研究的基础上进一步指出，企业履行社会责任后应在向社会披露环境保护、劳工最低待遇和工作环境保护、对社会就业的贡献的基础上，扩大披露信息范围，将消费者利益保障情况（产品售后服务情况）、企业自身道德诚信建设情况向社会公布，同时与企业所获利润进行对比。阳秋林（2005）提出，我国应该在充分认识自身国情的基础上，学习西方发达国家在企业社会责任信息披露方面的经验，要求企业在披露资产负债表、利润表、现金流量表、所有者权益变动表等财务报表的基础上，还需要披露社会资产负债表、社会利润表和社会现金流量表。李正（2006）提出，企业社会责任信息披露应包括环境保护（包括节能减排等）、劳工最低待遇和工作环境保护、员工人力资源管理、企业对当地社区的参与情况、消费者利益保障情况（对消费者的承诺）及其他利益相关者普遍关注的信息。沈洪涛（2007a）通过比较国外对上市公司社会责任信息披露要求的不同标准（G3 报告框架、SA 8000 标准、AA 1000 系列标准），研究得出的结论认为，国内有关企业社会责任信息披露的相关标准规范相对落后，应该在充分考虑基本国情的基础上结合中国特色，建立统一规范的、适合中国企业的社会责任信息披露准则。

2.3.3 影响企业社会责任信息披露的因素

关于企业社会责任信息披露的影响因素，国内外学术界已经从各个不同角度在不同的层面上进行了研究和讨论。Dierkes 和 Coppock（1978）、Trotman 和 Bradley（1981）通过实证分析，发现影响企业社会责任信息披露中环境责任部分的主要因素是企业规模，即规模大的企业更愿意披露其环境保护信息。Trotman 和 Bradley（1981）对多个国家调查问卷的数据结果进行分析后指出，企业社会责任信息披露的影响因素不仅仅是企业规模，还包括企业经营环境中面临的系统性风险以及企业的长期经济利益等，这些都可能会影响企业对其所履行社会责任的披露意愿，即规模越大、系统性风险越高、长远经济利益越大的企业越倾向于披露其社会责任信息。Cowen 等（1987）研究认为，除了公司规模之外，公司的营利能力、企业所在的行业特征以及社会责任委员会的有无都与企业是否积极披露社会责任履行信息具有正向的相关性。Roberts（1992）认为，企业所披露的社会责任信息应该成为企业履行社会责任好坏的最佳标准，而企业的股东影响力、利益相关者强势与否、企业的战略选择及业绩表现是影响其社会责任信息披露的主要因素。Epstein 和 Freedman（1994）指出，企业并不愿意自行披露其社会责任信息，只有迫于环境保护法律法规等外部压力时才公布其环境保护信息。Rodriguez 和 Lemaster（2007）则提出了相反的观点，他们在建立企业社会责任信息披露模型进行分析之后，认为应积极发挥市场的作用，通过市场发现社会责任价值来激励企业自愿披露社会责任信息，而非由证券交易委员会进行统一的强制性规定。Holder-Webb 等（2009）调查研究了美国企业长达十年的企业社会责任信息披露情况，研究结果说明，公司规模和所处行业特点仍然是推动企业积极披露社会责任的重要影响因素。同时他们还指出，就公司规模这个影响因素而言，公司规模对采用网站披露相关信息的企业社会责任信息披露水平可以产生正向的相关影响，但对于单独以文件形式披露的公司社会责任信息披露水平则产生负向的相关影响。Santos（2011）专门针对葡萄牙地区的中小型公司披露企业社会责任信息的动机进行研究探索，通过发放问卷的方式进行调查发现，如果被调查的中小型公司属于非正式的组织结构时，该公司便不会认真地将企业社会责任作为日常的管理活动。Santos 认为，促进公司积极披露社会责任表现的因素可以大致划分为四类：第一类是来自大众广泛认可的利益驱动；第二类是来自政府、竞争者、消费者或者社区组织等外部组织的压力驱动；第三类是来自社会伦理道德要求；第四类是源于企业的自身意识，如企业逐渐意识到良好的社会责任表现可以维护企业良好的社会形象，从而能维系并巩固企业的商业关系、投资关系和客户关系，间接地提高企业的潜在价值。Kuo 等（2012）认为，就中国企业的环境信息披露情况来看，其主要影响因素是企业的所有者属性及其行业特征，属于严重污染行业的企业迫于环境保护法律法规的规定，更多披露其环境信息，同时国有企业因为政府所要求的社会职能，也更愿意披露其环境信息，此外，他们还发现，企业社会责任信息披露对投资者的影响较小。Khan 等（2013）从公司治理的角度，运用实证分析方法研究了股权集中度、两职设置情况等因素与企业社会责任信息披露之间的关系，发现股权集中度与其社会责任信息披露水平显著负相关；但两职设置情况与企业社会责任信息披露的水平无显著相关性。

赵展（2013）的研究选取在上交所上市的生物制药类公司为样本，从合法性的理论角度展开分析并得出结论，他认为社会公众并不会对公司履行社会责任产生较大的合法性压力，企业披露其社会责任信息的主要动机在于法律法规或政府相关部门的规定。胡铃铃（2012）认为企业履行社会责任的动机大致可以分为三种：一是由社会道德引起的；二是被利益驱使的；三是源于外部压力的胁迫。这三种驱动机制中，由于社会道德动机的强弱主要受公司高级管理层的教育背景、文化素养等较为主观的因素影响，故具有较大的局限性；当企业目光短浅只看重眼前利益时，就会避免更多地履行社会责任，与此相反，注重长期利益的企业更倾向于履行其社会责任并对外披露；此外，法律法规或政府部门的规定等外在压力是我国企业披露社会责任的最主要的驱动因素。

从上述研究可以看出，相较于国外专家，国内学者在研究企业社会责任信息披露时，更侧重于规范性的学术研究，而国外则更偏爱通过实证研究方法和问卷调查方法进行研究。当然，近年来国内实证研究企业社会责任信息披露的文献也在逐步增多，如沈洪涛（2007a）从公司特征出发，研究公司特征与企业社会责任的相互关系，实证结果表明，公司规模和公司的营利能力与公司的社会责任信息披露水平显著正相关；而资产负债率及企业的再融资需求和其社会责任信息披露水平不相关；另外，研究发现披露时间、上市地点等环境因素会对社会责任信息披露水平产生显著影响。李芊（2006）通过对上市公司的实证研究，也证明企业的规模因素、行业特征（是否属于重污染行业）与企业社会责任信息披露水平正相关，相比较之前沈洪涛的研究，此文献进一步研究了企业的资产负债率与公司社会责任人表现的关系，发现二者之间存在正向的相关关系，且被 ST[①]的公司社会责任表现会更加不尽如人意。刘长翠和孙晓婷（2006）为了研究企业社会责任表现、企业价值与负债率三者之间的联系，专门设计了社会贡献率作为新的衡量指标来进行实证研究，研究结果表明企业运作资产的主要目的还是使经营利润最大化，并且在这个过程中忽略了企业自身的社会贡献度，企业的社会贡献度并不取决于其生产经营策略和盈利状况，可能与企业披露其社会责任信息的主动性较低有关。陈文婕（2010）实证研究结果显示，企业社会责任信息披露水平受到公司规模、公司的盈利水平的显著正向影响，同时还受到股东获利能力和独立董事人数的显著负向影响；此外，财务杠杆、企业成长能力和股权集中度与企业社会责任信息披露水平负相关，但不显著。李勤（2011）通过运用实证研究的方法对我国深市和沪市 462 份 2009 年度上市公司发布的社会责任报告进行研究发现，企业社会责任的信息披露水平与公司规模显著正相关，同时还与职工所得贡献率也呈显著的正相关关系；但与陈文婕的研究结果不同，李勤发现董事会独立性因素与公司的社会责任信息披露水平不相关。现阶段国内企业社会责任信息披露存在范围窄、内容少、缺乏会计计量等专业性质较强的披露指标等缺点，这表明我国社会责任信息披露仍处在初级阶段。沈洪涛和杨熠（2008）通过调查《上市公司治理准则》发布前后上市公司企业社会责任报告发布的数量进行统计比较分析发现，上市公司主动发布企业社会责任报告的数量确实在该准则发布后有了明显的增加，因此可以知道，有关政策标准的颁布的确可以促进企业积极履行社会责任、提高社会责任信息披露的质量，但总体来看，质量提升有限，新准则发布后上市公司公布社会责任信息时有关慈善公益、环境保护、公平交易方面的内容较多，而相关职工权益、顾客利益等利益相关者方面的社会责任信息披露则较少，并且信息披露中的货币化信息内容也较为少见。张正勇等（2012）不仅运用实证研究的方法对公司治理因素如何影响企业社会责任信息披露进行了研究，还在此基础上继续分析了产品的市场竞争力在企业社会责任信息传递过程中的作用，研究结果表明，公司治理因素对企业社会责任信息披露起正向影响作用，产品市场竞争能对公司治理机制产生替代或互补效果。刘敏（2012）在分类企业社会责任信息的基础上，试图建立社会责任信息披露指数，并进行了信度分析，然后通过多元回归分析方法发现，在影响企业社会责任信息披露的因素中，合法性压力和规范性制度压力能显著促进企业

① ST 指 special treatment，即特别处理。该政策针对的内容是出现财务状况或其他状况异常的上市公司。

提高其社会责任信息披露的水平，但政府的直接干预对企业社会责任信息披露影响不显著。李正颖（2013）专门研究了冶炼行业的社会责任信息披露，首先将社会责任信息披露分为三个方面（战略信息披露方面、管理信息披露方面、绩效信息披露方面），并分别从这三个方面运用指数分析法建立冶炼行业特有的衡量指标，并以此为因变量，以企业股权结构为自变量进行了回归分析。

2.3.4 企业社会责任信息披露与企业绩效及经济后果

在研究企业社会责任信息披露对其经济表现的影响时，Spicer（1978）指出，相对于履行社会责任的企业，投资于未履行企业社会责任的企业会存在较大的投资风险，并且通过研究佐证了一点：用货币信息表明的社会责任信息披露相对于其他非货币化信息能对市场产生更深刻的影响，但是，企业较多地披露非货币化社会责任信息也能对市场产生深远影响，其中环境类的非货币化信息效果更为显著。Heiner（1983）研究发现，相对于个人投资者，机构投资者更可能收集和分析有关企业社会责任的披露信息，因为从风险角度分析，履行并披露社会责任的企业具有更大的投资价值，投资于该类企业等同于获取相同的收益，面临较低的风险。Porter（1992）采用波特的五力模型分析后发现，企业可以依靠良好的社会责任履行来增强企业本身的竞争力，良好的社会责任表现能够为企业提供内部的和外部的效益。Brown 和 Dacin（1997）从消费者视角研究企业的市场竞争力，研究表明，当企业履行社会责任良好时，消费者会认为该企业的形象更加值得信赖，从而更加相信企业的产品，因此可以看出履行社会责任对企业提升品牌价值和声誉有较好的促进作用。Rao 等（1993）、Frooman（1997）研究发现，虽然履行社会责任会存在一定的成本，但是如果不从事社会责任活动则会造成隐性成本提高，产生更多显性成本，从而丧失竞争优势，对其财务绩效产生负效应，进而影响企业价值。Waddock 和 Graves（2009）、Roberts（2002）、Edmans（2010）均从员工权益方面研究了企业社会责任，发现当企业越重视维护员工权益时，企业员工的创造性和积极性越高，并且这时企业能吸引越来越多的人才。Orlitzky 等（2003）、Tang 等（2012）的研究结论与大多数结论一致，认为社会责任履行较好的企业，其财务绩效表现也较为出色，企业价值自然而然就越高。Williams 和 Barrett（2000）指出，慈善捐赠对企业的社会声誉有着显著的正向影响。Diamond 和 Verrecchia（1991）发现，企业积极披露其社会责任信息能减少信息不对称，进而降低融资的交易成本，在降低企业资本成本的同时优化其资本结构。Brammer 和 Pavelin（2004）认为企业社会责任维度的绩效是企业社会声誉的重要因素。Johnson（2003）认为，企业社会责任强调企业重视各利益相关者的利益和需求，以提高公司声誉、树立积极的形象，进而对公司财务绩效产生积极影响，有利于企业未来价值的提升。Renneboog 等（2008）研究发现，由于履行社会责任的企业财务绩效更好，故社会责任基金绩效也好于常规基金。Luo 和 Bhattacharya（2006）通过对企业风险进行研究发现，关于社会责任的良好信息披露能有效缓解信息不对称，有助于控制企业所面临的个别风险，带来较低的资本成本。Starks（2009）则认为，利益相关者对风险的认知程度与企业社会责任表现有着密不可分的关系，企业的社会责任表现能有效影响利益相关者对该企业是否值得投资的价值判断。Hong 和 Kacperczyk（2009）通过观察分析师和媒体等第三方的行为发现，社会责任表现良好的企业更多地受到第三方调查报道的青睐，原因是面对社会责任表现良好、披露信息更加透明的企业，第三方在报道时面临的不确定性降低，对风险的预测也更准确。Kolk 和 Pinkse（2010）分析了跨国公司的企业社会责任报告，认为跨国公司所披露的社会责任信息包含了部分公司治理的理念，既体现了对社会及环境保护等外部问题的积极履责，也体现了对员工利益等内部问题的积极履责。Lev 等（2010）认为企业的销量也与企业的社会责任履行情况呈正向相关关系。Dhaliwal（2015）研究指出，由于企业社会责任信息披露能降低其融资成本，故第一年融资成本较高的公司往往更倾向于在第二年披露其社会责任信息，减少市场的信息不对称程度，吸引证券分析师乃至机构投资者的注意力，实现其降低融资成本的目标。Ghoul 等（2011）通过研究美国公司中资本成本（仅限权益方面）与社会责任投资间的相关关系，发现企业披露员工关系、环境策略、产品策略等方面的信息，都有利于降低权益资本成本；同时，他们还发现，烟草、核能等社会责任表现较差的行业，权益资本成本较高。Goss 和 Roberts（2011）通过考察债务融资等间接融资方式（以财务费用为指标）与企业社会责任之间的关系，得出了与大多数学者相同的结论，即企业社会责任表现越良好，企业所处的融资环境越有利。Dhaliwal（2015）特别研究统计了第一次披露社会责任相关信息的企业，也得出了相同结论，即披露社会责任信息有助于降低信息不对称，从而有利于公司以较低的成本进行融资。当然，国外也有部分学者得出与上述观点相反的结论。Shane 和 Spicer（1983）的研究表明企业社会责任信息披露与企业价值为负相关的关系。Richardson 和 Welker（2001）在加拿大的政府环境下同样研究了企业社会责任表现与企业权益资本成本之间的关系，发现二者之间存在正相关关系，但是这种正相关关系只在财务绩效一般的企业中成立，绩效较好的企业则不显著。Francis 等（2008）发现，在控制其他因素后，企业主动披露社会责任信息时能降低权益融资成本，但是，考虑了企业的盈余质量后，二者关系不显著。

刘藏岩（2005）同样认为，良好的社会责任表现对企业市场竞争力的提升和跨国发展大有裨益，长期来看，在优化企业自身社会形象的同时还能有效促进企业营利能力的发展。黎友焕（2007）提出，环境保护责任的履行不仅仅是企业合法性要求的需要，也成为企业提升其市场竞争力的有力手段。企业通过履行社会责任，能有效提升其社会形象，从而实现在市场竞争中与其他同类企业的差别化，有利于企业的长期、可持续发展。沈洪涛和杨熠（2008）实证研究发现，2002 年以前，我国上市公司社会责任的信息披露与公司的营利能力之间不具有相关性，但 2002 年以后，随着企业社会责任的观念深入人心，企业社会责任信息披露越丰富，其营利能力越强，两者之间呈现出显著的正相关关系。孟晓俊等（2010）提出，企业社会责任的信息披露确实有助于企业获得较低的资本成本，但该项影响是否重大取决于企业所披露的社会责任信息是否完整、可靠、及时、有效。李新娥（2010）研究了企业社会回应管理水平与企业绩效之间的关系。沈洪涛等（2010a）发现由于再融资环保审核政策的存在，社会责任信息披露中非货币化信息尤其是环境信息的披露越多，企业的权益融资成本就越低。孟晓俊等（2010）研究发现，企业良好的社会责任信息披露可以降低企业的资本成本。陈可和李善同（2010）研究指出，企业履行慈善义务、企业对作为利益相关者的政府履行相应的社会责任行为均能提升企业的营利能力，有助于企业长期可持续发展，但企业所履行的其他社会责任并未促进其营利能力的提高。朱松（2011）指出，企业社会责任的总体评价越好，投资者就越倾向于重估其长期营利能力，市场评价也就越高，会计盈余的信息含量也越高；具体而言，企业社会责任可以从战略、执行和信息披露三个层面影响市场对企业发展及盈余信息含量的评价。江炎骏等（2011）研究指出，企业社会责任信息披露水平和市场对该公司的估值反应呈现出显著的正相关关系。张兰霞等（2011）研究发现，当期和前期的社会责任表现均会对企业当期的财务绩效产生显著的正向影响。钟向东（2011）的研究发现，在不考虑盈余管理时，当期和上一期的企业社会责任与财务绩效并不相关。但是当考虑盈余管理时，企业社会责任便会发挥其对公司治理的补充作用，不仅能减轻盈余管理产生的负面影响还能对财务业绩起轻微的正向调节作用。张兆国等（2013）研究了企业社会责任与财务绩效间的交互跨期影响，发现社会责任对财务绩效影响滞后，反之则不存在滞后现象。黄艺翔和李远慧（2012）对企业社会责任信息披露与资本成本之间的影响进行了更加深入的调查研究，他们指出，虽然社会责任的信息披露一定程度上降低了债权融资成本，但这种作用没有削弱企业财务绩效在银行信贷风险评估中的决策地位。刘计含（2012）、何贤杰等（2012）纷纷以融资限制为基础展开研究，与大多数学者的结论一致，他们认为企业社会责任的信息披露能改善企业融资环境，降低企业的融资成本。陶文杰和金占明（2012）的研究也支持社会责任的信息披露对企业提高营利能力大有裨益，并且发现媒体关注度在这个过程中起到了传导作用。黄苏萍（2012）提出，企业社会责任强调企业重视各利益相关者的利益和需求，满足关键利益相关者的隐性需求利于提高公司声誉、树立积极的形象。何贤杰等（2012）也指出，积极披露企业社会责任的公司相较于未披露社会责任的同行业公司，其融资成本更低；披露社会责任的公司中，社会责任的披露水平越高，融资成本就越低。李姝等（2013）认为企业社会责任信息的首次披露对权益融资成本产生最大的影响，但是之后的信息披露质量则不会产生什么影响。汤晓建和杜剑（2013）以主动发布社会责任报告的国有企业为样本，运用实证研究方法分析发现，企业披露的会计信息质量与企业社会责任绩效二者之间的相互影响均是正向且显著的。杨瑞等（2013）从国内社会责任发展指数三百强的企业中选取 50 家作为样本公司，以社会责任发展数衡量企业的社会责任表现，以总资产增长率、权益净利率和托宾 Q 值来衡量企业的财务绩效，运用实证分析法建立多元线性回归模型进行研究。

与上述观点相反的是，部分学者认为部分特殊行业或企业社会责任信息披露越良好，企业价值可能会越低，如李正（2007）实证研究结果表明，虽然企业的规模因素和行业特点因素（是否属于重污染行业）会对企业披露社会责任履行信息存在显著的影响，但企业的营利能力与社会责任表现之间的关系却是显著负相关的，同时 ST 类公司与其社会责任的披露呈现显著的负相关关系。而陈玉清和马丽丽（2005）通过实证分析得出，企业社会责任信息披露与年报公布后一个月内的平均股价不存在显著的相关性，二者之间的价值相关性根据企业所处的行业性质不同而相差较大。王怀明和宋涛（2007）将企业社会责任分为对国家、对员工、对投资者以及对公益事业的社会责任，以此得出各方面产生的社会责任绩效与财务绩效关系结论不一。温素彬和方苑（2008）将企业社会责任分为四个责任维度，分别为对货币资本、对人力资本、对社会资本及对生态资本的企业社会责任，分类后再分别检验其与企业营利能力的关系，也得出了不同的研究结论。邓永勤和张水娟（2010）对我国企业的社会责任信息披露现状进行了调查了解，发现存在社会责任信息披露的监管不严、企业社会责任信息披露随意等问题，甚至出现由于审核制度不完善而发布造假信息等现象。因此，当企业管理层人为操纵所披露的社会责任信息时，社会责任信息披露不仅不会缓解信息不对称、降低资本成本，还会导致资本成本上升，二者形成了“U”形的关系。

2.4 文献评述

第一，从企业社会责任相关文献来看，国内研究的起步远落后于国外发达国家，虽然近年来发展很快，但仍存在许多问题，如对企业社会责任的应用研究较为偏重，而忽视了相关的理论研究。在加入世界贸易组织之后，我国在社会学、管理学、经济学等各方面的研究都进入快速发展时期，但在企业社会责任的理论深度研究和实践应用方面，与国际社会企业社会责任运动的发展仍存在着较大的差距。从对企业社会责任的概念界定可知，企业管理者对社会责任的认识大多还停留在公益捐赠等外部表现上。同时，国内企业履行社会责任主要还是迫于合法性要求或政府的外部压力，国内企业管理层在社会责任与本企业可持续发展的关系认知上还比较缺乏。

第二，从“企业社会责任信息披露经济后果研究”的文献梳理中可以发现，专家学者虽然从公司治理、盈余管理、公司特征、产品市场特征、媒体舆论环境与市场竞争等各角度对企业社会责任信息披露的经济后果进行了较多的研究，也得出了较为丰富的成果，但是研究过程中并没有全面系统地考虑到行业效应、区域效应、市场成熟度等外在因素对整体研究的影响；而且从利益相关者角度对企业社会责任信息传递的感知价值进行分析的文献也较为缺乏；对于企业社会责任信息传递与政府税收之间的关系研究也有待进一步拓展；此外研究视角尚未完全展开，较为缺乏对这个问题进行系统的交叉学科研究，如嵌入社会学、心理学等的研究。

第三，通过文献梳理可以看出，我国的企业社会责任会计信息披露研究虽然发展迅速且成果显著，但是整体来看，大部分研究均选取特定行业或者特地区域的公司作为研究对象，并且样本数据均取自特定板块或特定年份的上市公司企业社会责任报告，因此可以看出，关于国内企业社会责任信息披露的全面研究仍然是我国学术界目前需要努力的方向。

参考文献

陈辉. 2012. 中外钢铁联合企业社会责任信息披露案例比较研究[J]. 工业技术经济，（1）：78-83.

陈可，李善同. 2010. 企业社会责任对财务绩效影响：关键要素视角[J]. 统计研究，27（7）：105-111.

陈文婕. 2010. 论企业社会责任信息披露影响因素[J]. 财经理论与实践，31（4）：54-62.

陈昕，林晓璇. 2012. 从企业社会责任到企业社会回应与企业社会表现[J]. 科技管理研究，32（14）：119-122.

陈玉清，马丽丽. 2005. 我国上市公司社会责任会计信息市场反应实证分析[J]. 会计研究，（11）：76-81.

邓永勤，张水娟. 2010. 信息披露质量对权益资本成本的影响实证研究[J]. 财政研究，（3）：

60-63.
邓泽宏，何应龙. 2010. 企业社会责任运动中的政府作用研究[J]. 中国行政管理，（11）：45-48.
邓子纲. 2008. 企业社会责任对企业核心层竞争力影响的研究[J]. 湖南社会科学，（2）：87-90.
丁瑞莲. 2009. 从孔子公共范畴看现代企业社会责任[J]. 求索，（2）：123-125.
董海军，章辉美. 2008. 捐赠与企业社会责任的危机响应：地震赈灾的启示[J]. 社会科学研究，（6）：43-48.
杜剑，窦康. 2013. 基于品牌价值的企业社会责任传导机制研究[J]. 会计之友，（29）：35-36.
格桑卓嘎. 2012. 我国企业社会责任会计信息披露研究[D]. 西南财经大学硕士学位论文.
葛家澍，陈少华. 2002. 改进企业财务报告问题研究[M]. 北京：中国财政经济出版社：184-209.
龚天平. 2010. 企业公民、企业社会责任与企业伦理[J]. 河南社会科学，18（4）：75-78.
郭炜，王秋实，陈女. 2011. 我国煤炭企业社会责任信息披露的现状及对策研究[J]. 财会研究，（12）：70-72.
何贤杰，肖土盛，陈信元. 2012. 企业社会责任信息披露与公司融资约束[J]. 财经研究，38（8）：60-71，83.
胡铃铃. 2012. 企业社会责任的驱动机制研究[D]. 湘潭大学硕士学位论文.
黄苏萍. 2012. 企业社会责任对企业形象影响的实证研究——来自中国银行业的经验证据[J]. 经济与管理研究，（7）：121-128.
黄晓鹏. 2010. 企业社会责任：理论与中国实践[M]. 北京：社会科学文献出版社：223-255.
黄艺翔，李远慧. 2012. 社会责任信息、财务绩效对银行信贷决策的影响——基于银行借款融资成本的视角[J]. 会计之友，（21）：29-32.
季学凤. 2011. 中小企业履行社会责任的国外经验及启示[J]. 财会通讯，（29）：38-39.
江炎骏，徐勇，刘得格，等. 2011. 企业社会责任信息披露的市场反应——基于我国上市公司发布社会责任报告的事件研究[J]. 经济与管理研究，（8）：123-128.
黎友焕. 2007. 企业社会责任在中国[M]. 广州：华南理工大学出版社：114-157.
李赫颖. 2013. 企业社会责任信息披露问题研究[D]. 吉林财经大学硕士学位论文.
李芊. 2006. 我国上市公司社会责任信息披露影响因素研究[D]. 河南大学硕士学位论文.
李勤. 2011. 社会责任会计信息披露质量影响因素的实证研究——基于上市公司 2009 年社会责任报告[J]. 财会通讯，（6）：59-62.
李姝，赵颖，童婧. 2013. 社会责任报告降低了企业权益资本成本吗？——来自中国资本市场的经验证据[J]. 会计研究，（9）：64-72.
李淑英. 2007. 企业社会责任：概念界定、范围及特质[J]. 哲学动态，（4）：41-46.
李新娥. 2010. 企业社会责任和企业绩效：企业社会回应管理视角[M]. 北京：经济管理出版社：111-129.
李正. 2006. 构建我国企业社会责任信息披露体系研究[J]. 经济经纬，（6）：56-59.

李正. 2007. 企业社会责任信息披露研究[D]. 厦门大学博士学位论文.

李正颖. 2013. 我国上市公司股权结构与社会责任信息披露的研究——基于冶炼行业的经验数据[D]. 西南大学硕士学位论文.

李政辉. 2010. 企业社会责任正当性的反思与重建[J]. 天津社会科学，（2）：86-89.

梁宁，董颖. 2010. 基于消费者行为的品牌价值研究[J]. 商场现代化，（28）：71.

林天源. 2013. 我国上市公司社会责任会计信息披露研究[D]. 山东财经大学硕士学位论文.

刘藏岩. 2005. 刍议企业社会责任与竞争力[J]. 商业时代，（23）：29-30.

刘刚. 2008. 先秦儒家义利观与企业社会责任建设标准[J]. 中国人民大学学报，（2）：79-85.

刘计含. 2012. 企业社会责任与资本约束——来自中国上市公司的证据[J]. 管理评论，（11）：151-157.

刘敏. 2012. 外部压力、公司绩效与社会责任信息披露[D]. 辽宁大学博士学位论文.

刘长翠，孙晓婷. 2006. 社会责任会计信息披露的实证研究——来自沪市 2002—2004 年度的经验数据[J]. 会计研究，（10）：36-43.

卢代富. 2002. 企业社会责任的经济学与法学分析[M]. 北京：法律出版社：82-96.

吕玉芹，蒋欣文. 2009. 食品制造企业社会责任及信息披露——基于利益相关者视角[J]. 山东财政学院学报，（5）：64-67.

毛洪涛，张正勇. 2009. 企业社会责任信息披露影响因素及经济后果研究述评[J]. 科学决策，（8）：87-94.

孟晓俊，肖作平，曲佳莉. 2010. 企业社会责任信息披露与资本成本的互动关系[J]. 会计研究，（9）：25-29.

齐方媛，周祖城. 2009. 企业社会责任主题关注度的演变（1979—2008）[J]. 华东经济管理，23（11）：14-17.

沈洪涛. 2007a. 公司特征与公司社会责任信息披露——来自我国上市公司的经验证据[J]. 会计研究，（3）：9-16.

沈洪涛. 2007b. 国外公司社会责任报告主要模式述评[J]. 证券市场导报，（8）：7-13.

沈洪涛. 2007c. 现代公司社会责任概念的发端——读 Bowen《商人的社会责任》[J]. 财务与会计，（18）：70-71.

沈洪涛，杨熠. 2008. 公司社会责任信息披露的价值相关性研究——来自我国上市公司的经验证据[J]. 当代财经，（3）：103-107.

沈洪涛，秦信任. 2010. 企业社会责任报告鉴证与注册会计师新业务拓展[J]. 中国注册会计师，（12）：74-81.

沈洪涛，万拓，杨思琴. 2010a. 我国企业社会责任报告鉴证的现状及评价[J]. 审计与经济研究，25（6）：68-74.

沈洪涛，游家兴，刘江宏. 2010b. 再融资环保核查、环境信息披露与权益资本成本[J]. 金融研究，（12）：159-172.

沈艳，蔡剑. 2009. 企业社会责任意识与企业融资关系研究[J]. 金融研究，（12）：127-136.
宋献中. 1992. 企业社会责任会计[M]. 北京：中国财政经济出版社：141-164.
孙中叶. 2010. 政府社会性规制与企业社会责任的契合——以食品行业为例[J]. 改革与战略，26（6）：44-46.
汤晓建，杜剑. 2013. 国有企业社会责任信息披露研究：现状、市场反应与信息质量分析[C]. 中国会计学会 2013 年学术年会论文集.
唐纳森 T，邓菲 T W. 2001. 有约束力的关系：对企业伦理学的一种社会契约论的研究[M]. 赵月瑟译. 上海：上海社会科学院出版社：26-33.
陶文杰，金占明. 2012. 企业社会责任信息披露、媒体关注度与企业财务绩效关系研究[J]. 管理学报，（8）：1225-1231.
王爱国，张志红. 2007. 基于会计角度探讨强化企业社会责任的必要性[J]. 会计师，（9）：10-15.
王怀明，宋涛. 2007. 我国上市公司社会责任与企业绩效的实证研究——来自上证 180 指数的经验证据[J]. 南京师大学报（社会科学版），（2）：58-62.
温素彬，方苑. 2008. 企业社会责任与财务绩效关系的实证研究——利益相关者视角的面板数据分析[J]. 中国工业经济，（10）：150-160.
吴丹红. 2012. 中国企业社会责任信息披露理论现状研究[J]. 会计之友，（1）：58-61.
夏明月. 2008. 现代企业社会责任问题研究述评[J]. 伦理学研究，（4）：100-104.
徐尚昆，杨汝岱. 2009. 中国企业社会责任及其对企业社会资本影响的实证研究[J]. 中国软科学，（11）：119-128.
许家林，孙清亮. 2010. 我国上市公司社会责任信息披露的发展与思考——基于 2009 年度沪深两市企业社会责任报告的分析[J]. 财会学习，（12）：19-23.
阳秋林. 2005. 中国社会责任会计研究[M]. 北京：中国财政经济出版社：212-231.
杨瑞，魏玲丽，魏顺泽. 2013. 上市公司社会责任披露与经济绩效相关性研究[J]. 会计之友，（2）：58-61.
杨晓智. 2009. 企业社会责任的概念、运动与实践——基于历史演进视角的研究[J]. 黑龙江社会科学，（6）：52-55.
于光平，杨艺. 2007. 企业社会责任：国外理论演进及最新文献述评[J]. 石家庄经济学院学报，（1）：12-17.
于洪洁. 2012. 中西方商业银行社会责任披露的现状比较与分析[J]. 金融会计，（2）：66-70.
于颖. 2011. 基于企业社会责任的品牌建设研究[J]. 江苏商论，（5）：101-103.
张兰霞，袁栋楠，牛丹，等. 2011. 企业社会责任对财务绩效影响的实证研究——以我国上市公司为研究对象[J]. 东北大学学报（自然科学版），32（2）：292-296.
张鹏冲，杨海燕. 2010. 企业社会责任信息披露在北美洲[J]. 财政监督，（22）：7-8.
张兆国，靳小翠，李庚秦. 2013. 企业社会责任与财务绩效之间交互跨期影响实证研究[J]. 会计研究，（8）：32-39.
张正勇，吉利，毛洪涛. 2012. 公司社会责任信息披露与经济动机研究——来自中国上市公司社会责任报告的经验证据[J]. 证券市场导报，（7）：16-23.
章辉美，张坤. 2009. 企业社会责任在中国的思想和实践基础[J]. 求索，（10）：49-51.
章辉美，张坤. 2012. 企业社会责任理论的演化与发展趋势[J]. 学习与探索，（11）：54-58.
赵展. 2013. 合法性理论下的我国企业环境责任信息披露现状问题研究：以上交所生物医药行业为例[D]. 辽宁大学硕士学位论文.
钟宏武，魏紫川，张蒽，等. 2013. 中国企业社会责任报告 2014：以报告促管理[M]. 北京：经济管理出版社：1-3.
钟向东. 2011. 企业社会责任、财务业绩与盈余管理[D]. 西南财经大学博士学位论文.
朱松. 2011. 企业社会责任、市场评价与盈余信息含量[J]. 会计研究，（11）：27-34.
Angelidis J P，Ibrahim N A. 1993. Social demand and corporate supply：a corporate social responsibility model[J]. Review of Business，15（1）：7.
Brammer S，Pavelin S. 2004. Voluntary social disclosures by large UK companies[J]. Business Ethics：A European Review，13（2）：86-99.
Brown T J，Dacin P A. 1997. The company and the product：corporate associations and consumer product responses[J]. Journal of Marketing，61（1）：68-84.
Campbell D. 2004. A longitudinal and cross-sectional analysis of environmental disclosure in UK companies—a research note[J]. The British Accounting Review，36（1）：107-117.
Carroll A B. 1991. The pyramid of corporate social responsibility：toward the moral management of organizational stakeholders[J]. Business Horizons，34（4）：39-48.
Cowen S S，Ferreri L B，Parker L D. 1987. The impact of corporate characteristics on social responsibility disclosure：a typology and frequency-based analysis[J]. Accounting Organizations & Society，12（2）：111-122.
Dan S D，Li O Z，Tsang A，et al. 2011. Voluntary nonfinancial disclosure and the cost of equity capital：the initiation of corporate social responsibility reporting[J]. Social Science Electronic Publishing，86（1）：59-100.
Davis K. 1960. Can business afford to ignore social responsibility? [J]. California Management Review，2（3）：70-76.
Deegan C，Gordon B. 1996. A study of the environmental disclosure practices of Australian corporations[J]. Accounting and Business Research，26（3）：187-199.
Dhaliwal D S. 2015. Nonfinancial disclosure and analyst forecast accuracy[J]. Accounting Review，87（3）：180-181.
Diamond D W，Verrecchia R E. 1991. Disclosure，liquidity，and the cost of capital[J]. Journal of Finance，46（4）：1325-1359.

Dierkes M, Coppock R. 1978. Europe tries the corporate social report[J]. Business and Society Review, （2）: 21-24.

Donaldson T, Dunfee T W. 1994. Toward a unified conception of business ethics: integrative social contracts theory[J]. Academy of Management Review, 19（2）: 252-284.

Edmans A. 2010. Does the stock market fully value intangibles? Employee satisfaction and equity prices[J]. Journal of Financial Economics, 101（3）: 621-640.

Enderle G, Tavis L A. 1998. A balanced concept of the firm and the measurement of its long-term planning and performance[J]. Journal of Business Ethics, 17（11）: 1129-1144.

Epstein M J, Freedman M. 1994. Social disclosure and the individual investor[J]. Accounting Auditing and Accountability Journal, 7（4）: 94-109.

Francis J, Nanda D, Olsson P. 2008. Voluntary disclosure, earnings quality, and cost of capital[J]. Journal of Accounting Research, 46（1）: 53-99.

Frederick W C. 1994. From CSR1 to CSR2: the maturing of business and society thought[J]. Business and Society, 33（2）: 50-164.

Friedman M. 1970. The social responsibility of business is to increase its profits[J]. The New York Times Magazine, （33）: 32-33.

Frooman J. 1997. Socially irresponsible and illegal behavior and shareholder wealth: a meta-analysis of event studies[J]. Business and Society, 36（3）: 221-250.

Ghoul S E, Guedhami O, Kwok C Y, et al. 2011. Does corporate social responsibility affect the cost of capital? [J]. Journal of Banking and Finance, 35: 2388-2406.

Goss A, Roberts G. 2011. The impact of corporate social responsibility on the cost of bank loans[J]. Journal of Banking and Finance, 35（7）: 1794-1810.

Gray S J, Meek G K, Roberts C B. 1995. International capital market pressures and voluntary annual report disclosures by US and UK multinationals[J]. Journal of International Financial Management and Accounting, 6（1）: 43-68.

Heiner R A. 1983. The origin of predictable behavior[J]. American Economic Review, 73（4）: 560-595.

Holder-Webb L, Cohen J R, Nath L, et al. 2009. The supply of Corporate Social Responsibility disclosures among US firms[J]. Journal of Business Ethics, 84（4）: 497-527.

Hong H, Kacperczyk M. 2009. The price of sin: the effects of social norms on markets [J]. Journal of Financial Economics, 93（1）: 15-36.

Ji P Y, Kim S W. 2011. Global corporate social responsibility standard, ISO 26000 and its effect on the society[J]. Asian Journal on Quality, 12（3）: 315-322.

Johnson H H. 2003. Does it pay to be good? Social responsibility and financial performance[J]. Business Horizons, 46（6）: 34-40.

Jones T M. 1995. Instrumental stakeholder theory：a synthesis of ethics and economics[J]. Academy of Management Review，20（2）：404-437.

Khan A，Muttakin M B，Siddiqui J. 2013. Corporate governance and corporate social responsibility disclosures：evidence from an emerging economy[J]. Journal of Business Ethics，144（2）：207-223.

Kolk A，Pinkse J. 2010. The integration of corporate governance in corporate social responsibility disclosures[J]. Corporate Social Responsibility and Environmental Management，17（1）：15-26.

Kuo L，Yeh C C，Yu H C. 2012. Corporate social responsibility and environmental management[J]. Corporate Social Responsibility and Environmental Management，（19）：273-287.

Lerner L D，Fryxell G E. 1988. An empirical study of the predictors of corporate social performance：a multi-dimensional analysis[J]. Journal of Business Ethics，7（12）：951-959.

Lev B，Petrovits C，Radhakrishnan S. 2010. Is doing good good for you？Yes，charitable contributions enhance revenue growth[J]. Strategic Management Journal，31（2）：182-200.

Luo X，Bhattacharya C B. 2006. Corporate social responsibility，customer satisfaction，and market value[J]. Journal of Marketing，70（4）：1-18.

Mcguire J B，Sundgren A，Schneeweis T. 1988. Corporate social responsibility and firm financial performance[J]. Academy of Management Journal，31（4）：854-872.

Orlitzky M，Schmidt F L，Rynes S L. 2003. Corporate social and financial performance：a meta-analysis[J]. Organization Studies，24（3）：403-441.

Porter M. 1992. Capital choices：changing the way America invests in industry[J]. Journal of Applied Corporate Finance，5（2）：4-16.

Rao S M，Kochunny C M，Rogers H P. 1993. Ethical inclinations of future financiers[J]. American Business Review，11（2）：69-76.

Renneboog L，Horst J T，Zhang C. 2008. The price of ethics and stakeholder governance：the performance of socially responsible mutual funds[J]. Journal of Corporate Finance，14（3）：302-322.

Richardson A J，Welker M. 2001. Social disclosure，financial disclosure and the cost of the equity capital[J]. Accounting，Organizations and Society，26（7）：597-616.

Roberts R W. 1992. Determinants of corporate social responsibility disclosure：an application of stakeholder theory[J]. Accounting，Organization and Society，17（6）：595-612.

Rodriguez L C，Lemaster J. 2007. Voluntary corporate social responsibility disclosure SEC “CSR seal of approval”[J]. Business & Society，46（3）：370-385.

Santos M. 2011. CSR in SMEs：strategies，practices，motivations and obstacles[J]. Social Responsibility Journal，7（3）：490-508.

Schwarts M S，Carroll A B. 2008. Integrating and unifying competing and complementary frameworks：

the search for a common core in the business and social field[J]. Business & Social, 47（2）: 148-186.

Shane P B, Spicer B H. 1983. Market response to environmental information produced outside the firm[J]. Accounting Review, 58（3）: 521-538.

Spicer B H. 1978. Investors, Corporate social performance and information disclosure: an empirical study[J]. Accounting Review, （53）: 94-111.

Starks L T. 2009. Corporate governance and corporate social responsibility: what do investors care about? What should investors care about? [J]. The Financial Review, 44（4）: 461-468.

Swanson D L. 1995. Addressing a theoretical problem by reorienting the corporate social performance model[J]. Academy of Management Review, 20（1）: 43-64.

Tang Z, Hull C E, Rothenberg S. 2012. How corporate social responsibility engagement strategy moderates the CSR-financial performance relationship[J]. Journal of Management Studies, 49（7）: 1274-1303.

Trotman K T, Bradley G W. 1981. Associations between social responsibility disclosure and characteristics of companies[J]. Accounting Organizations and Society, 6（4）: 355-362.

Waddock S A, Graves S B. 2009. The corporate social performance-financial performance link[J]. Corporate Social Responsibility and Environmental Management, 16（2）: 61-78.

Williams R J, Barrett J D. 2000. Corporate philanthropy, criminal activity, and firm reputation: is there a link? [J]. Journal of Business Ethics, 26（4）: 341-350.

Wood D J. 1991. Corporate social performance revisited[J]. Academy of Management Review, 16（4）: 691-718.

Yamagami T, Kokubu K. 1991. A note on corporate social disclosure in Japan[J]. Accounting, Auditing & Accountability Journal, 4（4）: 32-39.

第3章　企业社会责任信息传递机制理论基础概述

3.1　核心概念的界定

3.1.1　企业社会责任

英国学者谢尔登（Oliver Sheldon）于20世纪20年代对管理思想进行追本溯源时首次谈及社会责任。他认为，管理不只是科学更是一门哲学，整个非物质的管理系统却是建立在人性的基础之上的。工业管理应该从全体社会出发，满足人们的需要，合理地分配企业财富。我国学者卢代富（2002）认为，企业社会责任应该是股东在追求实现企业财富最大化之外，须承担的对社会的责任和义务。卢代富认为，经济利益是实现企业社会责任的基石，企业社会责任是单独又不可独立的部分。李淑英（2007）提出，企业存在的目的是尽最大努力创造并且维护社会的利益，而不是单纯地追逐企业的利益。她认为股东利润最大化是有先决条件的，这个条件就是承担起自己的社会责任。

在与企业社会责任相关的诸多定义中，本书援引布伦特兰委员会对可持续发展的定义"满足当代人的需求，且不损害未来的人们满足他们的需求的能力"及《企业的社会责任》（Philip Kotler、Nancy Lee著，姜文波译）一书中对公司的社会责任的定义"公司社会责任是公司通过一般商业实践行为以及公司资源的捐献来改善社区福利的一种承诺"。本书认为，企业社会责任实质上是为实现企业与利益相关者可持续发展应履行的责任。

3.1.2　社会契约

狭义的契约一般意义上是指协议各方为了约束双方的行为，以降低风险维护权益而签订的、用来规范行为的合同或者制式文本。学者将其作为分析社会规范的理论工具，提出了社会契约的含义，并对此做了大量研究。

"契约论是宏观契约论和微观契约论的综合，统称综合社会契约理论，被人们看作是从道德角度评价决策的依据"。"社会契约一开始作为某种社会规范是自然而然地产生"。当代社会契约理论的重要代表人物唐纳森和邓菲（2001）在解释社会契约理论时说："我们社会需要采用不同的方法研究企业伦理学，采取的方法要揭露隐藏的、非常重要的协议或契约，它们把各行各业、经济制度及公司连接成道德的共同体……。这种方法是一种要论及压倒一切个别契约的更深层、更普遍的契约的方法。"约翰·密尔（John S. Mill）在解释社会契约理论时指出，由于人具有社会属性，故每个人既从社会获得各种利益和保护，也必须对社会有所回馈，其中非常重要的就是每个人需要遵守一定的行为准则，不得侵害其他社会成员的利益，也应在公平公正的基础上为维护社会的整体利益（如整个社会的公共产品和公共服务）承担一定的耗费和牺牲。G. 斯蒂纳和 J. 斯蒂纳（2002）提出，企业和社会之间任何时候都存在一种基本的协定，被称为社会合约（social contract）。这个合约对企业和社会的关系进行了全面反映，包含了企业的价值观和行为习惯，而且部分关系表现为法律形式。不幸的是，对管理者来说，这种契约并不像契约面临的经济力量那么清楚明白，它通常比较复杂，含糊不清。罗尔斯（Rawls John）是这样理解社会契约的：契约论正义观念的本质特征是，社会的基本结构是正义观念的首要主题。这种契约论观点就是，依据社会基本结构和社会关系所制定的正义目标贯穿于整个契约精神始终，指导其他社会关系规范的建立。唐纳森和邓菲（2001）也提出，由于文化传承等导致的非正式契约的普遍存在，很多商业惯例等非正式契约逐步演变成为社会契约形式，或发挥了社会契约的作用。

我们可以看出，上文中提及的国内外文献中，很多学者对社会契约做研究时，混淆了社会契约与企业社会契约的概念，实质上这两者在根本意义上并不完全相同。本书在综合了前人文献的基础上对其进行了区分，认为：社会契约是一系列用来约束和规范社会成员行为的假设和规范。社会契约并不像商业行为那样要求签订书面协议，而是所有契约方所共同认可的义务，即契约方需要对各自的行为负责，也要有能力关照自身的利益。而企业社会契约是指企业和社会之间的契约，即一系列用来约束和规范企业和利益相关者的行为的假设和规范。

3.1.3　利益相关者

"利益相关者"一词由斯坦福大学的相关研究者首次提出，其给出的定义较为狭窄，仅指那些依赖于某个组织，脱离它就会失去生活来源的群体。Ansoff 是最早使用这个词的管理专家（贾生华和陈宏辉，2002），他认为，要制定完善的企业战略，须考虑各利益相关者的权益，在他们的博弈之间选择一条平衡之路。这些利益相关者包括公司员工、股东、供应商及顾客。上述传统管理观点认为利益相关者仅为那些与企业相关的提供企业资源或者购买公司产品的群体。现代管理理论随社会的发展不断拓展着利益相关者的含义，不再仅仅指那些小规模有利益相关关系的群体。利益相关者理论的代表人物之一弗里曼对利益相关者的定义如下："能够影响一个组织目标实现或决策、行为、活动的人或群体，或者是受组织决策、行为、活动、目标或政策影响的人或群体。"此外，部分学者认为，只有资本或劳动力投入的组织或个人才是企业的利益相关者，如 Clarkson（1995）认为，利益相关者是那些在企业中投入了财务资本的股东、投入人力资本的劳动者，他们因此承担了某种风险；根据财务管理学中风险与收益的配比关系，利益相关者要相应地要求一定权益；利益相关者承担的风险越大，其与企业的关系就越紧密。但总体而言，大部分学者还是赞同广义的利益相关者概念。约瑟夫 · W. 韦斯对企业伦理学有较深的研究。他将利益相关者看作能及时对企业产生良好或有威胁的外部影响做出迅速反应的组织、个人或国家。互联网、信息技术、全球化、放松管制、合并及战争等诸多技术、经济、政治因素使外部环境变化加快、不确定性加大，但利益相关者（如公司职员、顾客、供应商等）乃至整个社会都要依附于这样的环境开展活动，权衡利弊，做出伦理抉择。他将利益相关者分为两个层次：第一个层次的利益相关者包括股东、消费者、公司职员、供应商、企业高级管理人员；第二个层次的利益相关者包括所有其他利益群体，如媒体、消费者、法院、政府、竞争对手、公众和社会等。陈宏辉和贾生华（2004）将利益相关者定义为在企业中进行了某种专用性投资，并承担了一定风险的个体或群体，他们的活动与企业实现目标的过程息息相关，互相影响。王身余（2008）认为，利益相关者理论主要经历了利益相关者影响、利益相关者参与、利益相关者共同治理等概念阶段，且利益相关者理论经历了从否认任何权利到赋予基本权利、从赋予参与权利到授予治理权利的阶段。

随着经济社会的发展，公司制逐渐由所有权、管理权的两权合一向两权分离转变，在更有利于企业实现内部控制的同时，利益相关者概念也逐渐得到社会各界的广泛认同及重视。越来越多的企业意识到利益相关者概念会影响到企业的发展，企业想要达到经营目标必须处理好与相关利益群体的关系。本书认为，根据相关性的大小，利益相关者群体可分为两类：直接利益相关者群体、间接利益相关者群体。股东是企业的直接所有者、管理者，员工是企业的支柱，是利润的创造者，顾客是企业利润的贡献者，三者是企业最主要的利益相关者群体，可称为直接利益相关者群体；后者则包括供应商、销售商等一切商业伙伴、行业协会、社区、非政府组织、媒体、政府、竞争对手、一般公众等利益相关者群体。

3.1.4　信息传递

赫伯特·西蒙认为：没有信息沟通和传递就没有组织，因为没有信息沟通和传递，集体就无法影响个人行为。本书认为，信息传递是指信息发送者通过声音、文字或图像等形式向信息接收者传递具有一定内容和意义的信息的过程。信息传递程序的基本环节包括：第一，信息发送者具有将某种信息发送出去的动机；第二，信息发送者采用声音、文字或图像等具体方式将需要发送的信息送达给接收者；第三，信息接收者对所接受的信息进行理解和解释，并对信息进行反应，再传递给信息发送者，即信息的反馈。

3.2　企业社会责任理论基础概述

根据社会学、管理学等学科的发展，本书认为企业社会责任理论基础包括社会契约理论、利益相关者理论、企业公民理论、可持续发展理论、组织社会学相关理论等。

3.2.1　社会契约理论

社会契约理论的萌芽产生于古希腊苏格拉底时代，奠定了近现代西方的契约文化传统，极大地影响了近现代的社会和经济变革。社会契约理论最初是关于国家起源的一种学说，理论界普遍认为，霍布斯（Thomas Hobbes，1588—1679）于 1651 年发表的《利维坦》（Leviathan）一书标志着现代社会契约理论正式建立。霍布斯认为，国家是社会契约的产物，由于自然状态下人人平等，而社会契约所产生的国家体现了大多数人的意志，故个人服从国家的各项规定表明该个人接受了大众契约的约束，实现了契约对整个社会的调控作用。霍布斯之后，社会契约理论对西方各国乃至全世界都产生了普遍影响力。卢梭（2011）指出，社会契约所要解决的根本问题是如何维护和保障每个社会公民的人身和财产自由。随着时间的推移，学者们不断丰富和完善着社会契约理论，到 20 世纪 80 年代，部分学者开始将这种社会学说广泛运用于各种企业问题的研究中，也为当时正迅速发展的全球性企业社会责任运动提供了重要的理论支持。Donaldson（1982）提出，社会是企业生存和发展的基础，因此依据社会契约理论，企业和社会这对主体需要通过形成稳定的企业社会契约来解决双方的利益冲突，同时双方共同认可的契约包含了法律和道德的内容，需要彼此为对方承担一定的责任，另外随着经济社会的不断发展，企业社会契约也会不断进行修正和完善。陈宏辉和贾生华（2003）也指出，企业是人格化的组织，是人与人之间复杂的显性和隐性契约交互组成的法律实体，其对所处的社会需求进行反映——承担相应的社会责任是履行各种契约的要求。林军（2004）认为，企业社会责任的产生、发展就是社会与企业间持续变化的社会契约关系的结果。因此，根据社会契约理论，企业的生产经营活动是根据其与社会之间的社会契约内容所确定的，这种社会契约部分表现为符合法律规定的显性契约——企业社会责任行为表现为强制性，部分表现为社会期望与规范的隐性契约——企业社会责任行为表现为自愿性。随着经济社会的发展，企业的存在是为了服务社会的观念也日益为大众所接受，企业的未来将取决于管理者对变化着的公众期望回应的效率。随着经济全球化的不断发展，全球契约已经对全世界的企业尤其是跨国公司的经营活动产生了巨大影响，促进了企业社会责任运动的发展。

唐纳森和邓菲（2001）指出，社会契约理论主要考察的内容是分析一个社会的经济行为人构造出能够被共同接受的道德理念的空间范围。李伟（2006）也认为，根据道德理念的不同空间范围，企业社会契约分为内部和外部契约，企业的股东、员工等内部的经济行为人能够共同接受的道德理念即企业的内部社会契约，以维护企业内部经济行为人的利益，而企业的消费者、其他组织和政府等社会管理者这些外部的经济行为人所共同接受的道德理念就是企业的外部社会契约，内部和外部共同契约保障了企业社会责任的履行。因此，从契约的角度，企业的社会行为要符合社会的道德要求，根据不同空间范围的共同道德理念产生出不同空间范围的企业社会责任要求。

唐纳森和邓菲（2001）进一步指出，所有社会契约理论研究方法的核心是人及尊重人的权益，如企业的高级管理层与顾客之间的社会契约体现了企业必须关心顾客的利益，企业与投资者之间的社会契约体现了企业必须维护股东的利益，以进一步加强社会公众的信任感。这种尊重人权、以人为本的理念为企业社会责任理论奠定了坚实的基础，后来也发展成企业社会责任理论的核心理念。

Donaldson 和 Dunfee（1994，1995）认为综合性契约将企业社会责任与利益相关者相统一。他们认为如果企业要进行长久发展，就必须重视其社会责任，考虑并满足利益相关者的合理要求。这是因为“企业是社会系统中不可分割的一部分，是利益相关者显性契约和隐性契约的载体”。

韦斯（2005）也指出，企业与顾客、社会公众之间的隐性社会契约的基础是信任，公司考虑顾客的利益是这个隐性社会契约的必然要求，当然，随着时间的推移，该契约也会随外部环境变化而变化。因此，根据社会契约理论，企业必须符合社会对其的期望，社会对企业的期望及期望的变化会不断改变企业与社会的隐性契约，从而影响企业社会责任的履行。

3.2.2 利益相关者理论

利益相关者理论是跨越社会学及管理学的交叉领域，研究目标是帮助企业更好地可持续发展，研究对象是社会各群体与企业的关系。该理论始于 20 世纪 60 年代，被西方发达国家学者逐渐关注并完善。但自从 20 世纪 80 年代以后，利益相关者理论的影响不断扩大，并使传统的企业治理模式及管理方式发生了根本性的变革。利益相关者理论是公司治理机制长期发展变化的产物，其发端于公司治理中管理权与所有权的两权统一向两权分离转变，是对“股东至上”传统理论的一种否定和修正，因为长久以来股东利益最大化成为企业发展的唯一目标。然而随着人们自我保护意识的增强，人们逐渐认识到企业也要关注周围人群的利益，如员工、顾客等。利益相关者理论认为企业不应只保护股东的利益，只专注于利润的增长，企业的经营管理应综合考量各方的权益诉求，寻求实现利益相关者整体权益的最大化目标。不同于以往人们对权益的忽视的时代，当今社会更加追求公平、公正，利益相关者理论的产生和发展既是历史的必然，也反映了现代社会对市场经济发展的反思和校正。从理论渊源上说，利益相关者理论、企业社会契约理论、产权理论密不可分，相辅相成。广义的利益相关者理论来源于弗里曼（2006）的《战略管理：利益相关者方法》，他认为利益相关者是“能够影响到组织目标的实现或者受目标实现影响的个人和群体”。他认为，利益相关者即直接或间接享受公司利益的单位或个人（利益群体），包括供应商、客户、员工、股东、当地社区和企业管理者等。Freeman 和 Evan（1990）从“企业由一系列契约组合形成”这一基本论断出发，认为企业的定义还可表述为“企业是利益相关者组成的系列契约”，从而为利益相关者理论奠定了基础。

企业社会责任的理论构成实际上是与利益相关者理论分不开的，利益相关者理论往往是在评价企业社会责任履行状况指标时所依赖的最主要理论之一，是评估社会责任体系的最紧密理论框架（Wood and Jones，1995）。虽然企业社会责任实际上是对利益相关者权益的保护，但利益相关者概念出现的时间是在企业社会责任概念之后，且在理论发展上，利益相关者理论由于借助于企业管理中的契约理论、产权理论，较成功地实现了与主流经济学的契合，具有坚实的理论基础。Wood（1991）率先在理论上将利益相关者理论融入广义企业社会责任中，他指出，利益相关者对其社会表现做出评价的依据不仅仅是自身利益是否得到满足，还在于个人的认识及所接受的其他利益相关方是否实现利益的信息。他提出，企业社会责任实践中，对利益相关者的管理、对环境的评估、对社会问题的管理是最重要的三个部分。

Clarkson（1995）从实证角度，将利益相关者理论用于度量社会责任表现。

他结合利益相关者理论的内涵，通过实证检验，认为利益相关者管理模型有利于企业更全面地考虑公司战略，将利益相关者管理融入公司战略管理中。他认为企业社会责任可定义为对不同利益相关者群体的特定责任，这种特定责任就体现在企业对社会问题、社会方案的处理中，企业处理社会问题、社会方案的结果就成为企业的社会责任表现。盛日（2002）认为，企业能否平衡其利益相关者的关系是其核心竞争力的首要表现，比新技术的应用、质量的控制及客户满意度更重要。陈立勇和曾德明（2002）认为，利益相关者理论与实践的演进，使企业与社会的责任分工边界发生了重要调整，企业社会责任的履行，尤其是环保、解决失业率等方面的实践有效地解决了传统观点认为需要政府负责的许多问题，产生了重要的社会效益。马力和齐善鸿（2005）提出，企业社会责任与管理道德紧密相连，如何平衡企业利润最大化与社会利益的冲突是企业社会责任发展的原点和终点。

因为利益相关者广泛的群体利益，直接构成了企业社会责任实践的对象，从而根据以利益相关者理论开展企业社会责任的研究奠定了理论基础；同时，利益相关者理论模型的构建也为实证研究企业社会责任提供了基础工具。综上，利益相关者理论对企业社会责任研究的主要贡献为：首先构成了企业社会责任定义的核心内涵；其次为企业社会责任理论提供了有力的理论支持；最后为测度企业社会责任提供了工具及方法。

需要强调的是，虽然利益相关者理论与企业社会责任理论很密切，但企业社会责任问题与利益相关者问题关注的层面、范围并不完全一样，企业社会责任视角更加广阔。所以，企业社会责任问题与利益相关者问题并不完全等同。我国学者对此也做了研究，张兆国等（2009）指出，利益相关者理论是企业社会责任的重要基础，企业社会责任可以划分为两部分，一部分为股东利益的经济责任，一部分为利益相关者的其他责任，提出企业社会责任的“股东至上”财务模式应向“利益相关者合作”财务管理模式转变，“利益相关者合作”财务管理模式从企业财务目标、企业财务治理机制、企业财务政策到企业财务评价都要求做出变革，该研究拓宽了企业社会责任研究的理论视野。从另一个角度来考虑，企业规模越来越大，企业要缴税，缴税是向国家缴税，然后拿来为全体公民服务，可以说一定层面上全体公民都是企业的相关利益者。而企业要生存，履行社会责任的目的是促进企业的发展，不可能满足所有的相关利益者的利益。只能相对地，尽可能地满足对企业发展有重要关系的利益相关者的利益，即企业在追求更高利润的同时不可侵犯利益相关者的权益，更要从道德责任上给予相关利益者人文关怀。然而如何把握度，平衡股东与相关利益者的利益，在互相博弈下实现企业的可持续发展，在不损害企业长远发展的基础上较好地履行企业社会责任是一大难题。本书认为，平衡企业自身追求利润的利益与利益相关者的利益即社会责任履行所要把握的尺度。

3.2.3　企业公民理论

企业公民理论是最近几年在西方社会科学界兴起的一种理论派别。顾名思义，企业公民理论就是将企业当成等同于个人的单个社会公民，社会公民有义务履行自己的职责（对企业来说就是通过经营活动创造社会财富），同时维护其他公民的利益（对企业来说就是承担起社会责任）。这个理论试图把企业看成与公民一样具有相当的社会结构与社会行动的组成部分，认为社会是企业利益的源泉，也是企业存在的基础。当企业因享有社会某些资源获得利益的时候，当然有责任以符合公民伦理道德的行动回报社会、奉献社会，同公民一样，在享有公民社会权利的同时也必须承担对社会的义务。企业公民理论受企业伦理理论的影响。1962 年，美国政府公布了一个报告——《对企业伦理及相应行动的声明》，此举表达了公众对企业伦理问题的极大关注。1963 年，加瑞特（Grarret）等撰写的《公司伦理案例》一书中，搜集了大量的企业伦理案例并进行了分析。1968 年美国天主教大学的沃尔顿教授（C. Walton）在其《公司的社会责任》一书中，倡导企业之间的竞争要以道德为目的。到 20 世纪 70 年代，企业伦理问题引起了美国公司更为广泛的关注。1974 年 11 月，在美国堪萨斯州立大学（Kansas State University）召开了第一届企业伦理学研讨会，不仅深化了在此以前人们对企业伦理问题的研讨，而且标志着企业伦理学研究组织的正式确立。到了 20 世纪 80 年代，国外伦理学进入了全面发展时期，企业伦理学在广度和深度两个方面迅速发展。企业伦理理论认为企业不能仅以营利为目的，还应遵守公民社会中的道德、文化、习俗乃至规范，即企业不仅具有经济性，而且具有一定的文化性与道德性。可以说，企业法人不仅是经济主体又是道德主体，具有“人”的道德特性。道德责任是企业社会责任的基础，也是企业恪守社会责任的底线，它是社会对企业最基本的期望。企业伦理责任就是它应该努力使社会不遭受自己的经营活动、产品及服务的消极影响，让民众能够放心使用企业所提供的产品或服务。

美国波士顿学院（Boston College）的企业公民研究中心对企业的公民特性做了大量研究，认为企业公民具有三个基本原则：“危害最小化、利益最大化”、“关心利益相关者”和“对利益相关者负责”等。1997 年，Zadek 等提出了企业公民基本原理三角模型，认为成为一个良好的企业公民来源于三个方面：第一，公司管理层需要认清公司外部环境，并产生协调内外问题的动力；第二，社会广泛重视企业社会责任的履行，促使企业改进在社会和环境方面的绩效；第三，强调企业的道德价值，企业享有某些利益相关者不具有的特有资源，在社会实践中理应承担相应的义务。2003 年的世界经济论坛认为，企业通过核心商业活动、慈善行为、社会投资、参与公共政策对社会做出贡献，企业处理与经济、社会、环境的关系以及与利益相关者关系的方式影响着企业的长期发展。信息的全球化，推动了跨国公司的快速成长与发展，同时助力经济全球化的实现。于是，东道国希望从跨国公司的投资中获得更多的经济利益和社会利益。由于跨国公司采取跨国经营的方式，故它们的全球化战略和雄厚的经济实力对东道国经济社会的影响也日益剧增。所以，跨国公司的社会责任具有更大范围内容和更深层次意义，具有自己独特的行为准则：跨国公司守则和行业国际标准。纽约于 2007 年召开了"全球企业"论坛，约定在全球范围内共同采取行动，承担相应的社会责任，推动全球化市场的建立和健全。

3.2.4　可持续发展理论

自工业革命以后，虽然人类社会经济发展迅速，但人类赖以生存的地球的生态环境遭到了严重的污染和破坏，海啸、地震、洪水、旱灾乃至"寂静的春天"都是大自然给予人类的警示。随着环境问题的日益严重，可持续发展的思想逐渐萌芽、形成。

17 世纪，"可持续发展"理念的雏形首先出现在德国。德国当时有一条关于砍伐树木的法律限制。其具体的法律条文规定：砍伐树木的数量跟比率应当可以使树木资源在一定时间内实现再生，采伐必须采用一种合理的和可持续的方式进行。时间之船驶到 20 世纪 80 年代中期，可持续发展渐渐开始成为一个众所周知的理念。1987 年，布伦特夫人（挪威首相）在世界环境与发展委员会上所提交的报告《我们共同的未来》中，提出了"永续（可持续）发展"的概念，即既满足当时人们的需要，又不影响后代人的需求。这个定义在 1992 年举行的里约地球高峰会中获得了多数国家的认可，之后"永续发展"成为各国在经济发展中必须要同时关注的共同追求的目标。近年来，我国众多学者对可持续发展原则也达成了一致的观点，即可持续发展应遵循公平性原则、持续性原则、共同性原则。公平性原则强调的是"代际公平"，即当代人与下代人之间的公平；持续性原则则强调人类经济活动不应该超过资源环境的承受能力；共同性原则强调只有全球性的协作才能实现可持续发展的共同目标。

作为一个跨学科的综合性课题，"企业可持续发展"既涉及社会学、经济学，也涉及伦理学、管理学、法学等多学科多层次的丰富内容，它的实现，必然是企业内部资源、外部资源以及所处环境共同作用的结果。毫无疑问，当代企业获得可持续发展和赢得竞争优势的源泉之一即企业社会责任。据美国的《财富》杂志报道，在美国，寿命不超过 5 年的企业大约占 62%，存活年限达到 50 年的企业只有 2%，而中小企业平均寿命都不到 7 年。据日本的《日经实业》调查结果，在日本，企业平均寿命只有30年左右。因此，企业想长存长续且基业长青，需要不断增强可持续发展能力，且与自然环境、社会环境建立更加和谐的共生关系。实质上，企业社会责任与可持续发展理论在内涵上具有高度的一致性，坚持走可持续发展道路，既是经济大环境发展所需的政策方针，也是企业社会责任追求的主要目标。它能够满足社会整体对企业的期望，特别是从另一个视角来考察时，会发现公司的利益与社会中其他经济主体的利益紧密相连，同时，大量的调研结果也显示，越是注重社会责任的企业，其产品和服务获得更广的市场份额和忠诚的顾客群的可能性就越大，从而使其间接受益匪浅。故而，企业在其运营过程中，应明确自身应履行的社会责任，并积极实践，实现企业与社会环境共同的发展，实现“双赢”。

3.2.5 组织社会学相关理论

由于企业竞争优势和经济效率观点不能完全解释企业社会责任动机，组织社会学的新制度主义学派对此问题进行了不懈的探索。新制度理论的学者认为，不应仅仅立足于单个企业的利益，而要从场域层次的认知、规范、管制等社会同构性（Marquis et al.，2007）压力来看待企业的社会责任行动。Useem（1988）发现，收购企业有无社会责任行为的历史会影响被收购企业社会责任行为。Maignan 和 Ralston（2002）发现，政治、文化等制度差异导致了美国、法国、英国、荷兰的企业社会反应的关键点和方式各不相同。Guthrie（2003）发现，80%的公司的最大一笔社会责任捐赠对象在本地社区。Marquis 等（2007）将企业所在的地理社区作为制度性压力的来源，发现：社区文化会影响企业社会责任履行的内容与形式，即社区同构性；企业与本地非营利组织联系越紧密，企业社会责任水平越高；政治与法律的关注程度会影响企业社会责任履行的积极性；本地社区对企业社会责任行动方式的一致性越高，整体企业社会责任水平越高。

Campbell（2007）指出，企业财务状况、社会经济的健康状况、行业竞争水平等是企业社会责任行为的关键动因；同时，强有力的地方规制、健全而有效的行业协会监管、非营利组织对企业社会责任行为的普遍预期会对企业社会责任履行发挥重大影响。田志龙等（2005）也发现，企业的非市场性行为有助于提升企业的经营合法性。沈奇泰松（2010）发现，企业感知的制度压力分为规制、规范和认知三种类型，通过企业社会战略反应的中介作用，对企业的社会战略反应和企业社会绩效都有不同的正向驱动作用。

当然，正如周雪光（2003）所言，对“利益作用”分析的缺失是新制度理论有待进一步改进的地方。

3.3　企业社会责任信息传递机制相关理论

3.3.1　信息不对称理论

信息不对称是指市场中交易双方对商品价格、质量掌握的信息不同而导致的交易不公平的现象。信息不对称对市场经济产生了极大影响，科学家对此做了大量研究。2001 年的诺贝尔经济学奖授予了三位研究信息不对称的经济学家，分别是 Joseph E. Stiglitz、George A. Akerlof、A. Michael Spence。他们对次品市场、二手车市场、保险市场、人才市场上的信息不对称进行了研究，研究结论说明信息不对称会影响市场机制作用的发挥、造成市场失灵、提高交易成本、降低社会资源配置的效率等。

企业作为利益相关者群体的信息主体，掌握了大量优势信息，出于“经济人”的角色，有极大动机损害利益相关者群体的权益。随着全球企业社会责任运动的发展，人们日益发现企业披露的资产负债表、利润表、现金流量变动表、所有者权益变动表等传统的财务信息并不能消除利益相关者所面临的信息不对称的现状，由于企业是否履行和怎么履行社会责任情况对投资者、债权人、政府、员工、顾客、社区、生态环境等均有显著影响，故企业的利益相关者对企业披露其社会责任信息的要求越来越大。

3.3.2　信号传递理论

信号传递理论起先是源于股市发放股利后作为信号传递给市场的反映，又称股利信息内涵假说，由 Modigliani 和 Miller 在 1961 年首次提出。随后，Fama 和 Fisher 实证研究了股利分配对股价的影响，并得到信号传递效应的证据。从 20 世纪 60 年代开始，人们逐渐认同并完善了这一理论。

信号传递理论是基于企业管理层掌握着企业所有信息，通过发放股利的形式向市场传递企业内部信息。采用不同的股利发放模式均会给投资者带来不同的信息感，当他们认为企业前景较好时，会增加股利的发放；当他们无项目可投资时，现金留存较多也会采用现金股利的方式发放；当企业前景不好时，他们将会降低股利的发放。因此，通常企业增加股利支付水平时，其股价会上涨；反之会下跌。这就是信号传递作用的基理。

应用在社会经济方面，信号传递理论则有效解释了逆向选择问题。股票价格、商品价格、房产价格等所受影响因素众多，有些人获得信息少，有些人获得信息多。商品交易市场上，处于信息劣势的一方容易高估劣质产品低估优质产品，导致逆向选择问题的发生。进一步讲，由于市场资源稀缺，如房子等很多刚需商品出现供不应求的现象，那么掌握关键信息的一方就可以提前做出选择，低价买进，高价转卖，信息优势一方远比信息劣势一方获得更大利润。

信号传递理论是企业社会责任信息传递机制的重要理论基础。企业社会责任信息跟股利等信息传递后对市场的影响最大的不同，就在于企业社会责任信息是通过影响企业声誉间接影响企业绩效的。一方面，社会责任表现好的企业也会拥有较高的声誉，此时企业发布社会责任报告会给顾客、供应商、社区居民、政府等带来极佳的印象，从而顾客增加购买量、供应商稳定供应货源、政府给予政策支持，提高筹集资本的能力不断改善企业的经营软环境，企业的业绩得到可持续的提升。另一方面，企业的管理层通过披露包括财务指标和规划的社会责任信息也会传递公司的创造能力、发展方向等信息，一定程度上会吸引投资者的投资。肖增敏和徐佩（2013）建立信号传递博弈模型，分析社会责任不同的披露形式下，消费者所做出的不同选择，得出良好的社会责任履行企业披露社会责任报告会增加消费者的购买量的结论，并建议政府、企业自身在企业社会责任培育中应采取的政策和措施。

3.3.3 委托代理理论

20 世纪 30 年代，代理理论的产生主要是基于所有权与控制权的相互分离（伯利和米恩斯，2007）。之后，詹森与麦克林于1976年进一步发展了该理论，他们可谓该理论的集大成者。当时，他们以代理理论为突破口，解答了企业价值失败的原因、股票筹资与债务筹资的利与弊、为什么要发行优先股等。事实上，对于这些问题的解答都无法回避代理理论中代理成本这一概念。具体地，他们发现，代理成本的存在是导致企业股东与经理层利益冲突的源头。Haley（1991）发现，管理层能够通过盈余管理提高企业的捐赠数额，以提高其个人声望、获得更高的薪酬、博得更多的大众赞许和同行的羡慕。

综上，这些对代理理论的经典分析都是围绕着两权分离展开的，事实上，这些都是围绕第一类代理成本问题展开，之后又延伸至双重代理成本问题（冯根福，2004），乃至多重代理成本问题。这些都是以企业这一“黑箱”为中心，来展开对股东与经理层、大股东与中小股东、企业与政府、企业与社区等代理成本问题的具体分析。因此，事实上，代理理论的进一步应用主要体现在企业社会责任信息披露分析上，所以基于代理理论，我们能具体分析企业社会责任与利益相关者之间的互动关系。

3.4　企业社会责任信息传递的内容与形式

3.4.1　企业社会责任信息传递的内容

1. 国外企业社会责任信息传递内容

国外学者对社会责任信息披露的内容研究得较为深刻、细致，总体来说，包括以下内容。

（1）环境。由于工业污染被认为是造成全球变暖的主要原因，环境问题是现代企业关心的主要事项之一。因此，企业在年度报告中会披露所从事的保护环境的措施。Abbott 和 Monsen（1979）、Deegan 和 Rankin（1996）、Hackston 和 Milne（1996）、Holder-Webb 等（2009）研究发现，环境问题在企业年度报告中受到持续性的极大关注。Deegan 和 Rankin（1996）认为，现有的环境问题包括环保政策、环境规划情况、为符合环保要求采取的措施。

（2）平等的工作机会。Abbott 和 Monsen（1979）研究发现，企业在年报中会自愿披露下列信息作为企业社会责任披露的一部分：雇佣少数民族、尊重少数民族，雇佣女性雇员、尊重女性，关心其他劣势群体。

（3）个人和员工福利。Abbott 和 Monsen（1979）、Deegan 和 Rankin（1996）、Hackston 和 Milne（1996）发现企业对员工健康和安全、员工政策、员工的人权、提供新的工作机会等信息披露较为频繁。

（4）当地社区活动参与。企业的活动对当地社区是有影响的，如 Abbott 和 Monsen（1979）、Deegan 和 Rankin（1996）、Hackston 和 Milne（1996）、Holder-Webb 等（2009）研究发现，企业将自己参与的社区活动作为社会责任信息披露在年度报告中；而 Abbott 和 Monsen（1979）在研究财富 500 强企业时把企业参与社区活动分为举办社区活动，关注社区居民健康、教育以及其他等。

（5）产品质量或安全。Abbott 和 Monsen（1979）、Deegan 和 Rankin（1996）、Hackston 和 Milne（1996）认为，产品是企业披露的社会责任信息的一种。

（6）其他。Holder-Webb 等（2009）认为政治立场也是企业社会责任信息的一种；Hackston 和 Milne（1996）通过对新西兰的企业进行研究，指出与能源有关的信息也披露在年度报告中。Dixon 等（2004）认为企业社会责任信息的披露内容会因国家的不同而不同，这归因于政府政策、文化差异和经济发展阶段的不同。同时，他们都认为，整体企业社会责任报告的数量的增长不能代表社会责任水平的提高，还需对企业社会责任信息披露质量进行不断提升。

2. 国内企业社会责任信息传递内容

为落实科学发展观，完成经济的可持续发展，我国深圳证券交易所于2006年公布了《上市公司企业社会责任指引》，该指引认为，企业不仅要维持企业生产经营、创造财富，还需保证企业股东、债权人的应有权益，对雇员进行培训、考核并且提供安全的作业环境，公平对待消费者，与商业伙伴交易时始终保持诚信，生产过程安全环保，积极投身公共关系和社会公共事务。韦德洪等（2012）参照社会责任指引将企业社会责任信息划分为五大部分：环境问题、员工保护、客户和消费者权益、公共关系和社会事务、其他社会责任类。

顾兆峰（1997）指出，五个部分的内容共同构成了企业社会责任报告：企业利益相关者的利益所得、环境保护、人力资源开发、参与公共事业的情况、企业产品信息。阳秋林（2006）也提出，企业社会责任不仅应包括社会积累率和社会贡献率，还应包括对环境保护的贡献、对社会慈善事业的贡献、对人力资源的贡献、提供优质产品和良好售后的贡献、对诚实道德的商业贡献等。

李正和向锐（2007）针对我国的实际情况，认为我国企业社会责任信息披露的内容主要有：一是环境问题，包括污染整治、环境恢复、对能源的节约利用、废旧原材料的回收与利用、有利于环境保护的产品以及其他环境披露；二是员工，包括保证员工的健康和安全、提供培训和晋升机会、制定完善的绩效考核体系、安置好失业员工、提供其他福利；三是社区问题，关注所在社区的公共利益、与社区建立良好的关系、丰富社区文体活动；四是其他，主要是指和商业伙伴进行公平交易、维护债权人的合法权益。

本书认为，国内外学者对企业社会责任信息披露的主要考虑因素有：第一，内部利益相关者主要是企业员工、公司股东；第二，外部利益相关者主要是企业债权人、供应商、客户、消费者；第三，第三方事务主要是环境保护问题和（社区）社会公共事业。

3.4.2 企业社会责任信息传递的形式

1. 国外企业社会责任信息传递形式

Sutantoputra（2009）认为“企业社会责任报告是一个提供信息的过程，是为企业免除会计责任而设计的”。企业社会责任信息可以通过年度报告、特殊公告甚至与社会责任相关的广告来披露。企业将社会责任报告作为向他们的利益相关者展示自己的社会表现的方式。最明显的外部表现就是企业社会责任报告的披露，有助于企业在利益相关者中建立一个良好的印象。

一般来说，年度报告是披露企业社会责任的主要媒介。然而，如果企业社会责任信息没有在年度报告中披露，则会单独作为社会和环境报告或者企业社会责任报告或者可持续发展报告进行披露（Sutantoputra，2009）。Idowu 和 Papasolomou（2007）分别从英国富时指数 100 和非富时指数 100 企业中各选 20 家进行研究，发现这 40 家企业中，一部分是披露社会责任报告，另一部分则在年度报告中对社会责任的信息加以描述。

企业向投资者披露的社会责任信息可以被广义地划分为强制性信息披露和自愿性信息披露。强制性信息披露是指会出现在董事会报告中与法律要求保持一致的信息；自愿性信息披露是出现在其他报告中的信息（Cowan and Gadenne，2005）。Cowan 和 Gadenne 经过研究发现，年度报告中的强制性信息披露给财务报告使用者提供了企业在会计期间是否满足法律监管要求的信息。考虑到不同的报告使用者群体，企业决策者会进行自愿性信息披露。只有在为满足用户对某些信息知情权的时候，企业才会进行自愿性信息披露。Waller 和 Lanis（2009）发现他们研究的公司中，有 2/3 的企业会在年度报告中自愿披露社会责任信息。不同的公司因为机构环境的不同对披露的程度有所不同。

2. 国内企业社会责任信息传递形式

沈洪涛和金婷婷（2006）认为，上市公司年度报告是研究企业社会责任信息披露的最好来源。在上市公司披露的公告类型中，年度报告披露的信息最全面，且年度报告的披露有一定的规定、格式和时间要求，能够获得大量可比数据。他们通过对石油、化学、塑胶、塑料业研究发现，企业的规模和营利能力不同，社会责任表现也不尽相同；《上市公司治理准则》出台后，上市公司的企业社会责任信息披露情况有了很大改善，但是披露的方式和实质存在不统一，披露质量并没有随着披露数量的提高而有所增长。

刘建红和杨亚娥（2007）通过对上市公司连续四年的公开报告进行研究发现，没有单独披露社会责任报告的企业，所有企业都是在补充报告中披露企业的社会责任信息。社会责任信息主要集中在董事会报告中和会计报表附注中，且主要局限于对社会责任的关注和解决方式等内容。他们还梳理了我国企业社会责任信息披露的历程，即从自愿到强制再到两者相结合的过程。企业通过披露与社会责任相关的信息可以提高其竞争优势，提升企业的社会形象和声誉，从而得到更多投资者的青睐。

田昆儒等（2007）将企业社会责任披露报表分为三类形式：最低级的叙述性描述或在财务报表中增加附注；中级形式的独立报告，如环境污染报告、社会责任年度报告和环境交易报告；最高级的采用货币衡量的报表，如社会收益表和社会资产负债表等。许家林和徐荣（2011）通过研究也总结了三种报告方式：社会责任叙述报告、社会责任报告、专门的社会责任报表。

从上述分析可以发现，由于发布动机的不同，企业披露的社会责任信息可以分为强制性信息披露和自愿性信息披露。企业社会责任在全球的信息披露方式主要包括以下三种：第一，单独披露较为完整的企业社会责任的年度报告；第二，在财务报告的附注中增加企业社会责任的信息；第三，通过网络等渠道对企业自身履行的社会责任进行报道及进行相关的信息披露。

3.5 本章小结

本章对企业社会责任、社会契约、利益相关者、信息传递等核心概念进行了阐释，对社会契约理论、利益相关者理论、企业公民理论、可持续发展理论、组织社会学相关理论等企业社会责任的基础理论进行了介绍，对信息不对称理论、信号传递理论、委托代理理论等企业社会责任信息传递机制的理论基础进行了梳理，对企业社会责任信息传递的内容与形式进行了分析，以便为后文的实证分析奠定理论基础。

参考文献

伯利 A，米恩斯 C. 2007. 现代公司与私有财产[M]. 甘华鸣，罗锐韧，蔡如海译. 北京：商务印书馆：130-139.

陈宏辉，贾生华. 2003. 企业社会责任观的演进与发展：基于综合性社会契约的理解[J]. 中国工业经济，（12）：85-92.

陈宏辉，贾生华. 2004. 企业利益相关者三维分类的实证分析[J]. 经济研究，（4）：80-90.

陈立勇，曾德明. 2002. 企业的利益相关者、绩效与社会责任[J]. 湖南社会科学，（6）：67-70.

陈郁. 2006. 所有权、控制权与激励[M]. 上海：上海人民出版社.

德乔治 R T. 2002. 经济伦理学[M]. 李布译. 北京：北京大学出版社：41-64.

董雪雁. 2014. 企业社会责任报告模式的改进[J]. 经营与管理，（8）：113-114.

冯根福. 2004. 双重委托代理理论：上市公司治理的另一种分析框架[J]. 经济研究，（12）：16-25.

弗里曼 R A. 2006. 战略管理：利益相关者方法[M]. 王彦华，梁豪译. 上海：上海译文出版社：54-55.
高和荣. 2008. 经济社会学[M]. 北京：高等教育出版社：228.
顾兆峰. 1997. 浅谈企业社会责任会计[J]. 四川会计，（7）：21-22.
郭强. 2010. 上市公司股利政策稳定性对股票长期收益影响的实证研究[D]. 重庆大学硕士学位论文.
霍布斯 T. 2014. 利维坦[M]. 刘胜军，胡婷婷译. 南昌：江西教育出版社：111-115.
贾生华，陈宏辉. 2002. 利益相关者的界定方法述评[J]. 外国经济与管理，24（5）：13-18.
李淑英. 2007. 企业社会责任：概念界定、范围及特质[J]. 哲学动态，（4）：41-46.
李伟. 2006. 合同解释的现代发展趋势[D]. 内蒙古大学硕士学位论文.
李艳. 2013. 企业社会责任与财务业绩关系研究——基于不同所有制背景的研究[D]. 西南财经大学硕士学位论文.
李正，向锐. 2007. 中国企业社会责任信息披露的内容界定、计量方法和现状研究[J]. 会计研究，（7）：3-11.
林军. 2004. 企业社会责任的社会契约理论解析[J]. 岭南学刊，（4）：71-75.
刘海英. 2010. 环境会计信息披露研究综述与展望[J]. 财会月刊，（3）：67-69.
刘建红，杨亚娥. 2007. 我国企业社会责任信息披露现状分析[J]. 财会通讯，（2）：78-81.
卢代富. 2002. 企业社会责任的经济学与法学分析[M]. 北京：法律出版社：82-96.
卢梭 J R. 2011. 社会契约论[M]. 李平沤译. 北京：商务印书馆：18-19.
罗尔斯 J. 2001. 正义论[M]. 何怀宏，何包钢，廖申白译. 北京：中国社会科学出版社：1-9.
马力，齐善鸿. 2005. 公司社会责任理论述评[J]. 经济社会体制比较，（2）：138-141.
密尔 J S. 2012. 论自由[M]. 许宝骙译. 南京：译林出版社：30-37.
若然. 2013-07-31. 近五成企业生存时间在 5 年以下企业规模越大，存活率越高[N]. 南方周末.
沈洪涛，金婷婷. 2006. 我国上市公司社会责任信息披露的现状分析[J]. 审计与经济研究，21（3）：84-87.
沈奇泰松. 2010. 组织合法性视角下制度压力对企业社会绩效的影响机制研究[D]. 浙江大学博士学位论文.
斯蒂纳 G，斯蒂纳 J. 2002. 企业、政府与市场[M]. 张志强译. 北京：华夏出版社：6-7.
盛日. 2002. 利益相关者理论与企业竞争力[J]. 湖南大学学报（社会科学版），（S2）：15-17.
唐纳森 T，邓菲 T W. 2001. 有约束力的关系：对企业伦理学的一种社会契约论的研究[M]. 赵月瑟译. 上海：上海社会科学院出版社：34-61，105-146.
田昆儒，康剑青，宋东亮. 2007. 中国社会责任会计问题研究综述[J]. 会计之友，（34）：4-7.
田志龙，贺远琼，高海涛. 2005. 中国企业非市场策略与行为研究[J]. 中国工业经济，（9）：82-90.
王身余. 2008. 从“影响”、“参与”到“共同治理”——利益相关者理论发展的历史跨越及其启示[J]. 湘潭大学学报（哲学社会科学版），32（6）：28-35.

韦斯 J W. 2005. 商业伦理：利益相关者分析与问题管理方法[M]. 符彩霞译. 第 3 版. 北京：中国人民大学出版社：2，135-137.

韦德洪，贾莹丹，杨海燕. 2012. 上市公司首席财务官特征与薪酬水平关系分析——以 2010 年年度报告披露的信息为依据[J]. 会计之友，（13）：64-70.

肖增敏，徐佩. 2013. 医药企业社会责任培育路径研究——基于信号传递博弈理论[J]. 市场周刊（理论研究），（8）：19-21.

许家林，徐荣. 2011. 论企业社会责任报告模式的演变与现实选择[J]. 中南财经政法大学学报，（5）：41-48.

阳秋林. 2006. 中国社会责任会计信息披露模式的架构[J]. 当代财经，（6）：121-124.

杨利娟. 2009. 信息不对称理论研究[J]. 北方经贸，（5）：20-22.

翟冠慧. 2011. 谢尔顿与公司社会责任起源有关问题研究[J]. 前沿，（2）：21-24.

翟金金. 2010. 企业竞争情报搜集中的伦理问题及规范建设研究[D]. 福州大学硕士学位论文.

张兆国，刘晓霞，张庆. 2009. 企业社会责任与财务管理变革——基于利益相关者理论的研究[J]. 会计研究，（3）：54-59.

周雪光. 2003. 组织社会学十讲[M]. 北京：社会科学文献出版社：64-108.

Abbott W F，Monsen R J. 1979. On the measurement of corporate social responsibility：self-reported disclosures as a method of measuring corporate social involvement[J]. Academy of Management Journal，22（3）：501-515.

Campbell J L. 2007. Why would corporations behave in socially responsible ways？An institutional theory of corporate social responsibility[J]. Academy of Management Review，32（3）：946-967.

Carroll A B. 1991. The pyramid of corporate social responsibility：toward the moral management of organizational stakeholders[J]. Business Horizons，34（4）：39-48.

Clarkson M B E. 1995. A stakeholder framework for analyzing and evaluating corporate social performance[J]. The Academy of Management Review，20（1）：92-117.

Cowan S，Gadenne D. 2005. Australian corporate environmental reporting：a comparative analysis of disclosure practices across voluntary and mandatory disclosure systems[J]. Journal of Accounting & Organizational Change，1（2）：165-179.

Deegan C，Rankin M. 1996. Do Australian companies report environmental news performance objectively？An analysis of environmental disclosures by firms prosecuted successfully by the environmental protection authority accounting[J]. Accounting Auditing and Accountability Journal，9（2）：50-67.

Dixon I，Douglas M，Dowe J，et al. 2004. Savanna Riparian Health Workshop：The Development of a Tropical Rapid Appraisal of Riparian Condition（TRARC）[R]. Charles Darwin University.

Dodgson M. 1993. Organizational learning：a review of some literature[J]. Organization Studies，

14（3）：375-394.

Donaldson T. 1982. Corporations and Morality[M]. London：Prentice Hall：214.

Donaldson T，Dunfee T W. 1994. Toward a unified conception of business ethics：integrative social contracts theory[J]. Academy of Management Review，19（2）：252-284.

Donaldson T，Dunfee T W. 1995. Integrative social contracts theory：a communitarian conception of economic ethics[J]. Economics and Philosophy，11（1）：85- 112.

Freeman R E，Evan W M. 1990. Corporate governance：a stakeholder interpretation[J]. Journal of Behavioral Economics，19（4）：337-359.

Guthrie D. 2003. Survey on Corporate-Community Relations[M]. New York：Social Sciences Research Council.

Hackston D，Milne M J. 1996. Some determinants of social and environmental disclosures in New Zealand companies[J]. Accounting，Auditing and Accountability Journal，9（1）：77-108.

Haley C V. 1991. Corporate contributions as managerial masques：reframing corporate contributions as strategies to influence society[J]. Journal of Management Study，28（5）：485-509.

Holder-Webb L，Cohen J R，Nath L，et al. 2009. The supply of Corporate Social Responsibility disclosure among U.S. firms[J]. Journal of Business Ethics，84（4）：497-527.

Idowu S O，Papasolomou I. 2007. Are the corporate social responsibility matters based on good intentions or false pretences? An empirical study of the motivations behind the issuing of CSR reports by UK companies[J]. Corporate Governance，7（2）：136-147.

Maignan I，Ralston D A. 2002. Corporate social responsibility in Europe and the U.S.：insights from businesses' self-presentations[J]. Journal of International Business Studies，33（3）：497-514.

Marquis C，Glynn M A，Davis G F. 2007. Community isomorphism and corporate social action[J]. Academy of Management Review，32（3）：925-945.

Sutantoputra A W. 2009. Social disclosure rating system for assessing firms' CSR reports[J]. Corporate Communications an International Journal，14（1）：34-48.

Useem M. 1988. Market and institutional factors in corporate contributions[J]. California Management Review，30（2）：77-88.

Waller D S，Lanis R. 2009. Corporate social responsibility disclosure of advertising agencies：an exploratory analysis of six holding companies' annual reports[J]. Journal of Advertising，38（1）：109-122.

Wood D J. 1991. Corporate social performance revisited[J]. Academy of Management Review，16（4）：691-718.

Wood D J，Jones R E. 1995. Stakeholder mismatching：a theoretical problem in empirical research on corporate social performance[J]. International Journal of Organizational Analysis，3（3）：229-267.

第4章　企业社会责任信息传递动机研究

4.1　企业社会责任信息传递动机

正如第 3 章所述，信息传递程序的初始环节是信息发送者具有将某种信息进行披露的意图和动机。因此，本书将企业社会责任信息传递动机作为研究企业社会责任传递机制的起点。

4.1.1　动机的概念

动机就是指激励行为发生的内因。动机通过刺激和引导使个体完成目标，所以存在动机的行为才能够具有指向性和维持力。当然，动机是由内因和外因共同作用的，内因也就是作为行为主体的人的需要，如人会通过行动获得某种事物而降低失落感；外因也就是其他因素刺激而引起的，存在正面的促进作用和负面的为逃避某个结果发生的诱因。

从认知角度和期望理论去分析，作为行为主体的人来说，最重要的动机即其对事实的自我解释，而不是客观事实本身。从社会学角度来说，对某个结果的期待是个体行为的主要动因，期待的强弱及目标的价值大小都影响行为的动机。当然，如果目的意义重大，目标价值高，则动机更强烈。

4.1.2　企业社会责任信息传递动机概述

1. 国外对于企业社会责任信息传递动机的研究

国外学者认为具有较高声誉的企业为了吸引消费者、显示企业社会地位而通过社区活动展现正面的形象。上市公司也因为内外部利益相关者的关注等原因而比其他企业披露更多的社会责任信息。对环境有很大影响的企业因为合法性约束而在年度报告中发布社会责任报告。Idowu 和 Papasolomou（2010）给诸多企业管理者写信来询问调查企业披露社会责任信息的主要原因。结果发现，因为披露社会责任信息能够使企业在形象塑造、附加经济价值、取悦政府和公众等方面受益，所以企业会进行这项管理工作。

Francis 等（2008）认为，营利能力可以促进社会责任信息披露。Yip 等（2011）认为，基于食品和油气行业的数据可以证明政治成本对企业社会责任与盈余质量关系的影响力度要大于道德因素对二者的影响，企业进行社会责任信息披露更多的是以逃避政治成本为动机。Hamil 和 Morrow（2011）研究认为，一些俱乐部因为满足利益相关者的期望、应对社会机构以及经济利益等原因而进行企业社会责任信息披露。Santos（2011）认为企业会因利益、外部压力、伦理道德、提升企业价值等动机披露社会责任信息，他通过以葡萄牙中小型企业为对象进行问卷调查，得出结论：只有正式的企业才会管理企业责任信息。Deegan 和 Gordon（1996）认为如果企业面对特殊事件或者特殊时期，便会以增加环境信息披露的方式来应对危机。Kavitha 和 Anita（2011）认为，企业迫于压力会关注其生产对环境和社会的影响，同时会积极参与活动来创造社会福利。

此外，Hackston 和 Milne（1996）、Holder-Webb 等（2009）、Dierkes 和 Antal（1985）、Gray 等（1995）认为企业规模大小、所处行业、营利能力、两权分治结构以及履行责任的真实状况会对企业进行社会责任信息披露的决策有很大影响。

2. 国内对于企业社会责任信息传递动机的研究

陈小林和魏学强（2011）认为，企业可能是为了获得政府补助、进行广告宣传、外部补偿性和管理者的机会主义而进行捐赠，其履行企业社会责任是向市场传达信号的一种方式。赵展（2013）认为，上交所生物医药类上市企业会因为规定和政府管制的原因而进行企业社会责任信息披露，而非因为公众的合理要求和关注。胡铃铃等（2012）认为，在驱动企业社会责任的三大机制中，道德驱动受高管的个人因素影响较大；利益驱动与企业更注重短期利益抑或长期利益有关；而外在压力驱动则显著影响企业对社会责任信息是否进行披露。

以上分析均是基于利益相关者理论进行的动机分析，而本书研究发现，除此类分析以外还有许多学者对企业披露社会责任的影响因素进行了研究。例如，马连福和赵颖（2007）、贺成冲和黄娟（2009）、李正（2006）、沈洪涛（2007）认为企业规模大小和营利能力对企业披露社会责任信息有显著影响；沈洪涛（2007）、李正（2006）认为企业财务杠杆和再融资需求对企业披露社会责任信息有影响；同时沈洪涛（2007）认为企业是否披露社会责任信息与企业披露环境有很大关系；马连福和赵颖（2007）、贺成冲和黄娟（2009）、李正（2006）认为负债比率、行业特点、退市警示对企业社会责任信息披露有影响；马连福和赵颖（2007）、赵安川（2011）认为股权结构、董事会特征会影响企业对社会责任信息的披露。

张经（2010）研究认为，上市公司自愿披露会计信息是基于提升公司营利能力动机、实现融资需求动机、降低代理成本动机等三点动机。由于企业社会责任信息在广义范围里也属于会计信息的内容，故本书借鉴张经（2010）对会计信息披露动机的研究结果，从公司营利能力、融资成本、代理成本等几个方面研究社会责任信息披露的内在动因。

4.2 研究设计及实证结果分析

4.2.1 研究假设

本书认为，企业社会责任可以按照是否受到强制管制而区分为自愿披露和强制披露两类。2009 年，上交所规定“上证公司治理板块”样本公司、发行境外上市外资股的公司以及金融类公司必须披露社会责任报告；深交所则要求深证 100 指数样本股公司必须发布社会责任报告。2010 年，除强制性披露的社会责任报告之外的自愿性披露报告进一步增加。由此，本书认为上市公司会因自愿动机而披露社会责任报告，因此，本书提出以下研究假设。

1. 提升公司营利能力动机

根据前文所述，由于信息不对称理论的存在，在不完全有效的市场上，信息掌握的多寡程度直接影响其经济利益。例如，资本市场上，公司管理者相比其他只能靠公开披露信息对公司的真实情况进行猜测的利益相关者来说，在信息掌握上占据优势，他们会刻意掩饰不利信息，倾向于披露有利信息。Hamil 和 Morrow（2011）认为，财务能力强的企业更愿意多披露本企业的社会责任信息，使自身形象锦上添花，同时能够充分发掘潜在收益。这与本书的观点一致：企业为获取潜在利益的动机而披露社会责任，而落实到财务上就是营利能力的提高。Anand（2002）通过研究发现，企业社会责任的承担对提升其声誉有很好的效果。Schwaiger（2004）认为，企业声誉是一种不能复制的企业竞争力。而 Preston 和 Bannon（1997）认为只有实力强大的公司才能够负担社会责任的成本，履行相应社会责任。而业绩好的公司会比业绩差的公司更多更自愿地披露信息以展示企业形象，获得投资和股价上涨的效果。

基于以上分析，本书提出 $H_{4\text{-}1}$：企业因为提升公司营利能力的动机而披露企业社会责任报告。

2. 实现融资需求动机

正如前文所述，诺贝尔经济学奖得主迈克尔·斯宾塞将经济学与信号传递理论相结合，提出市场上信息掌握得较多的个体会基于避免逆向选择的问题而向劣势的利益相关者传递信息。例如，同样功用的一件产品，人们更倾向于选择价格稍高的名牌，因为能够了解的信息更全，从而双方的交易成本也会降低。又如，企业举债进行经营，向外界发出了良好未来预期收益的信号。

绩效好的公司会披露社会责任信息来争取资源及投资者，实现融资目的，同时还会因交易成本下降而降低融资成本。此外，由于信号的传递，公司对外披露的信息会弱化与投资者之间的信息不对称，使投资决策更理性、明智。社会责任信息披露是信息传递机制的一部分，使明智的投资者在获取积极信号后综合考虑企业长远发展情况来衡量投资价值。根据财务管理的相关研究，外部融资能够帮助实现价值最大化以及企业投资活动的需求。

国内外学者对于企业因融资需求而自愿披露社会责任信息存在共识。翟华云（2010）借鉴 Demirguc-Kunt 和 Maksimovic 的观点，认为在预算软约束下，只有信息质量高、融资需求大的企业才会披露社会责任信息，故而他提出公司披露社会责任信息的主要目的是解决融资问题。

因此，本书提出 $H_{4\text{-}2}$：企业因为满足融资需求的动机而披露社会责任信息。

3. 降低代理成本动机

正如前文所述，企业所有者要求企业管理者提供有关信息是基于代理理论。代理关系解放了企业所有者，但也使所有者了解的信息不全面，出现代理成本：管理层出于自利原则而寻求报酬以外的收益。

对于管理者来说，承担社会责任能够实现所有者的预期，有助于挖掘企业潜在收益，所以管理者会以此方式来证明工作效果，提高个人报酬。而企业所有者希望减少管理人员的工资报酬，降低其收益。与之相对的管理者想增加自己的收益，消除代理成本，于是形成了社会责任信息披露的动机。

Forker（1992）认为董事长与总经理两职兼任对企业社会责任信息披露有负面影响，而两职分离时，总经理倾向于披露社会责任信息来降低代理成本。

因此，本书提出 $H_{4\text{-}3}$：企业为了降低代理成本的动机而披露社会责任信息。

4.2.2 样本、变量的选择及数据来源

1. 样本选择

本书选取 2012~2014 年中国社会科学院发布的《中国企业社会责任研究报告》中“中国国有（民营）企业社会责任 100 强企业”属于沪深 A 股上市公司的企业为研究样本，样本涉及电力、保险等 14 个行业 30 个细类。本书在确定样本企业的过程中，通过对企业相关必要数据获得的难易程度和样本数据纵向可比性进行分析评估之后，对样本中未上市企业、在香港或纽约上市的企业以及未能连续 3 年上 100 强名单的企业进行了剔除，最终保留 80 家企业作为样本企业。

2. 数据来源

本书的样本企业数据主要通过以下几个方式取得：①通过和讯财经网、巨潮资讯网、企业社会责任中国网来确定企业是否发布社会责任报告；②样本企业社会责任表现是通过中国社会科学院发布的中国企业社会责任研究系列报告来确定的，包括中国民营企业 100 强社会责任发展指数、国有企业 100 强社会责任发展指数以及外资企业 100 强社会责任发展指数等数据库；③从国泰安和锐思数据库获得企业相关财务信息；④通过直接查找企业年度财务报告来获取样本公司相关公司治理数据。

3. 变量定义及选择

1）因变量

本书借鉴 Sutantoputra（2009）、Waller 和 Lanis（2009）、沈洪涛和金婷婷（2006）的研究，鉴于企业主要通过年报附注以及单独发布企业社会责任信息这两种方式来披露社会责任信息，而由于单独披露社会责任报告更能直观快捷地为利益相关者使用，且大部分上市公司均发布企业社会责任报告（2014 年达到近 2 000 份），故本书以企业是否单独披露社会责任报告作为企业责任信息披露行为的衡量指标。考虑到信息传递具有滞后性，因而企业信息披露状况在当企业于 T+1 年发布社会责任报告时表示为 1，否则为 0。又由于企业是否单独发布社会责任报告仅存在发布和未发布两种情况，为哑变量，因而本书选用 Logit 回归模型来进行企业的社会责任信息披露的动机研究，该变量通过企业披露社会责任报告/不披露社会责任报告$\left[\frac{P_{\mathrm{dis}(t+1)}}{1-P_{\mathrm{dis}(t+1)}}\right]$的概率比对数来表示。

2）自变量

（1）提升营利能力动机。企业履行社会责任能够提高企业声誉（Vaani Anand、Tiago Melo 和 Jose Ignacio Glan），借此来提升企业的核心竞争力（Schwaiger）；"资金提供假说"认为，营利能力强的企业才能有承担社会责任的能力（Preston and Bannon，1997），所以这些企业更加愿意披露社会责任来为企业利益相关者了解信息提供方便，以消除信息不对称，从而增强利益相关者（特别是投资者）的信心，提升公司品牌形象及市场竞争力，最终提升盈利水平和能力。对于上市企业来说，在衡量企业综合营利能力时，以往研究中常常采用每股净资产、每股收益、市盈率等指标衡量。

（2）融资动机。上市公司通过披露社会责任信息来维护企业形象，打造优秀品牌，降低投资者对风险的估计，从而更方便实现融资目的。翟华云（2010）发现，大部分制造业上市公司为解决融资不足的窘境而披露企业社会责任。而企业在借助内外部融资来维持正常的生产经营时，多数是由于企业现金流不足以承担企业的债务负担。现金流量债务总额比指标通过融合企业现金流量和债务总额来反映企业的偿债能力，现金流量债务总额比高的企业偿债能力更强，而越小的现金流量债务总额比反映企业越大的融资需求。

（3）降低代理成本动机。我们在决策时常常选择最经济的方案，委托人和代理人之间的代理成本也就是这样产生的。而当企业对社会责任信息进行披露时，往往会因为消除了委托人和代理人之间部分的信息不对称，而使代理成本降低。从治理结构来讲，企业主要存在股东大会和董事会、董事会和高管、高管和部门经理三种代理关系。而作为企业社会责任信息传递机制的研究，本书主要研究董事会和高管之间的代理关系。我们假定，董事长和总经理两职兼任时不存在代理成本；而两职不兼任时，总经理为实现利益最大化会以自愿披露企业责任信息的方式降低代理成本。

3）控制变量

为更加全面地了解企业社会责任信息披露动机，本书参考整理前人研究，选择企业规模、股权结构、行业性质等对企业社会责任信息披露产生影响进而对企业披露动机产生影响的因素作为控制变量加入研究模型中。

（1）企业社会责任表现。由于信息不对称，企业在披露社会责任信息时，总是披露有利信息而隐瞒不利信息。而那些在年度内承担较多社会责任的企业，为了在更大程度上消除信息不对称，使利益相关者了解更多信息，从而增加利益相关者的信任，会更为积极主动地对外公布社会责任信息。为保持研究的一致性，使研究评价指标与样本有更高的契合度，我们选择从中国社会科学院报告中取得的企业社会责任发展指数来作为企业社会责任表现的评价指标。

（2）股权集中度。本书认为，董事长和总经理两职分离时，总经理会因为实现自身利益最大化、降低代理成本的目的而对企业社会责任信息进行更多的自愿披露。而 Cowen 等（1987）、Holder-Webb 等（2009）、李正（2006）、史敏超（2010）认为企业社会责任信息的披露受股权集中度的影响。本书认为，企业的股权集中度在一定程度上能够影响企业的社会责任信息披露行为，所以有必要在模型中将股权集中度作为控制变量之一，同时股权集中度的影响作用还能用来证明 $H_{4\text{-}3}$。本书选取第一大股东持股比例高低这一指标来衡量股权集中度。

（3）企业规模。Hackston 和 Milne（1996）、Holder-Webb 等（2009）、Roberts（1992）、李正（2006）、沈洪涛（2007）等学者认为，企业规模的大小与其社会责任信息披露水平有显著关系。同时，基于政治成本理论，结合实际经验我们可以得知，企业规模越大，社会各界的关注越高。由此，企业为了表明自己是良好的有责任心的社会公民，会更加倾向于披露企业社会责任信息。本书借鉴前人研究成果，对企业规模的衡量标准采用总资产的自然对数为指标。

（4）控股股东性质。沈洪涛（2007）认为，内部环境和外部披露环境共同影响企业社会责任信息披露行为。央企在我国经济中的重要地位决定了其在社会发展过程中受到更多关于社会责任承担的期望。因而，央企会因为相关政府部门的规定和利益相关方的期许等原因而承担社会责任、披露企业社会责任信息。表 4-1 是对研究变量的说明。

表 4-1　研究变量的说明

变量性质	变量名称	变量符号	变量定义
因变量	社会责任信息披露	$\ln\frac{P_{\text{dis}(t+1)}}{1-P_{\text{dis}(t+1)}}$	*T*+1 年企业披露社会责任报告/ *T* +1 年企业不披露社会责任报告的概率比的对数
解释变量	提升营利能力动机	EPS_t	*T* 年期末每股收益
	融资动机	NOCFTL_t	*T* 年期末现金债务总额比，该比值越小，融资需求越大；反之需求越小
	降低代理成本动机	UNIF_t	若董事长与总经理两职合一，为 1；反之为 0。两职分离时代理成本存在
控制变量	企业社会责任表现	CSRPERF_t	选自《企业社会责任蓝皮书》中的企业社会责任发展指数
	股权集中度	TOP1_t	*T* 年末第一大股东持股比例
	企业规模	SIZE_t	*T* 年期末总资产的自然对数
	控股股东性质	STATE_t	控股股东性质为央企，为 1；反之为 0

需要说明的是，企业社会责任表现的样本数据来源于中国社会科学院公布的《企业社会责任蓝皮书》中“中国 100 强企业社会责任发展指数”，主要以三重底线理论和利益相关者理论等现有理论为基础，参照经济责任、责任管理、社会及环境责任四个部分构造得出。具体地，首先通过参考世界 500 强企业社会责任报告以及对国际 ISO 26000 倡议和国内企业社会责任倡议研究，构造出一套符合

不同行业要求的企业社会责任评价指标体系。其次对企业单独发布的社会责任报告、企业年报及在企业官网搜集的企业社会责任信息等内容进行详细分析，得到社会责任履行情况的初步判断。最后通过对评价指标进行奖励加分、惩罚扣分，以及管理创新实践特别加分三个项目的得分调整，得出社会责任发展指数最终得分（图 4-1）。

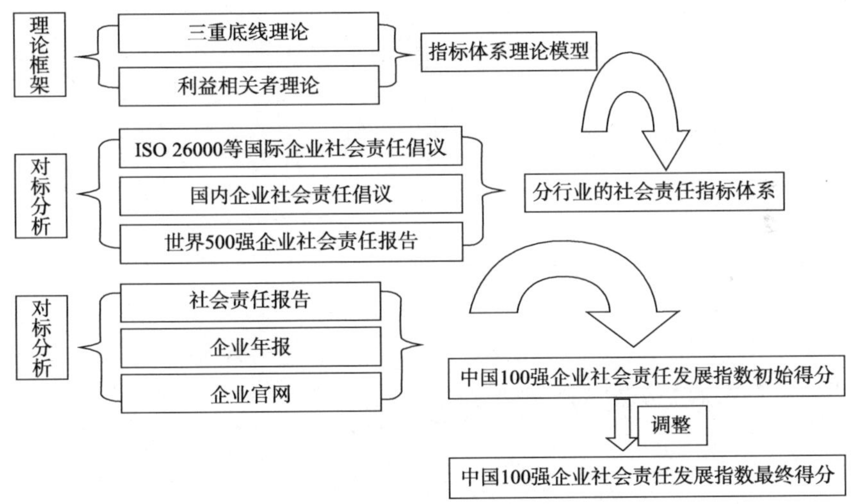

图 4-1　企业社会责任发展指数研究路径图

4.2.3　模型设计

本书构建模型（4-1）来验证前文假设，讨论企业社会责任信息披露的真实动机：

$$\ln\frac{P_{\mathrm{dis}(t+1)}}{1-P_{\mathrm{dis}(t+1)}}=\alpha_0+\beta_1\mathrm{EPS}_t+\beta_2\mathrm{NOCFTL}_t+\beta_3\mathrm{UNIF}_t+\beta_4\mathrm{TOP1}_t+\beta_5\mathrm{CSRPERF}_t+\beta_6\mathrm{SIZE}_t+\beta_7\mathrm{STATE}_t \tag{4-1}$$

本书为研究企业社会责任信息披露动机，把企业是否单独发布社会责任报告作为衡量企业社会责任信息披露的标准。由于是否单独披露社会责任报告（dis_{t+1}）为哑变量，故选择 Logit 模型进行实证分析。通过观察相应的比值比（odd ratio）来衡量各个变量对企业披露社会责任信息的真实作用大小，以此揭示披露动机。

变量解释：

EPS_t：T 年期末每股收益，代表企业提升营利能力动机。预期该指标对企业披露社会责任信息起正面影响。

$NOCFTL_t$：T 年期末现金债务总额比，代表企业融资动机。该值与融资需求成反比，该值越大，融资需求越小。预期该指标对企业披露社会责任信息起负面影响。

$UNIF_t$：董事长与总经理两职合一，代表降低代理成本动机。预期该指标对企业披露社会责任信息起负面影响。

$CSRPERF_t$：控制变量，指企业社会责任发展指数。

$TOP1_t$：控制变量，指第一大股东持股比例。

$SIZE_t$：控制变量，为 T 年期末总资产的自然对数，指企业规模。

$STATE_t$：控制变量，指控股股东性质。

4.2.4　实证结果分析

1. 变量的描述性统计分析

根据表 4-2 及表 4-3 对企业社会责任发展类型及样本企业描述性统计分析可知，样本企业社会责任发展指数平均值为 39.74，处在发展类型划分的 20~40，说明整体样本在社会责任披露方面尚不完善，没有建立起一套完善的社会责任管理机制。只能说，样本企业在社会责任披露工作上有了一个良好的开端，但并不成熟。鉴于研究样本企业为中国社会科学院公布的 100 强系列企业，可见我国推动社会责任信息披露还有很长的路要走。

表 4-2　企业社会责任发展类型特征表

责任类型	得分区间	企业特性
卓越者	80 分以上	企业社会责任信息披露完善，内部具有较为健全的社会责任管理机制，为国内社会责任领导企业
领先者	60~80 分	企业社会责任信息披露较完善，正在逐步建立社会责任管理机制，为国内社会责任先驱企业
追赶者	40~60 分	企业社会责任信息披露基本完善，管理层开始推动内部社会责任管理机制的建立，为国内社会责任领先企业的追赶者
起步者	20~40 分	企业社会责任信息披露不太完善，较为零散，尚未建立系统的社会化责任管理机制，管理层刚开始重视社会责任工作，与领先者和追赶者存在较大差距
旁观者	20 分以下	企业社会责任信息披露严重不足，并未意识到社会责任工作的重要性，处在旁观者的位置

表 4-3　描述性统计分析表

变量	样本量	均值	标准差	最小值	最大值
dis_{t+1}	318	0.745 283 0	0.436 387 7	0	1
EPS_t	318	0.630 314 5	0.764 082 9	−1.41	4.93
$NOCFTL_t$	318	0.058 553 5	0.256 465 5	−0.99	0.98
$UNIF_t$	318	0.113 207 5	0.317 345 7	0	1

续表

变量	样本量	均值	标准差	最小值	最大值
$CSRPERF_t$	318	39.737 420 0	26.505 77	0	89.3
$TOP1_t$	318	0.458 396 2	0.181 991 1	0.05	0.86
$SIZE_t$	318	24.962 770 0	2.164 667	20.06	30.66
$STATE_t$	318	0.694 968 6	0.461 146 4	0	1

由表 4-3 可知，企业社会责任信息披露均值为 0.75，本书认为，样本企业中有大概 75%的企业都单独发布了企业社会责任报告，这也能反映 100 强系列企业信息披露的积极态度。另外，样本企业每股收益均值为 0.63，说明样本企业具有较高的营利能力，这可能是由于样本企业是从中国社会科学院公布的 100 强系列企业中选出的。样本企业现金债务总额比的平均值为 0.06，说明企业有一定的融资需求，但是由于企业债务总额中的长期债务并不需要用短期的现金流偿还，整体上该比值较为合适，标准差为 0.26，也说明样本企业现金债务总额比较为稳定，差距不大。董事长与总经理两职合一出现的概率为 0.11，说明样本企业管理层注意权力的相互制约，也表明样本企业多数存在代理成本问题，由此，为本书进行企业从降低代理成本出发而进行企业社会责任信息披露这一研究提供了可行性。样本企业股权集中度均稍显偏高，第一大股东持股比例均值为 0.46，这也符合我国企业的实际情况。同时，样本企业中，企业规模均值为24.96，最小值都达到 20.06，说明样本企业规模都较大。

根据样本企业 2012~2014 年社会责任发展指数得分对照表（表 4-2）进行统计（表 4-4），可以发现，有 2 家企业从 2012 年的旁观者队伍脱离，迈入起步者或者追赶者的队伍。同时，企业社会责任发展指数均值逐年提高，表明我国企业不断重视社会责任信息披露水平的提升并付诸实践，企业相关体制机制也在不断完善。但从整体上看，企业社会责任表现得分仍然较为平稳，还未出现实质性的跨越，有待后续努力。

表 4-4　样本企业社会责任分类统计结果

责任类型（得分区间）	2012 年	2013 年	2014 年
旁观者（20 分以下）	36	39	34
起步者（20~40 分）	18	16	13
追赶者（40~60 分）	31	22	18
领先者（60~80 分）	19	23	32
卓越者（80 分以上）	2	6	9
均值	37.23	37.84	44.14
合计	106	106	106

2. 交互性分析

根据样本企业的社会发展指数得分对照表（表 4-2）的分类标准，同时对比表4-5的企业社会责任信息报告发布情况，本书得到以下结论：318个样本中，卓越者数量最少，仅17家，占比5.35%；领先者占比23.27%；追赶者占比22.33%；起步者占比14.78%；旁观者数量多达109家，占比34.28%。而在旁观者队伍中，有62家企业已经披露了企业社会责任信息，仅有47家尚未做此工作。这也反映了企业发布社会责任报告、披露责任信息实质上并没有促进其对社会责任的履行，而发布信息可能只是为了顺应时代需要，顺应政策强制性要求，而实质性内容的披露以及社会责任实践严重缺乏。可见我国推动社会责任建设还有很长的路要走。

表 4-5　企业社会责任履行和披露情况分析表

分类	卓越者	领先者	追赶者	起步者	旁观者	合计
披露	15	66	57	37	62	237
未披露	2	8	14	10	47	81
合计	17	74	71	47	109	318

从表 4-5 可知：管理机制健全的卓越者企业有 15 家披露社会责任报告，占比88.2%；正在逐步建立社会责任管理机制的 74 家领先者企业中，66 家进行了企业社会责任信息的披露，占比 89.2%；社会责任信息披露基本完善，管理层开始推动内部企业社会责任管理体制建设的 71 家追赶者企业中，57 家披露了社会责任报告，占比80.3%；社会责任信息披露零散的47家起步者企业中，有37家公司单独发布企业社会责任报告，占比 78.7%；而在旁观者企业中，也有 56.9%的企业披露了社会责任报告。这一情况，再次反映了企业社会责任的承担情况尚未与企业是否公开单独披露社会责任报告挂钩。

鉴于控股股东性质的关系，本书对控股股东性质、企业社会责任表现、企业社会责任信息披露情况进行了交互性分析，结果见表 4-6。

表 4-6　交互性分析表

<table>
<tr><td colspan="3" rowspan="2">是否央企</td><td colspan="5">类型</td><td rowspan="2">总计</td></tr>
<tr><td>卓越者</td><td>领先者</td><td>追赶者</td><td>起步者</td><td>旁观者</td></tr>
<tr><td rowspan="3">0</td><td rowspan="2">披露</td><td>0</td><td>0</td><td>1</td><td>2</td><td>3</td><td>34</td><td>40</td></tr>
<tr><td>1</td><td>0</td><td>1</td><td>9</td><td>11</td><td>36</td><td>57</td></tr>
<tr><td colspan="2">小计</td><td>0</td><td>2</td><td>11</td><td>14</td><td>70</td><td>97</td></tr>
</table>

续表

<table>
<tr><th colspan="3" rowspan="2">是否央企</th><th colspan="5">类型</th><th rowspan="2">总计</th></tr>
<tr><th>卓越者</th><th>领先者</th><th>追赶者</th><th>起步者</th><th>旁观者</th></tr>
<tr><td rowspan="3">1</td><td rowspan="2">披露</td><td>0</td><td>2</td><td>7</td><td>12</td><td>7</td><td>13</td><td>41</td></tr>
<tr><td>1</td><td>15</td><td>65</td><td>48</td><td>26</td><td>26</td><td>180</td></tr>
<tr><td colspan="2">小计</td><td>17</td><td>72</td><td>60</td><td>33</td><td>39</td><td>221</td></tr>
<tr><td colspan="3">总计</td><td>17</td><td>74</td><td>71</td><td>47</td><td>109</td><td>318</td></tr>
</table>

由表 4-6 可知，央企占样本企业比重 69.5%，共 221 家。其中，17 家卓越者队伍的企业全部为央企；而领先者企业队伍多数为央企，这一比例高达 97.3%；在社会责任信息披露基本完善的追赶者企业队伍的 71 家企业中，央企有 60 家，非央企仅有 11 家；在起步者队伍中，央企数量仍然高于非央企，占比 70.2%；而在旁观者队伍企业中，央企数量明显低于非央企，仅有 39 家，而非央企高达 70 家，占比 64.2%。本书判断，央企社会责任发展指标表现良好，可能因为在我国的经济大环境下，央企更能够承担企业社会责任，以此响应国务院国资委的号召。

3. 多重共线性检验

从表 4-7 可知，各变量（方差膨胀因子）均小于 5，各变量的容许度较大，说明模型受多重共线性影响较小，也说明研究变量的选择是可行的。

表 4-7　多重共线性检验结果

变量	VIF	1/VIF
EPS_t	1.339	0.747
$NOCFTL_t$	1.062	0.942
$SIZE_t$	1.655	0.604
$TOP1_t$	1.231	0.812
$UNIF_t$	1.157	0.864
CSR_t	1.671	0.598
$STATE_t$	1.683	0.594

4. Logistic 回归分析

本书选择企业是否发布社会责任报告作为因变量，即企业若在 T+1 年独立发布了社会责任报告，则为 1，否则为 0。由于因变量为哑变量，采用二项 Logistic 回归。结果如表 4-8 所示。

表 4-8　Logistic 回归分析结果

样本量=318						
卡方检验统计量 LR chi2（5）=149.38						
P 值=0.000 0						
Log likelihood=− 105.759 26				Pseudo R2=0.413 9		
变量	比值比	估计标准误	*Z* 值	*P*>*Z* 值	95%置信区间	区间尺度
EPS_t	2.082	0.608	2.51	0.012**	1.175	3.691
$NOCFTL_t$	0.136	0.121	− 2.25	0.025**	0.024	0.776
$UNIF_t$	0.247	0.138	− 2.51	0.012**	0.083	0.736
$TOP1_t$	5.457	6.237	1.48	0.138	0.581	51.272
$SIZE_t$	2.725	0.421	6.49	0.000**	2.013	3.688
CSR_t	1.008	0.009	0.87	0.385	0.990	1.025
$STATE_t$	0.822	0.373	− 0.43	0.665	0.338	1.999

**表示在 5%水平上显著

由表 4-8 可知，LR chi2（5）=149.38>11.07，且 P=0.000 0<0.05，很明显可以看出，假设模型成立，且有很强的解释力。

Pseudo R2 值小于 1，为 0.413 9，从管理学意义上来说模型效果已经非常明显。从表 4-8 可知，解释变量 EPS 的比值比为 2.082 396，Z 值为 2.51>0，表明二者正相关，即每当企业的营利能力增加一个单位，就相应多产生 2.082 396 个社会责任报告的披露。由此证明，企业营利能力对企业社会责任信息披露有显著作用。前文提到，“资金提供假说”（Preston and Bannon，1997）认为营利能力强的企业更有能力承担社会责任；而企业披露社会责任信息能够使利益相关者更加了解企业，提高企业在公众中的知名度（李新娥和彭华岗，2010）；而根据信号传递理论，企业提高知名度也能够增强公众的信任和好感，从而增强企业的市场核心竞争力（Yip et al.，2011）。本书认为，这种竞争力的增强，最能直接反映在企业营利能力的提高上。为进一步验证 $H_{4\text{-}1}$，本书提出模型（4-2）（图 4-2）。

$$\mathrm{EPS}_{t+2} = \alpha_0 + \beta_1 \mathrm{dis}_{t+1} \tag{4-2}$$

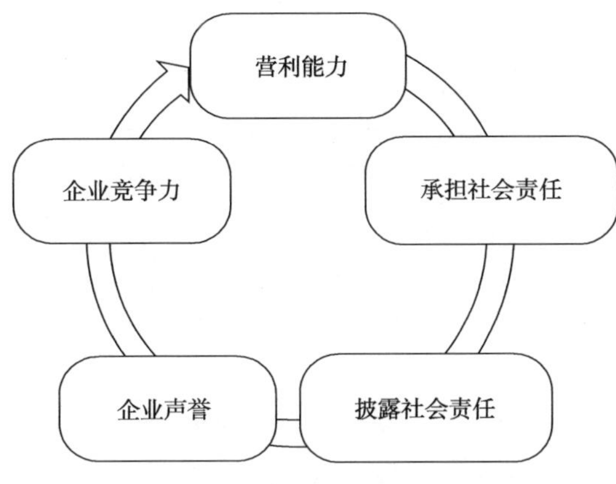

图 4-2　$H_{4\text{-}1}$的理论背景示意图

我们保留关于企业社会责任信息披露（dis_{t+1}）的数据，同时选取企业 T+2 年营利能力的指标（EPS_{t+2}）来验证信息的滞后性。本书对数据进行随机效应的面板数据回归，结果见表 4-9。

表 4-9　营利能力与企业社会责任信息披露面板回归分析

样本量=106						
观测值数量=318						
Wald chi2（1）=10.07　P 值=0.017 7						
变量	系数	Std.Err.	T 值	P>|T|	95%置信区间	区间尺度
dis_{t+1}	0.242 560 9	0.101 771 3	2.38	0.018**	0.042 325 9	0.442 795 9
_cons	0.415 058 8	0.087 114 4	4.76	0.000**	0.243 661 4	0.586 456 3
sigma_u	0.738					
sigma_e	0.401					
rho	0.772（fraction of variance due to u_i）					

**表示在 5%水平上显著

由表 4-9 可知，在 T+1 年企业进行的社会责任信息披露（dis_{t+1}）对 T+2 年企业营利能力的提升（EPS_{t+2}）有显著的影响，再一次证明本书提出的$H_{4\text{-}1}$：企业因为提升公司营利能力的动机而披露企业社会责任报告。

结论 1：企业对社会责任信息进行披露的动机是为了提高企业的营利能力。

从表 4-8 的结果可以看出，解释变量 NOCFTL 的比值比为 0.136 4<1，Z 值为− 2.25<0，表明二者呈现负相关，即增加一个单位的现金负债总额比就会降低 0.136 4 倍的企业披露社会责任报告行为的发生频率。换句话说，企业的融资需

求达到满足后，对于单独发布社会责任报告的积极性也就有所下降。这也从反面证明了本章前文所提出的 $H_{4\text{-}2}$（企业因为满足融资需求的动机而披露社会责任信息）。

在对 $H_{4\text{-}1}$ 的研究过程中，我们知道企业对其所履行的社会责任相关信息的披露在一定程度上的确能够基于信号传递理论向利益相关者传递企业经营状况良好的信息，使作为利益相关方的投资者加大投入、提高消费者和客户的产品忠诚度、获得政府部门的支持及债权人的信任等，最终实现企业营利能力的提高。那么，企业对社会责任信息的披露是否会减少企业融资需求呢？对于此问题，我们认为一般来说，企业的融资行为取决于市场走向和企业发展阶段。企业会因为融资需要而向市场传递积极信号，但是不会因为未来的资金需求得到满足而停止目前的进一步融资，也不会因为目前融资较为轻松而随意扩大需求，由此我们认为企业 T+1 年度的社会责任信息披露情况与 T+2 年度融资需求并无特殊联系。但是基于谨慎性原则，本书提出模型（4-3），对样本进行随机效应的面板数据回归分析，得到结果如表 4-10 所示。

$$\text{NOCFIL}_{t+2} = \alpha_0 + \beta_1 \text{dis}_{t+1} \tag{4-3}$$

表 4-10 融资需求与企业社会责任信息披露面板回归分析

样本量=106						
观测值数量=318						
Wald chi2（1）=2.2 P 值=0.571 0						
变量	系数	Std.Err.	Z 值	P>|Z|	95%置信区间	区间尺度
dis_{t+1}	− 0.011 187	0.019 725 5	− 0.57	0.571	− 0.049 997	0.027 623
_cons	0.116 912	0.016 884 7	6.92	0.000	0.083 691	0.150 133
sigma_u	0.010 272 93					
sigma_e	0.131 005 32					
rho	0.006 111 51（fraction of variance due to u_i）					

从表 4-10 可以看出，企业 T+1 年的社会责任信息披露并不会导致 T+2 年企业融资需求的增加或者降低，由此，模型（4-3）和变量的显著性检验均未通过。

综上，企业对融资的需求程度即融资动机会对企业社会责任信息的披露产生影响，但是企业披露社会责任信息的行为对其融资影响不显著。

结论 2：企业因为获得融资需求这一动机而披露社会责任信息。

解释变量 UNIF 的比值比为 0.246 567<1，Z 值为− 2.51<0，表明二者之间存在负向关系。上文研究结果表明，在董事长和总经理两职分离的企业，为了减少委托人和受托人之间的信息不对称，总经理往往倾向于对社会责任信息进行公开披露来降低代理成本。究其原因，委托代理理论认为两职分离的企业往往存在代理成本，

在这样的情况下，企业股东会因为降低代理成本的期望而积极披露社会责任信息（本书 $H_{4\text{-}1}$ 也对此进行了验证），而企业经营管理者会为了自身利益最大化以及听从股东的意愿而主动披露企业社会责任相关信息，以期降低代理成本。

结论 3：企业因为降低代理成本的动机而披露社会责任信息。

解释变量 TOP1 的比值比为 5.456 714，Z 值为 1.48>1，表明二者是正相关关系。但 P=0.138，并不能显著说明假设，企业的第一大股东持股比例与企业披露社会责任信息的意愿有正向相关关系。研究结论不显著地支持了前文的假设。

结论 4：股权集中度不显著地影响企业披露社会责任报告的倾向。

控制变量 SIZE 的比值比为 2.724 694，P=0.000，能够证明企业规模与社会责任报告的显著的相关性。再一次证明前人关于企业规模会影响企业披露社会责任信息（正向或负向）的研究结论。

结论 5：企业规模越大，企业披露社会责任信息的意愿越明显。

4.2.5　本节小结

本节通过描述性统计、交互性分析、Logistic 回归等实证分析手段分析了企业披露社会责任信息的动机。结果证明企业披露社会责任信息是基于提升公司营利能力、实现融资需求及降低代理成本三大动机。企业股东有披露社会责任信息的倾向；大规模企业更愿意披露社会责任信息。

4.3　本 章 小 结

本书为研究企业社会责任信息披露动机，参考前人研究和理论分析，提出假设，构建模型，利用 STATA 对样本数据进行统计分析，得出以下结论。

1. 企业披露社会责任信息的动机之一为公司营利能力的提升

本书通过模型（4-1）有力地证明了“资金提供假说”（Preston and Bannon，1997），即企业的营利能力与社会责任信息披露意愿正相关，营利能力越好的企业披露的意愿越大。在不充分市场里，企业因信息不对称而进行社会责任信息披露，而这种市场信号的传递随即提高了企业在公众中的声誉，增强了企业市场竞争力，最终表现为营利能力的提高，这一点在模型（4-2）中得到证实。

由于趋利性的存在，企业在日常的生产经营过程中，管理层做出的任何决策都是围绕其存在的根本目的—— 利润最大化而进行的。在市场信息不对称的困境中，营利能力越强的企业越希望以披露社会责任信息的方式来获得支持，传递维护企业良好形象的积极信号。这种良好的信号能够使作为利益相关方的投资者加大投入、提高消费者和客户的产品忠诚度、获得政府部门的支持及债权人的信任等，最终实现营利能力的提升。

2. 企业披露社会责任报告的动机之二为满足企业融资需求

由于企业的社会责任报告包含内外部利益相关者的信息，以股东和债权人为例，股东作为企业的内部利益相关者，可以通过企业披露的社会责任信息消除委托代理成本，向股东提供满意的投资回报率，展示真实全面的企业信息以及长期稳定的发展战略。而债权人作为企业的外部利益相关者，通过企业对社会责任信息的披露，可以让债权人了解企业对欠款的足额归还，了解企业是否按合同约定使用借款，对企业树立信心，以此来吸引内外部融资。

3. 企业披露社会责任报告的动机之三为降低代理成本

企业的所有者将企业经营管理权委托给拥有更多管理才能的经理人，产生了委托代理理论。经理人作为代理人更了解企业的生产经营情况，同时为了追求自身报酬、工作时间及工作环境舒适度等个人利益，往往容易与作为委托方的企业所有者所要求的股东权益最大化产生冲突。而由于委托人与代理人之间存在信息不对称的情况，为了规范代理人的行为，委托人需要花费人力、物力、财力对代理人进行有效的监督，从而导致代理成本的产生。当董事长和总经理两职分离时，企业为了降低代理成本，会主动披露社会责任信息。

4. 企业规模对企业社会责任信息披露行为有很大影响

我们认为大规模企业因为接受更多的压力而更热衷于披露社会责任信息来维护企业正面形象。而控股股东性质、企业社会责任表现、企业股权集中度等因素对企业的社会责任信息披露未见有显著影响。

参 考 文 献

车文博. 2001. 当代西方心理学新词典[M]. 长春：吉林人民出版社：64.

陈小林，魏学强. 2011. 企业捐赠的动机、影响因素与经济后果[J]. 会计之友，（12）：7-10.

贺成冲，黄娟. 2009. 企业社会责任信息披露影响因素实证研究——来自中国上市公司的经验证据[D]. 西南财经大学硕士学位论文.
胡铃铃，陈赤平，余新民. 2012. 企业社会责任的驱动机制研究[D]. 湘潭大学硕士学位论文.
李新娥，彭华岗. 2010. 企业社会责任信息披露与企业声誉关系的实证研究[J]. 经济体制改革，（3）：74-76.
李正. 2006. 企业社会责任信息披露影响因素实证研究[J]. 特区经济，211（8）：324-325.
马连福，赵颖. 2007. 上市公司社会责任信息披露影响因素研究[N]. 证券市场导报，（3）：4-9.
马寅杰. 2006. 委托代理中的经理人最优激励合约[J]. 经济论坛，（23）：83-84.
上海证券交易所. 2008-12-21. 关于做好上市公司 2008 年年度报告工作的通知[Z].
深圳证券交易所. 2006-09-25. 深圳证券交易所上市公司社会责任指引[Z].
沈洪涛. 2007. 公司特征与公司社会责任信息披露——来自我国上市公司的经验证据[J]. 会计研究，（3）：9-16.
沈洪涛，金婷婷. 2006. 我国上市公司社会责任信息披露的现状分析[J]. 审计与经济研究，21（3）：84-87.
史敏超. 2010. 股权结构对企业社会责任影响的实证研究[J]. 北方经济，（10）：13-15.
王梓楠. 2009. 我国企业融资决策研究[D]. 天津财经大学硕士学位论文.
翟华云. 2010. 预算软约束下外部融资需求对企业社会责任披露的影响[J]. 中国人口·资源与环境，20（9）：107-113.
张经. 2010. 会计自愿性信息披露动机的实证研究[D]. 东北林业大学硕士学位论文.
赵安川. 2011. 企业社会责任信息披露对公司治理绩效影响的实证研究[D]. 天津财经大学硕士学位论文.
赵展. 2013. 合法性理论下的我国企业环境责任信息披露现状问题研究——以上交所生物医药行业为例[D]. 辽宁大学硕士学位论文.
Anand V. 2002. Building blocks of corporate reputation—social responsibility initiatives[J]. Corporate Reputation Review，5（1）：71-74.
Branco M C，Rodrigues L L. 2006. Corporate social responsibility and resource-based perspectives[J]. Journal of Business Ethics，69（2）：111-132.
Cowen S S，Ferreri L B，Parker L D. 1987. The impact of corporate characteristics on social responsibility disclosure：a typology and frequency-based analysis[J]. Accounting Organizations & Society，12（2）：111-122.
Deegan C，Gordon B. 1996. A study of the environmental disclosure practices of Australian corporations[J]. Accounting and Business Research，26（3）：187-199.
Dierkes M，Antal A B. 1985. The usefulness and use of social reporting information[J]. Accounting Organizations & Society，10（1）：29-34.
Forker J J. 1992. Corporate governance and disclosure quality[J]. Accounting and Business Research，

22（86）：111-124.

Francis J，Nanda D，Olsson P. 2008. Voluntary disclosure，earnings quality，and cost of capital[J]. Journal of Accounting Research，46（1）：53-99.

Gray R，Kouhy R，Lavers S. 1995. Methodological themes：constructing a research database of social and environmental reporting by UK companies[J]. Accounting，Auditing & Accountability Journal，8（2）：78-101.

Hackston D，Milne M. 1996. Some determinants of social and environmental disclosures in New Zealand companies[J]. Accounting，Auditing and Accountability Journal，（9）：77-108.

Hamil S，Morrow S. 2011. Corporate social responsibility in the Scottish Premier League：context and motivation[J]. European Sport Management Quarterly，11（2）：143-170.

Holder-Webb L，Cohen J R，Nath L，et al. 2009. The supply of Corporate Social Responsibility disclosure among U.S. firms[J]. Journal of Business Ethics，84（4）：497-527.

Idowu S O，Papasolomou I. 2010. Are the corporate social responsibility matters based on good intentions or false pretences? An empirical study of the motivations behind the issuing of CSR reports by UK companies[J]. Corporate Governance，7（2）：136-147.

Kavitha W，Anita P. 2011. Disclosures about CSR practices：a literature review[J]. The IUP Journal of Corporate Governance，10（1）：45-56.

Melo T，Galan J I. 2011. Effect of corporate social responsibility on brand value[J]. Journal of Brand Management，18（6）：423-437.

Preston L E，Bannon D P O. 1997. The corporate social financial performance relationship：a typology and analysis[J]. Business and Society，36（4）：419-429.

Roberts R W. 1992. Determinants of corporate social responsibility disclosure：an application of stakeholder theory[J]. Accounting，Organization and Society，17（6）：595-612.

Santos M. 2011. CSR in SMEs：strategies，practices，motivations and obstacles[J]. Social Responsibility Journal，7（3）：490-508.

Schwaiger M. 2004. Components and parameters of corporate reputation—an empirical study[J]. Schmalenbach Business Review，56（1）：46-71.

Sutantoputra A W. 2009. Social disclosure rating system for assessing firms' CSR reports[J]. Corporate Communications an International Journal，14（1）：34-48.

Waller D S，Lanis R. 2009. Corporate social responsibility（CSR）disclosure of advertising agencies：an exploratory analysis of six holding companies' annual reports[J]. Journal of Advertising，38（1）：109-122.

Yip E，Staden C V，Cahan S. 2011. Corporate social responsibility reporting and earnings management：the role of political costs[J]. Australasian Accounting Business & Finance Journal，5（3）：17-34.

第5章　企业社会责任信息传递的充分性研究

如第 4 章所述，由于企业披露社会责任报告的动机是提升企业的营利能力、更好地融资和降低代理成本，故企业在传递其社会责任信息时必然倾向于传递有利于自身的信息，而对不利于自身的信息含糊传递甚至不传递，这就有可能造成利益相关者对企业社会责任履行程度的误读。是否正确传递企业社会责任履行程度的重要衡量标准，就是企业社会责任信息传递是否充分，因此对企业社会责任信息传递的充分性问题进行分析就成为必然。

5.1　中国上市公司社会责任信息传递充分性总体情况

5.1.1　我国社会责任信息传递的制度背景

企业公布的社会责任报告应该包含利益相关者所关注的主要信息，并且通过定量的数据指标和定性的描述性语言进行披露。目前，我国企业公布的社会责任信息还在较大程度上使用定性信息披露的方式，不少企业的社会责任报告几乎找不到定量信息。因此，对以上市公司为代表的我国企业社会责任信息传递的充分性进行研究是非常必要的。

在考察上市公司公布的社会责任报告向利益相关者传递的信息是否充分时，需要先注意上市公司社会责任报告的法律法规和政府强制性要求的背景。我国针对企业社会责任信息披露的规范性规定出台较迟，但发展较快。其中最早直接对企业社会责任的信息披露进行规范的文件是中国证券监督管理委员会（以下简称中国证监会）于 2001 年发布的《公开发行证券的公司信息披露内容与格式准则第

1 号——招股说明书》，该规范虽然主要针对的是高危行业和高污染行业的安全生产及污染治理情况、因安全生产及环境保护原因受到处罚的情况、近三年相关费用成本支出及未来支出情况、是否符合国家关于安全生产和环境保护的要求等社会责任信息的披露，由于其存在行业约束，虽然不适用于所有的企业，但标志着中国企业社会责任信息披露迈出了制度规范的第一步。中国证监会在 2002 年公布的《上市公司治理准则》中提出的“重视公司的社会责任”规定，虽然内容较为充分，提出了上市公司应关注所在社区的福利、环境保护、公益事业等问题，但与后来 2005 年颁布的《公司法》存在同样的问题，即关键事项规定缺位的问题，因此在实践中均不能有效地指导和规范我国企业社会责任信息的披露工作。2005 年修订的《公司法》规定：公司从事经营活动，必须遵守法律、行政法规，遵守社会公德、商业道德，诚实守信，接受政府和社会公众的监督，承担社会责任。这为我国企业履行社会责任提供了法律的强制性规定。但需要注意的是，《公司法》的规定仅仅是原则性要求，既然公司应承担社会责任，那么承担社会责任的范围是什么，如果不承担有什么法律后果，企业承担社会责任后是否需要向公众披露……这些问题在《公司法》中都未能得到解决，尤其是对企业社会责任的信息披露和不履行的法律惩戒措施都仍然缺位。其后，深交所于 2006 年 9 月 25 日公布的《深圳证券交易所上市公司社会责任指引》代表着我国企业社会责任信息披露的规范制度正式建立，该文件明确规定了上市公司应对职工、股东、债权人、供应商及消费者等利益相关方承担责任，并且应在社会责任报告中披露职工保护、环境污染、商品质量、社区关系等社会责任制度的建设和执行情况；社会责任履行状况是否与本指引存在差距及原因说明；改进措施和具体时间安排。而上交所 2008 年 5 月公布的《关于加强上市公司社会责任承担工作的通知》和《上海证券交易所上市公司环境信息披露指引》，及 2009 年 1 月公布的《〈公司履行社会责任的报告〉编制指引》将社会责任信息披露的范围从深圳上市公司扩展到了整个股票市场的主板市场上市公司，同时比深交所的规定增加了企业社会责任报告需要披露如何为客户创造价值、如何为员工创造更好的工作机会及未来发展、如何为其股东带来更高的经济回报等促进经济可持续发展方面社会责任的规定。但深交所和上交所的规范性文件仅仅是部门规章，法律级次较低，法律效力也有待提高；同时以《〈公司履行社会责任的报告〉编制指引》的形式公布的规范性文件本身的强制性和法律执行力就较低，更多的是对企业进行导向和引领的作用；另外，深交所和上交所的规范性文件都未能比照财务报告规定对企业社会责任具体地记录计量、企业社会责任报告的格式等内容进行详细规定；当然，由于深交所和上交所的管辖范围所限，其能影响的公司主要限于我国的上市公司。国有企业，尤其是央企理论上归全民所有，应代表我国公民的利益，其目标不应仅仅局限于对利润最大化的追求，因此 2008 年国务院国资委公布的《关于中央企业履行社会责任的指导意见》中要求我国的央企在资源节约、环境保护、参与社会公益事业、安全生产、员工合法权益保护等方面要全面履行企业社会责任。中国工业经济联合会自 2009 年起每年举办一届“中国工业经济行业企业社会责任报告发布会”，并发布了《中国工业企业及工业协会社会责任指南》。

虽然这些法律法规及政府规章初步构建了我国社会责任信息披露规范体系，极大地推动了我国企业社会责任信息的对外传递，同时进一步促进了自愿性社会责任报告的披露，使我国上市公司和非上市公司所公布的社会责任报告数量逐年上升，但其信息传递的质量仍距国外的实践及国内的利益相关者的期望有较大的差距。以双汇公司为例，其“瘦肉精”事件被曝光之后，公司形象大幅受损，本应通过其公布的社会责任报告说明事实真相，并承诺相应的给予受损害消费者的赔偿，但在当年双汇公司所公布的企业社会责任报告中，未能找到一句和“瘦肉精”相关的表述，这一代表性事件反映了我国传统的“报喜不报忧”“家丑不可外扬”的企业管理思想仍大量存在，妨碍了我国企业社会责任信息传递工作的进一步深入。

5.1.2　信息传递充分性的总体状况——基于 2012~2014 年整体情况分析

1. 信息披露数量方面

本书所使用的原始数据来自于 2012~2014 年深交所和上交所披露的上市公司社会责任报告，基于 ISO 26000 所整理统计的数据分类考察项目，如表 5-1 所示。

表 5-1　整体分类一览表

CHARACTER	公司性质		
SIZE	公司规模		
INDUSTRY	公司所属行业		
REGION	公司所在地区		
COSUMER	消费者问题	COS1	产品质量安全
		COS2	真实的信息
		COS3	公平交易
STAFF	企业员工政策	STA1	员工政策
		STA2	管理者政策

续表

OPERATION	公平运营问题	OPR1	对供应商履行责任
		OPR2	对销售商履行责任
		OPR3	对债权人履行责任
ENVIRONMENT	环境保护责任		
COMMUNITY	社区参与和发展		
ORGANIZATION	组织管理		
GOVERNMENT	政府责任		
SHARE	股东责任		
NEGATIVE	发生的负面问题是否进行了披露		
OTHER	其他		
TOTAL1	内容披露总得分	TOTAL1-1	2012 年内容披露总得分
		TOTAL1-2	2013 年内容披露总得分
		TOTAL1-3	2014 年内容披露总得分
TOTAL2	数据披露总得分	TOTAL2-1	2012 年数据披露总得分
		TOTAL2-2	2013 年数据披露总得分
		TOTAL2-3	2014 年数据披露总得分

经过本书的统计，2012~2014 年三年时间里，2012 年单独发布企业社会责任报告的企业为 593 家，其中深市上市公司占比为 44.85%，沪市上市公司占比为 55.15%；2013 年单独披露社会责任报告的企业持续增长，总计达到 641 家，深市发布社会责任报告的数量为 264 家，占比 41.19%，沪市为 377 家，占比达到 58.81%；2014 年单独披露社会责任报告的企业为 681 家，其中，深市为 284 家，占比 41.70%，沪市为 397 家，占比 58.30%，统计结果如图 5-1 所示。

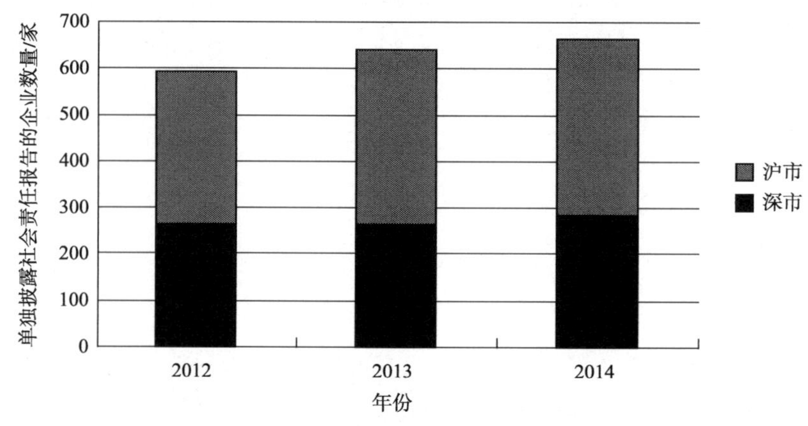

图 5-1　单独披露社会责任报告的企业统计图

由图 5-1 可知，在我国对企业社会责任的规定及相关指导文件相继出台的背景下，2012~2014 年我国上市公司单独发布的企业社会责任报告数量呈稳步上升态势，而相比深市来说，沪市的增长趋势更为明显，也可看出上市公司对于利益相关者报告社会责任方面信息的意愿被持续重视。

2. 文字性披露方面

本书针对样本的文字性披露方面细分为 10 个部分 14 个要点，若样本所公布的社会责任报告中涉及相关要点的内容则记录为 1，反之为 0，同时以 TOTAL11、TOTAL12、TOTAL13 记录相应年份的得分，以 STATA 对样本进行分析，得到表 5-2 的描述性统计分析结果。

表 5-2　2012~2014 年文字性披露得分结果

变量	统计量		
	TOTAL11	TOTAL12	TOTAL13
均值	7.104 6	7.638 1	7.857 4
中值	7.000 0	7.000 0	7.000 0
标准差	2.836 04	1.930 85	2.424 02
方差	8.043	3.728	5.876
偏度	− 0.112	0.119	0.227
偏度的标准误	0.100	0.097	0.095
峰度	− 0.783	0.128	− 0.517
峰度的标准误	0.200	0.193	0.189
极小值	1.00	1.00	1.00
极大值	14.00	13.00	13.00

从表 5-2 可以看出，三年文字性披露得分均值从 7.104 6、7.638 1 到 7.857 4，呈稳步增长态势，能够达到总分 14 分的 55%左右的水平，说明上市公司对于企业社会责任的重视程度在逐渐提高并且状态良好。但这三年的极小值为 1，反映出部分企业对于社会责任信息披露浮于表面，未引起足够重视，同时显示了所有单独披露社会责任报告的企业都采用文字描述的方式对企业社会责任的信息加以公布，但所披露的信息普遍不充分、不完整。图 5-2~图 5-4 分别是 2012~2014 年文字性披露得分的频率折线图，更为详细地说明了三年整体社会责任文字性披露情况。

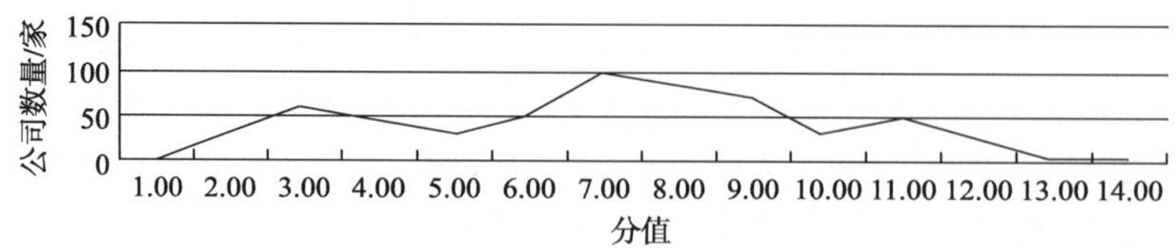

图 5-2 2012 年文字性披露得分频率

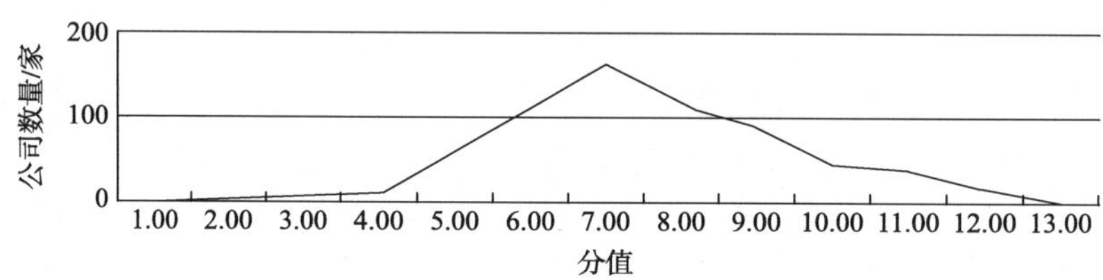

图 5-3 2013 年文字性披露得分频率

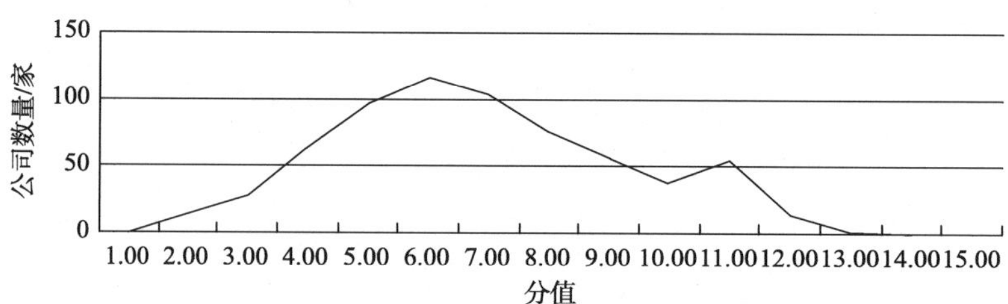

图 5-4 2014 年文字性披露得分频率

从以上三个频率折线图对比可以看出，2012 年的峰值在 7.5 分左右，相对折线的波动比较和缓；2013 年的峰值在 7.5 分左右，但折线的波动相对更大，说明虽然披露社会责任报告的企业增加了，但社会责任报告的水平参差不齐；2014 年得分频率主要集中在 5~8 分，但在 10~11 分处呈现小的峰值，说明部分企业对社会责任的披露情况更加认真全面，所涉及的内容愈加广泛。

本书又针对各细分项目的得分进行分析，得出以下结论：各企业在消费者责任项目中更加注重“产品质量安全”这一细分要点的披露，总分达到 428 分，均值 0.64 分，而针对“真实的信息”和“公平交易”的关注度要低得多，均值只有 0.279 和 0.306。相对而言，员工福利、环境责任、政府责任、股东责任、社区参与的披露就更为简略甚至缺失。

3. 数据性披露方面

数据性披露方面的分析与文字性披露方面类似，在项目和细分要点上是一致的，本书将披露的社会责任信息分为文字性和数据性两类，有利于更好地评价企业所披露信息的效果和意愿。在统计记录时，有相关内容的数据性披露的记值为 1，反之则记为 0。本书对统计数据进行 STATA 分析，结果如表 5-3 所示。

表 5-3　2012~2014 年数据性披露得分结果

变量	统计量		
	TOTAL21	TOTAL22	TOTAL23
均值	5.065 8	3.433 7	4.112 6
均值的标准误	0.114 33	0.107 21	0.106 41
中值	5.000 0	3.000 0	4.000 0
标准差	2.784 01	2.714 38	2.746 03
方差	7.751	7.368	7.541
偏度	− 0.199	1.578	0.297
偏度的标准误	0.100	0.097	0.095
峰度	− 1.210	2.361	0.046
峰度的标准误	0.200	0.193	0.189
极小值	0.00	0.00	0.00
极大值	10.00	12.00	15.00

表 5-3 中数据性披露得分极小值均为 0，反映出各年度均有企业进行社会责任报告只采用文字形式，而没有数据支撑，而极大值逐年上升，说明越来越多的企业能够出具较为完备的企业社会责任报告，均值和中值在 4 分附近，说明披露社会责任数据性信息的企业分布比较均衡，没有过多地受到个别异常值的影响，但标准差显示三年数据的波动性较大，说明数据性信息方面内容披露严重不足。本书对 2012~2014 年样本企业披露社会责任信息的数据内容方面信息披露情况统计如图 5-5~图 5-7 所示。

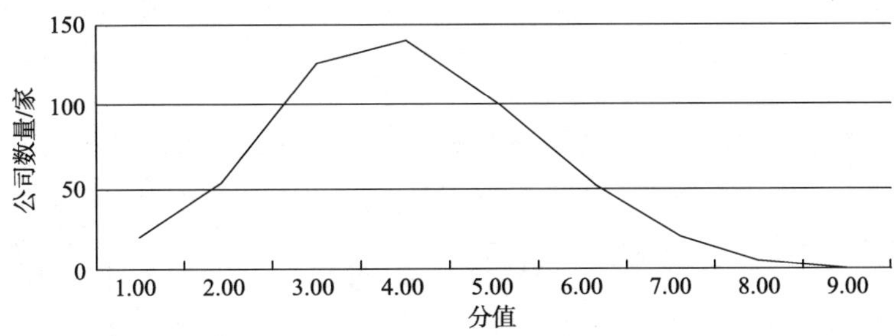

图 5-5　2012 年数据性披露得分频率

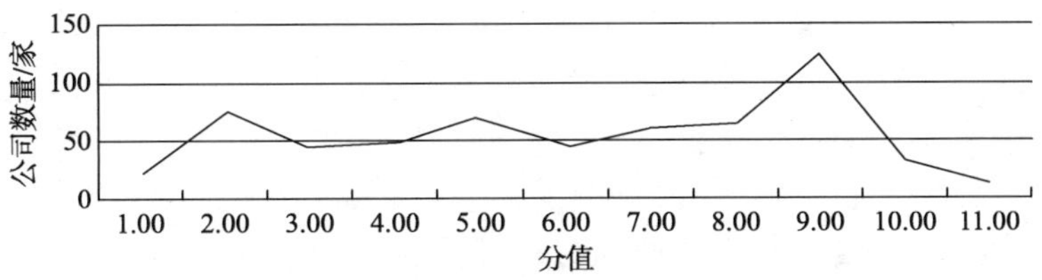

图 5-6　2013 年数据性披露得分频率

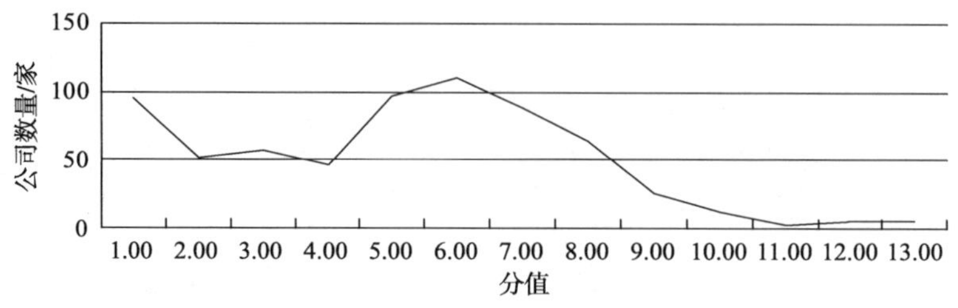

图 5-7　2014 年数据性披露得分频率

纵观 2012~2014 年的社会责任数据性信息披露的得分频率图，可以发现三年间数据性信息披露的水平总体呈现上升态势，甚至在 2014 年开始出现了少量得分超过 11 分的数据性披露水平很高的社会责任报告。但 2014 年的峰值区间得分不如 2013 年，具体而言，2013 年在 8~9 分出现峰值，2014 年各分值的频率持平，但 4~8 分频率更高，说明我国大部分企业的社会责任数据性信息披露仍然不足。

5.2　企业社会责任信息传递的具体情况分析

结合 5.1 节的简单分析，本节针对上市公司社会责任信息披露具体情况，按照企业性质、行业状况、企业规模、地区等四个部分进行阐述，对于数据和内容的划分情况详见附录Ⅰ。

5.2.1　按企业性质分析社会责任信息传递的充分性

由于我国国有企业“天然”的社会责任承担职能，故在分析我国企业社会责任信息充分性时，有必要按照上市公司的企业性质，将披露了社会责任报告的企业样本区分为国有企业和非国有企业这两类，样本公司中 2012 年披露社会责任报告的企业总数为 593 家，其中国有企业 323 家；2013 年总数为 641 家，其中国有企业 396 家；2014 年总数为 665 家，其中国有企业 419 家。本书将国有企业及非国有企业披露社会责任报告数量进行统计，如图 5-8 所示。我们能够通过统计图直观地看到国有企业的社会责任报告数量逐年稳步增长。与此对应的是，非国有企业的社会责任报告，三年里几乎没有明显的数量变动，在绝对数量上远小于国有上市公司的披露数量，披露企业社会责任报告数量仅仅占国有企业披露报告数量的 58.71%。

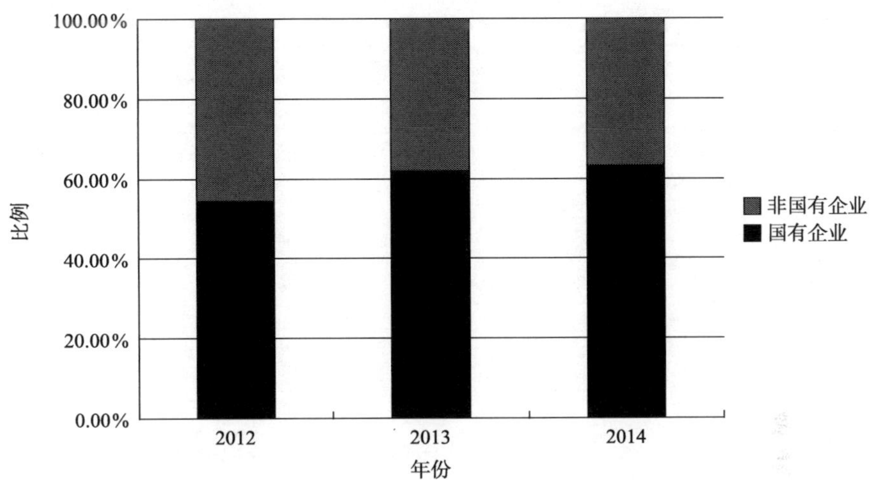

图 5-8　2012~2014 年国有企业与非国有企业数量柱状图

在简要分析了图 5-8 之后，我们通过表 5-4~表 5-7 用描述性统计分析进一步对国有企业和非国有企业的各项目文字性披露和数据性披露进行详细分析。

表 5-4　2012~2014 年国有企业各项目文字披露得分统计结果

描述统计量					
变量	*N*	极小值	极大值	均值	标准差
COS1	1 138	0.00	1.00	0.556 3	0.497 0
COS2	1 138	0.00	1.00	0.276 0	0.447 2
COS3	1 138	0.00	9.00	0.414 0	0.492 7
STA1	1 138	0.00	19.00	0.863 5	0.343 5
STA2	1 138	0.00	1.00	0.194 8	0.396 2
OPR1	1 138	0.00	8.00	0.481 2	0.499 9
OPR2	1 138	0.00	7.00	0.159 8	0.366 6
OPR3	1 138	0.00	5.00	0.313 5	0.464 1
ENVIRONMENT	1 138	0.00	8.00	0.800 0	0.400 2
COMMUNITY	1 138	0.00	10.00	0.894 3	0.307 6
ORGANIZATION	1 138	0.00	3.00	0.453 3	0.498 0
GOVERNMENT	1 138	0.00	7.00	0.813 1	0.390 0
SHARE	1 138	0.00	7.00	0.838 4	0.368 2
NEGATIVE	1 138	0.00	1.00	0.022 7	0.149 0

表 5-5 2012~2014 年非国有企业各项目文字披露得分统计结果

描述统计量					
变量	*N*	极小值	极大值	均值	标准差
COS1	761	0.00	1.00	0.624 0	0.484 7
COS2	761	0.00	1.00	0.364 7	0.481 7
COS3	761	0.00	8.00	0.302 0	0.459 4
STA1	761	0.00	19.00	0.950 4	0.217 3
STA2	761	0.00	1.00	0.144 9	0.352 2
OPR1	761	0.00	9.00	0.573 1	0.495 0
OPR2	761	0.00	7.00	0.268 9	0.539 4
OPR3	761	0.00	6.00	0.386 4	0.575 8
ENVIRONMENT	761	0.00	8.00	0.847 3	0.360 0
COMMUNITY	761	0.00	10.00	0.904 7	0.298 2
ORGANIZATION	761	0.00	3.00	0.252 0	0.434 4
GOVERNMENT	761	0.00	7.00	0.860 3	0.347 0
SHARE	761	0.00	7.00	0.907 3	0.290 2
NEGATIVE	761	0.00	1.00	0.006 5	0.080 6

表 5-6 2012~2014 年国有企业各项目数据披露得分统计结果

描述统计量					
变量	*N*	极小值	极大值	均值	标准差
COS1	1 138	0.00	2.00	0.233 9	0.423 5
COS2	1 138	0.00	0.00	0.093 9	0.291 8
COS3	1 138	0.00	3.00	0.121 7	0.327 1
STA1	1 138	0.00	10.00	0.560 9	0.512 0
STA2	1 138	0.00	0.00	0.054 8	0.227 6
OPR1	1 138	0.00	2.00	0.210 4	0.407 8
OPR2	1 138	0.00	0.00	0.146 1	0.353 4
OPR3	1 138	0.00	3.00	0.144 7	0.352 0
ENVIRONMENT	1 138	0.00	8.00	0.492 2	0.574 7
COMMUNITY	1 138	0.00	3.00	0.621 6	0.519 9
ORGANIZATION	1 138	0.00	0.00	0.223 5	0.416 8
GOVERNMENT	1 138	0.00	4.00	0.580 9	0.597 3
SHARE	1 138	0.00	1.00	0.450 4	0.497 7
NEGATIVE	1 138	0.00	1.00	0.013 9	0.117 2

表 5-7　2012~2014 年非国有企业各项目数据披露得分统计结果

描述统计量					
变量	*N*	极小值	极大值	均值	标准差
COS1	761	0.00	1.00	0.225 5	0.127 0
COS2	761	0.00	0.00	0.045 5	0.500 1
COS3	761	0.00	2.00	0.056 4	0.535 1
STA1	761	0.00	8.00	0.403 6	0.309 7
STA2	761	0.00	0.00	0.045 5	0.466 7
OPR1	761	0.00	0.00	0.141 8	0.533 9
OPR2	761	0.00	0.00	0.070 9	0.271 8
OPR3	761	0.00	3.00	0.080 1	0.257 0
ENVIRONMENT	761	0.00	6.00	0.371 6	0.349 2
COMMUNITY	761	0.00	4.00	0.690 3	0.208 5
ORGANIZATION	761	0.00	0.00	0.107 3	0.491 1
GOVERNMENT	761	0.00	4.00	0.392 7	0.230 8
SHARE	761	0.00	1.00	0.481 8	0.208 5
NEGATIVE	761	0.00	1.00	0.016 4	0.418 3

从表 5-4 和表 5-5 可以发现，无论是国有企业还是非国有企业，披露信息最少的是负面信息，如本书统计的 2014 年上交所和深交所上市公司的统计结果中，仅有 3 个样本以文字阐述形式披露了企业的负面信息。国有企业和非国有企业都非常愿意披露产品质量安全方面的文字性信息，而对其他方面社会责任的披露意愿都不足。究其原因可能是产品质量安全方面有相关法律法规的强制性规范，因此相对而言企业更愿意用文字对这些强制性要求进行信息披露。国有企业和非国有企业相比，在企业社会责任信息披露方面不同的是，国有企业在公平交易、管理者政策、组织管理等方面的信息披露更为充分，意味着国有企业在所有样本中更注重社会责任信息披露的全面性，但相比于总分来说，仍有较多不足。从数据分析来看，虽然国有企业在社会责任内容披露方面较非国有企业有明显的优势，但对于其应该承担的相应责任的披露来说仍然相距甚远，大部分企业甚至不披露其应披露给报告使用者的负面信息，以此来逃避企业形象打折扣的可能。由此可知，无论是国有企业还是非国有企业，其社会责任内容披露并不充分，仍需要较大程度的提升。

从表 5-6 和表 5-7 所显示的数据披露可以发现，无论是国有企业还是非国有企业，其社会责任报告中数据性披露最好的是股东责任方面，然后是产品质量安全方面，而其他几方面的数据披露则少之又少，这说明传统的股东权益最大化的思想仍然在影响我国上市公司。虽然从分析数据可以看出，国有企业各项数据披露得分均值比非国有企业高，但距离其应达到的结果仍旧相差甚远，甚至其得分几乎可以忽略。例如，分项统计中环境责任数据披露满分 9 分，但国有企业和非国有企业的得分均不超过 1 分，而大部分数据也仅仅集中于企业提取的环保基金或者引进的治污减排设备价值；对于员工政策和消费者方面的数据则是接近 0，数据形式的社会责任披露严重不足，也反映出企业披露社会责任主动意愿较低，仅为完成规定任务，而且社会责任报告可用性差。

综上所述，国有企业在文字性内容的披露上比非国有企业广泛，但并不充分全面，国有上市公司和非国有上市公司采用非量化的文字叙述比重较大。虽然部分企业社会责任项目不能完全量化，以数据形式披露，但并不能掩盖企业对社会责任报告重视不够，浮于表面文章，想以较小的数据量达到从形式上披露社会责任信息的目的。

5.2.2　按行业状况分析社会责任信息传递的充分性

不同的行业可能有其特殊的社会责任信息披露的要求，如采矿业等行业对员工安全生产和环境污染有更严格的信息披露要求。因此，本书按上市公司行业分类指引对样本企业进行了分类。

如表 5-8 所示，样本企业中制造行业披露的社会责任报告数量为 957 个，比重达到总样本的 50.39%。其他发布社会责任报告较多的行业有采矿业，电力、热力、燃气及水的生产和供应业，金融、保险业，房地产业等，我们不难看出，这些行业或者有相关的法律对其社会责任履行做了相关规定，或者涉及公众利益影响巨大，如采矿业就是重污染行业，而此类上市公司按照《上市公司环境信息披露指南》规定，每年度均应公布环境报告，定期披露企业的污染物排放情况、环境守法、环境管理等方面的信息。

表 5-8　社会责任报告行业分布情况表

行业	报告数量	占总样本比例
1. 农、林、牧、渔业	43	2.26%
2. 采矿业	72	3.79%
3. 制造业	957	50.39%
4. 电力、热力、燃气及水的生产和供应业	126	6.64%

续表

行业	报告数量	占总样本比例
5. 环境和公共设施管理业	9	0.47%
6. 建筑业	59	3.11%
7. 交通运输、仓储业和邮政业	93	4.90%
8. 信息传输、计算机服务和软件业	72	3.79%
9. 批发和零售业	61	3.21%
10. 住宿、餐饮业	7	0.37%
11. 金融、保险业	121	6.37%
12. 房地产业	131	6.90%
13. 租赁和商务服务业	19	1.00%
14. 科学研究、技术服务和地质勘查业	12	0.63%
15. 水利、环境和公共设施管理业	10	0.53%
16. 居民服务和其他服务业	19	1.00%
17. 教育	17	0.90%
18. 卫生、社会保障和社会服务业	9	0.47%
19. 文化、体育、娱乐业	21	1.11%
20. 综合（含投资类、主业不明显）	34	1.79%
21. 其他	7	0.37%

对分行业按照文字披露得分和数据披露得分两方面进行分析可以发现，2012~2014 年利润水平最高的金融、保险业和具有自然垄断性质的电力、热力、燃气及水的生产和供应业的员工政策文字披露得分最高，然后是具有高污染性质的采矿业、劳动强度大的房地产业和制造业；高污染行业的环境责任信息披露分数也高于其他行业，如采矿业的环境责任文字披露得分高于 5 分，比非高污染行业如金融、保险业等服务业得分 1.7 分高。究其原因，是相关行业有立法要求披露相关责任信息。但除此之外，本书认为企业进行的有选择性的文字披露并不能满足社会责任信息披露的要求，大多数行业未能详细披露报告使用者最为关心的内容。例如，制造业对于消费者责任、经销商、销售商的责任披露得分均值在 1 分以下，而其中，内容上更多的是如“为消费者提供安全合格的产品”等没有实际意义的内容，而忽略了真实产品信息的详细披露。

从数据披露方面得分统计结果分析来看，各行业得分均值小于 1，说明定量社会责任信息的披露仍需改善。例如，制造业对于消费者“产品质量安全”的披露不足 10%，对于“真实的信息”披露不足 1%，对于“公平的交易”披露不足 5%，其他有的分项目也以环境责任、社区责任和股东责任为主，且这几部分也倾向于只披露部分能够维护企业形象的正面内容，如环境责任中的环保费用、社区责任中的捐赠款额等，而对于消费者责任、供应商责任等明显披露不足。

5.2.3　按企业规模分析社会责任信息传递的充分性

本书将所有样本划分为大型企业、中型企业和小型企业三类，样本公司中大型企业的社会责任报告达到 1 731 个，比重占总样本数的 91.35%，小型企业仅有 13 个。从公布报告的企业数量的数据统计情况可以明显看出，企业规模对于企业履行社会责任的能力及披露社会责任信息的意愿有很大影响，规模较大的企业，能够承担更广泛的社会责任，也更有披露社会责任信息的意愿和能力。

本书对样本公司数据进行描述性统计后发现，企业规模大小对上市公司社会责任报告的得分确实存在很大的影响。大型上市公司文字和数据披露的综合得分均比中型和小型上市公司高，如果仅仅就中型公司和小型公司进行比较，小型公司的得分最低。这也证明前文所述，企业规模对企业社会责任信息披露确有较大影响，规模大的企业其社会责任报告的内容完整性、真实性和有用性均比较小的企业高。在分析所有样本企业的社会责任报告后，本书发现，大型上市公司的社会责任报告在 25~40 页的居多，更有甚者达到 60 页的内容，中型上市公司在 5~20 页，而较小的上市公司社会责任报告则多数不足 6 页，而内容也以股东责任、社区责任和对员工政策等居多。而为验证公司履行社会责任的效果，大型上市公司会聘请第三方进行检测和评估，确保社会责任报告的真实可靠。

通过统计分析，本书发现，大型上市公司与中型上市公司的披露重点在员工责任、社区责任、股东责任和环境责任上关注较多，而对于消费者责任、供给商等方面披露较少，尤其是对于负面信息很少有公司涉及。虽然大型公司相比其他类型公司在社会责任披露中已有较大程度的提升，但我们仍不能找到充分证据来证明大型上市企业已达到社会责任披露要求。

5.2.4　按地区分析社会责任信息传递的充分性

本书以样本企业的注册地为标准，将样本划分为华东、华北、中南、西南、东北和西北等六个地区，根据样本的地区分布进行统计，结果如图 5-9 所示。

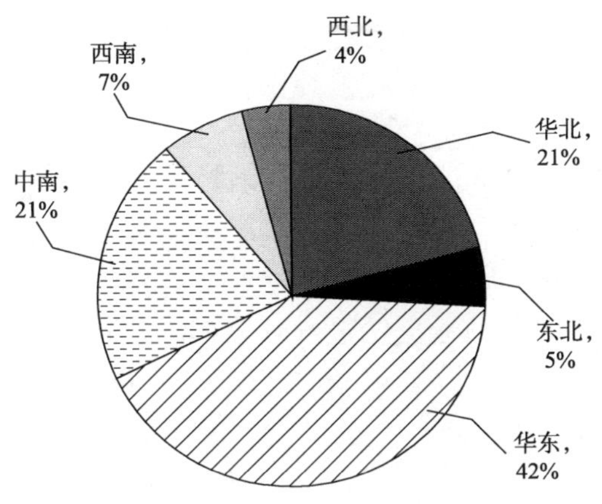

图 5-9　社会责任报告地区分布图

根据图 5-9 以及统计数据发现，华东地区上市公司发布的社会责任报告数量最多，为 792 个，然后是华北和中南地区，分别有 402 个、396 个，而西南地区、西北地区和东北地区的社会责任报告发布数量较少。究其原因，地区差异导致经济发展水平差异，华东、华北地区经济相比其他地区要发达，所以上市公司在样本中的数量比重就大。

本书又对不同地区的社会责任报告质量进行了描述性统计，发现西南地区上市公司发布的社会责任报告文字披露方面得分均值最高，且其披露中对于员工责任、政府责任、股东责任和环境责任方面的披露较为充分。数据性披露方面得分均值较高的是华北地区和西北地区，但西北地区的样本量少，并不能代表整个经济区域的发展状况。

总的来说，各地区所发布的社会责任报告在文字披露和数据披露得分上差异并不大，仍然处于同一水平，即地区对于社会责任报告的质量并没有过于显著的影响。但地区对社会责任报告的披露数量和披露社会责任报告的上市公司规模有很大影响，而这些影响，也是通过地区间经济发展水平差异间接实现的。

5.3　企业社会责任信息传递充分性的比较

5.3.1　企业社会责任信息传递充分性现状与我国现行法规差异比较

2009 年上交所公布的《〈公司履行社会责任的报告〉编制指引》是沪市上市公司社会责任报告编制的具体说明和规定。本书旨在将企业社会责任报告中信息的充分性状况与《〈公司履行社会责任的报告〉编制指引》进行差异分析，从而得出信息披露是否全部按照相关法规的规定执行，指引等指导性规定有无在社会责任的信息披露实践中发挥切实有效的作用。

根据规定，编制指引的主要规定性内容有：首先，报告需涵盖促进社会可持续发展的社会责任履责行为，如保护员工的健康及人身安全、保护相关社区及支持社区活动、保障产品的质量合格。本书在前文进行统计分析时已发现，大多上市公司按照指引的规定进行社会责任报告的编写，尤其对于员工政策、安全信息披露比例较高，对产品质量的描述也相对详细。但对于所在社区的保护及支持内容披露的企业较少。

其次，报告需涵盖公司对于保护生态环境、促进可持续发展方面做出的义务工作与公益性工作。例如，控制与净化排放物情况、合理利用水资源及其他能源、在不影响当地居民生活与生物生存的前提下开展工作、在可持续发展方面开展公益性活动。在本书样本中 42.5%的上市公司在社会责任报告中的环境保护环节进行了相关工作，对于“实施了能源节约项目和环境保护项目”这一项目均取得了比较好的分数。对于服务业如金融、保险业来说，涉及环境保护方面的内容较少，但对于电力、水利、采矿业及其他制造业来说，提及这一方面内容的企业较多。例如，国电电力在 2014 年社会责任报告中提及：“我们始终坚持把‘新能源引领转型实现绿色发展’作为公司长期的发展战略，2014 年，公司清洁能源装机占比 28.5%。公司努力降低资源消耗和污染物排放，提高能源利用效率，走科技含量高、资源消耗低、环境保护好的可持续发展之路。”

最后，报告需涵盖公司促进经济可持续发展的社会责任履责行为，如为客户创造价值、为员工提供更好的工作机会、为其股东增加经济回报等。在所有样本中，43%的企业提到针对员工工作机会履行责任的问题，而有 40%左右的上市公司披露为股东提供满意的投资回报这一责任。

5.3.2 企业社会责任信息传递充分性现状与国际标准的差异

ISO 26000《社会责任指南》是一个涉及范围最广、制定周期最长、标准篇幅最大，以及参加制定的成员最多、参加起草的专家人数最多、参加工作的组织（相关的利益集团）最多的国际社会责任标准。前文对我国企业社会责任的信息披露分析也是以《社会责任指南》为标准进行相关的描述性统计。由于此前已以此为蓝本对社会责任披露的现状进行过分析与介绍，故在接下来的分析中，我们在大量查阅国外企业社会责任相关标准的基础之上，从中选用 GRI 的 G3 标准[①]这

① 2016 年 10 月 4~6 日，GRI 在荷兰阿姆斯特丹发布了《可持续发展报告指南》第三版（G3）。

项国际上利益相关者普遍认可的可持续发展报告来对我国企业社会责任的信息传递与国际标准中存在的差异进行比较分析。

在社会责任报告质量原则的相关规定方面，GRI 针对报告应具备的质量水平制定了如下原则：平衡原则、可比性原则、准确性原则、时间性原则、透明度原则和可靠性原则。平衡原则要求在编制企业社会责任报告时，需要既包括积极部分，也包括消极部分，使责任报告能够获得公正、真实性的评价，而我国现存社会责任报告普遍存在的问题是，对于积极信息过多地描述，而消极信息一笔带过或存在失真，绝大部分社会责任报告对负面信息采用回避的态度，在本书的样本中，仅有 19 个样本披露了企业的负面信息；可比性原则要求对问题和信息的选择、编辑和报告采取一致的方式，报告信息陈述的方式能使利益相关者分析随时间变化的企业的表现，我国上市公司 2012~2014 年三年的社会责任报告的基本内容与编写的形式都未进行明显变更，基本与相关规定吻合；准确性原则即企业在编写责任报告时，内容应当详细准确，不能夸大与缺失，但从前面相关内容中可得出，我国社会责任报告普遍存在积极内容被夸大，文字性描述所占比重大而相关数据证明缺乏，真实性与客观性均存在问题，不符合此项原则的要求；时间性原则即企业应当在规定时间段内及时地公布社会责任报告，而从前文相关分析看，我国的上市公司每年都会披露相关社会责任信息，提供报告，符合本原则的要求；透明度原则即要求社会责任报告的内容简明易懂，便于利益相关者理解与快速获取相关信息，目前我国深市和沪市上市公司一般选择在证券交易所网页上公布其社会责任报告，利益相关者下载即可获得，编写方法上一般多图表形式，便于阅读者理解，因而此方面较为符合相关原则要求；可靠性原则即报告当中涉及的所有信息，其收集、记录、编辑、分析和披露流程都要能够通过相关部门的审核，但我国只有少数大规模的上市公司能够通过审核并能够公布审核结果，因而这方面并不能够完全符合可靠性原则的要求。

在具体内容披露标准方面，GRI 的标准格式是：第一，简介；第二，相关管理办法；第三，评价指标。目前我国已公布的企业社会责任报告都能涵盖公司简介、董事长声明、公司所有权性质方面的内容，但是，我国的社会责任报告中并没有严格地对业绩评价指标中的核心指标与一般指标进行区分，并且，社会责任报告文字性描述占比较大，缺乏相关数据支撑，这是不规范，也是不充分的。

《社会责任指南》要求上市公司在报告发布时标注其 GRI 报告框架的等级（A 级、B 级和 C 级——分别对应不同的应用标准或覆盖范围），即对于报告撰写中所涉及的要素进行明确规定，而我国上市公司提供的社会责任报告中普遍对此并未涉及，少数大规模的上市公司在报告后面附有 GRI 指标对照表，但是并未标明应用等级，这也是不符合规范的。

5.3.3　我国企业社会责任信息传递充分性现状与发达国家模范企业的比较

本书选取壳牌石油和中国石油 2012 年、2013 年、2014 年三年公布的社会责任报告进行对比分析，以探讨我国企业在社会责任相关信息披露上与西方国家存在的不同，是否有需要改进的方面。中国石油在“财富世界 500 强”的评选中，于 2012~2014 年的排名分别位于第五位、第四位、第四位。而壳牌石油在 2012~2014 年的排名分别为第一位、第一位、第二位。这两家公司在行业类型、总体规模上相似，具有比较价值。根据中国社会科学院公布的《中国企业社会责任研究报告》，两家公司均上榜，其中，中国石油在 2012~2014 年，行业内排名分别排第二位、第三位、第四位。而壳牌石油在 2012~2014 年行业内排名分别排第六位、第六位、第五位，可以看出，两家公司在财富与社会责任排名方面均有靠近趋势。

在社会责任报告名称方面，中国石油于 2009 年将“社会责任报告”更名为“可持续发展报告”，这一点与国际上的大部分上市公司是相同的，也是一项具有进步意义的改进。这两类名称所代表的信息的披露没有太大不同，但是后者在涵盖社会责任相关内容的同时，还增添了企业、服务环境、企业员工与社会之间的统一协调与可持续发展方面的内容。随着社会责任的发展与企业战略的升华，壳牌石油会不断变更每年的社会责任发展披露报告的主题。例如，壳牌石油在 2012 年的可持续发展报告主题是“重视长期挑战”，而 2013 年则是“建立政府、企业和社会之间的互信”，随着社会大环境的改变，其 2014 年的可持续发展报告为“清洁能源”，与之相对应的是，中国石油连续三年的可持续发展报告主题都是“奉献能源，创造和谐”，可持续发展报告建立根据发展而变的具体主题，有利于更清晰地突出企业履行社会责任的目标，值得借鉴与学习。

在社会责任报告所涵盖的内容总量方面，德国 Pleon 咨询公司的相关调查显示，希望社会责任报告在 50 页以上的报告使用者仅占调查总人数的 30%，剩下的 70%的报告使用者希望社会责任报告的篇幅在 50 页以下，总体而言，社会责任报告设计在 50 页左右较为合适，以这方面进行比较，壳牌石油的社会责任报告在三年期间一直控制在 50 页以内，44 页左右，内容精炼，而中国石油的报告在 2012 年与 2013 年均在 90 页以上，但是在 2014 年降至 36 页。由此看出，壳牌石油的篇幅较为合适，而中国石油也在不断改进，与国际上趋同，越来越合理化、实用化。

在社会责任报告的具体内容方面，首先，两家公司的侧重点不同。中国石油在环境、员工与政府承担的责任方面的内容就占了 50%以上，而壳牌石油却重视经济、环境与社会责任的编写。其次，定性披露与定量披露偏好差异。在定性披露方面，中国石油偏向使用小案例，为报告增添可读性色彩。例如，中国石油在 2014 年的报告中使用了 29 个小案例。而壳牌石油明显偏好定量披露。例如，壳牌石油在 2014 年的可持续发展报告中使用了 23 个图表，在环境数据信息方面的图表，中国石油与其存在差距，因此，中国石油在定量披露方面依然需要改进。

5.4　本 章 小 结

综上所述，可以看出，2012~2014 年社会责任信息披露的整体情况有以下特点：①社会责任报告披露数量稳步上升，增幅也比较稳定；②大部分企业披露社会责任的方式以文字性叙述为主，其内容并不全面，与国际标准还有一定距离，报告中对于数据类的内容太少，使企业社会责任的信息质量不太高。总体来看，我国上市公司目前的社会责任信息传递水平与广大的利益相关者的期望还有很大的距离，企业社会责任的信息披露未能达到充分性的要求。

从企业性质、行业状况、企业规模、所在地区四个角度的分析可以发现，我国上市公司的社会责任披露充分性存在以下特点。

（1）披露数量方面。国有企业披露社会责任报告数量稳步上升，非国有企业披露数量在波动中上升；行业划分中制造业披露社会责任报告数量最多；企业规模对披露社会责任信息有重大影响，规模越大，越有进行社会责任信息披露的意愿和能力，而且其承担社会责任的范围更广泛；经济越发达的地区，披露企业社会责任信息的数量越多。

（2）披露方式方面。总的来说，上市公司采用文字叙述方式进行社会责任履行情况披露占社会责任报告的绝大部分，中国的企业在撰写社会责任报告时，文字性描述占总篇幅比重较大，由于缺乏相关的数据支撑而内容相对空洞，不能完全符合报告阅读者的需求。其中，国有企业在文字与数据的综合性描述方面强于非国有企业，内容设计上也更加全面，能够较为完整地符合法律监管部门与证券交易所的规定，但是还是难以避免过度宣传的问题，有待改进。此外，大规模的上市公司相较其他公司在报告内容上更加完整全面，而地区性差异对于披露方式的影响并不大。

（3）选择性披露方面。我国的上市公司重视在社会责任报告中披露企业员工履行责任的总体情况，而缺乏报告使用者所需要的真实产品信息与债权人责任的相关数据，仅少数上市公司在报告中披露了资产负债率等财务信息，而速动比率与应付账款平均支付周期数据甚至并未包含。另外，据本书研究，选取的1 899 个样本中仅仅有 28 家公司以内容或数据形式披露自身的消极信息，由此可见，上市公司普遍倾向于公布有利信息而回避消极信息，但是对于利益相关者来说，公司的消极信息是非常重要的。这一点需要重视及改进。

（4）第三方审验报告方面。根据相关规定的要求，企业的社会责任报告需要提交第三方进行审核，而在我国，只有少数的大规模的上市公司履行了这项规范，其余公司对审核报告的披露并不充分。这种情况会使企业提供的社会责任报告缺乏真实性与可靠性，影响报告的效果与作用，需要改进与完善。

除此之外，本书对我国企业社会责任信息传递充分性的现状进行分析后，将我国相关法规、国际上现行法规与发达国家模范企业的信息传递充分性现状进行了综合对比，得出结论：我国企业社会责任信息披露较为符合我国的相关法规，但我国的相关法规与国外社会责任信息披露规范相比还有较大差距，因此相关法规应当尽快向国际先进水平靠拢，制定完整的社会责任报告体系；我国企业披露的社会责任报告与国际标准的模范企业所提供的报告尚存在一定差距，我国的社会责任报告往往缺乏数据支撑，存在较多不披露审核报告的情况，对定量信息的披露不完善，存在回避消极信息的状况，缺乏可靠性，在内容、形式、结构、模式各方面都有较大的发展空间。

第6章　企业社会责任信息传递与品牌价值的相关性研究

正如本书在前面的章节中所阐述的那样，企业社会责任信息披露在西方国家中更多的是将强制和自愿两种方式相结合，迄今为止，我国企业社会责任信息披露现状并不十分令人满意，信息披露涉及的范围和信息披露的具体内容两方面都需要改善。目前我国企业社会责任披露的标准一般参考的是2006年的深市上市公司社会责任指引，以及由GRI发布的G3标准，有关企业社会责任制度的建设和执行情况、实际履行情况和该指引之间的差距、相应的政策建议等内容都应该纳入企业社会责任报告中。有诸多因素影响企业社会责任信息披露，企业规模和其营利能力是目前基本得到公认的。国内外学者一般从两个角度研究企业社会责任信息披露：其一是研究影响企业社会责任信息披露的因素；其二是企业社会责任信息披露会影响企业的哪些方面。在研究过程中，学者们分别分析了财务杠杆、企业规模、融资需求和资本成本等方面对企业社会责任信息披露的影响。企业社会责任信息披露对企业绩效的影响是一个复杂的过程，学者们也持有不同的研究结论，这主要是因为企业绩效是诸多因素综合作用下的结果，单一研究很难全面构建出最完善的模型。但是，每个学者的研究都以其独特的视角为企业社会责任的理论和实务做出了贡献。本书将以企业品牌价值为研究视角，探讨企业社会责任信息披露对企业绩效的影响，希望可以为企业社会责任的相关研究提供一个可能的新思路，并贡献绵薄之力。

6.1　企业社会责任与品牌价值

6.1.1　企业社会责任履行、企业社会责任信息传递与企业声誉

1. 企业声誉的理论渊源

企业声誉是一个长期效应，是各利益相关者在对比其他竞争企业之后，对企

业的一个综合评价的结果（Gotsi and Wilson，2001）。起初，学者们一直认为企业声誉只是保障契约可以按约定实施的一种工具。20 世纪 80 年代，研究视角开始转移到企业声誉对企业决策的影响机制上。Fombrun 和 Shanley（1990）较为系统地探究了企业声誉理论，他认为，企业声誉涉及的学科领域十分广泛，如博弈论、品牌策略、会计学、产业组织学、社会学等。

企业声誉是企业的各利益相关者对企业综合水平进行评价的反映，是从整体上对企业的感知，这正是声誉所强调的重点。一项针对全球代表性企业的研究结果显示，营利能力、企业声誉以及产品服务是企业取得成功的最重要的三个因素，显然，企业声誉是很重要的因素。

邓晓辉（2004）系统梳理了企业声誉的相关文献，他认为目前我国企业声誉的学术定义和具体属性界定都不明确，企业声誉的定义过于宽泛和理论化，与管理实践脱节严重，并且其评价方法也需要完善。宝贡敏和徐碧祥（2007）主要研究企业声誉的评价方法，并依据其评价方法有针对地对企业提高其声誉提供相关建议。

2. 声誉资本

凯文·杰克逊在《声誉管理》中提出了“声誉资本”的概念，学术界对企业声誉的相关研究也从单纯的理论开始向战略方向深入。他认为企业的声誉资本是非常重要的一项战略资本，公平诚信的行为准则是企业的立身之本，因此公平、诚信二者的重要性远超其他物质性的资本，是商业竞争中的关键性因素，在企业发展过程中有着至关重要的作用。部分学者认为，或许“声誉资产”这一说法表达更加恰当，“资本”一般是指可以受股东支配，并且能够为企业的长远利益做出贡献的原始资金，是价值的概念；“资产”则是指未来能够给企业带来经济利益流入的资源，是资金的各种表现形式，可以是物质的，也可以是非物质的，是一个静态概念，声誉资本更加关注的，是企业声誉的价值形成机制，而声誉资产关注的是声誉价值形成后的静态性表现结果。例如，一个新创立的公司，创立之初，有一个基础声誉，这也是一个静态的值，这个静态的声誉值最可能是零，当然，也可能是正的，甚至是负的，企业经过持续经营，媒体宣传、管理行为等会让企业的各利益相关者对企业形成印象，这些印象也是因不同企业而异的，这些不同的印象和感知，就形成了现在所说的信誉，而这个由感知到信誉的动态过程就是声誉资本化的过程，而最终的成果就是声誉资产。企业长期生产经营，不断积累的就是企业声誉，从而为企业价值最大化做出贡献。

企业信誉经过长期积累，利益相关者就会对企业的印象产生良好的印象，这也属于一种无形资产。Kreps 等（1982）认为声誉的实质是“认知（感知）”，这是在信息不对称的前提下，双方在行为认知上面产生的偏差，而随着时间推移，偏差也在更新，包括两者之间的信息博弈。这意味着企业声誉可以成为公司长期以来的最佳表现，同时，从各利益相关者的角度来说，企业声誉则是他们对企业行为进行推断的依据。正因为如此，企业声誉可以为企业创造价值。

3. 企业声誉的中介效应

向外界传达信息给各利益相关者是有一种特定的传导效应的，本书称其为中介效应。通过中介效应，企业声誉可以使企业充分调动社会资源，同时，员工也会对企业有更高的认同度，相应提供的工作质量更高，更能吸引潜在的消费者和维系已有的消费者的客户忠诚度。

李海芹和张子刚（2010）研究企业社会责任和顾客忠诚度之间的相关性，并以企业声誉作为介质。研究发现企业声誉可以使企业社会责任对顾客忠诚度的作用得到加强，企业声誉是中介变量。并且，他认为企业声誉应该包含两个方面：其一为情感声誉；其二为认知声誉。通过研究发现，这种中介作用在认知维度能够有部分作用，但是在情感维度则没有。霍彬和周燕华（2014）采用实证的研究方法，同样证实了企业声誉在二者之间的中介作用。

4. 企业社会责任表现与企业声誉

企业社会责任表现会对企业声誉产生正面影响，这个观点基本得到了国内外学者的认可，如 Fombrun 和 Shanley（1990）将企业慈善行为作为研究对象，研究结果就证明了上述观点。Roberts（1992）有着相同的观点，认为良好的社会责任表现会影响企业声誉，进而在较长时期增加企业的可持续营利能力。Zairi 和 Peters（2002）也指出，企业的利益相关者会对企业履行社会责任的行为进行认可，从而使企业声誉在各方面均得到提升，最终提升企业的经营绩效。同样，Berrone 和 Gomez-Mejia（2009）认为企业主动履行社会责任可以增强企业的核心竞争力，最终可以对企业声誉产生积极影响。

任巧巧（2006）就企业社会责任与企业声誉之间的关系开展论述，他认为，作为对企业声誉进行评级的重要指标，企业社会责任所显示的良好的企业社会责任的履行记录，可以有效提升企业声誉。他认为企业应该主动地履行社会责任，而企业的人力资源部门则应该主动制定有关企业社会责任战略。李泉洲等（2012）将某 MBA（master of business administration，即工商管理硕士）班级的学员作为调查研究的对象，构建企业社会责任、企业声誉以及员工满意度的计量模型，运用实证的方法检验得出：企业社会责任可以有效提升企业信誉，企业声誉也可以对员工满意度产生积极影响，同时，企业社会责任可以通过企业声誉影响员工满意度，即企业声誉在企业社会责任影响员工满意度的过程中有重要作用。汪凤桂和戴朝旭（2012）将企业社会责任与企业声誉关系的文献进行系统梳理，并且建议企业在制定整体战略时，应当将企业社会责任纳入战略中去。本书也有相似的观点，企业应当将各利益相关者之间的差异性区分开，并且努力满足其中主要的利益相关者的利益需求。

5. 社会责任信息传递与企业声誉

Adams（2008）通过研究发现，如果企业主动发布社会责任报告，将会对企业声誉有正向的影响作用，如果社会责任报告中存在负面的信息，这也会使企业更加注重名誉的提升。换句话说，企业社会责任影响企业竞争力是通过企业声誉这个传导介质来实现的。

李新娥（2010）选取2008年的“中国企业500强”的企业为样本进行分析，实证检验结果显示：企业社会责任信息披露可以显著提升企业声誉，廉春慧和唐婉虹（2010）认为前人有关企业社会责任和企业绩效之间的互动关系尚未形成统一的结论，主要原因是其中的中介变量并未得到很好的界定。而他们相信，企业之所以会履行社会责任并自愿披露社会责任报告，主要是为了提升企业声誉。他们经过实证的检验手法，证明了由于企业声誉的影响，企业社会责任对企业绩效的积极影响更加显著。沈洪涛等（2011）采用2008年和2009年的数据，实证检验了企业社会责任报告和企业社会责任报告鉴定对于企业声誉所产生的影响。研究结果显示，企业社会责任表现对企业声誉有显著的正向影响，企业社会责任报告是提高企业社会责任表现对企业声誉正向影响的中介变量，但并未得出企业社会责任报告鉴定可以增强企业社会责任表现对企业声誉的影响这一结论。

6. 本节小结

本节对企业社会责任履行、企业社会责任信息传递和企业声誉关系的文献进行了简要的回顾，企业社会责任可以影响企业绩效，而企业声誉是二者关系的“二传手”，对企业的长远经营十分有利，并且具有“资产”的特征，因此有的学者称企业声誉为“声誉资本”。企业声誉有中介效应，可以使企业社会责任对企业的积极作用更多，因此，在企业声誉的影响下，企业社会责任对企业的长期可持续的营利能力有着显著的积极作用。大量学者的研究显示，企业社会责任履责与信息披露对企业声誉也有着显著的正向影响，从而对企业声誉最直接的体现——品牌价值产生了正向的影响。

6.1.2　企业社会责任、企业声誉、品牌价值

1. 品牌价值定义及内涵

学者们从多个角度对品牌价值的内涵进行过阐述，本书梳理后认为，主要有两个角度：其一是财务角度；其二是顾客角度。

财务角度，Bonner 和 Nelson（1985）认为，品牌价值是指一种商誉，是依附于品牌名称的。国内学者符国群（1999）认为品牌价值主要体现商标价值，并且这主要是顾客所创造的，可以在将来给企业带来超额收益，张传忠（2002）认为品牌价值主要是指为企业和顾客带来的、超越产品本身的价值。

顾客角度，美国营销科学研究院相信主要是由于顾客对于品牌的认可，企业会获得更多的销售额，并增加利润，这成为企业的个性化的“核心竞争力”。范秀成（2000）认为主要是企业的营销效果良好，才使品牌的产品和服务能够获得额外的收益，黄合水和彭聃龄（2002）认为主要是以“品牌名称”为基础，加之品牌营销和顾客体验，二者的共同作用才形成品牌价值。Keller（1993）则认为主要是顾客对品牌的主观意识影响了顾客的购买选择。

经过对上述文献的梳理发现，财务角度有关品牌价值的定义主要是从财务内涵出发，认为品牌可以为企业带来经济利益的流入；顾客角度则是从品牌对企业利润的影响来定义，并且认为品牌主要是通过顾客这一群体的放大作用，进而影响企业利润。

2. 企业声誉与品牌价值

研究企业声誉和品牌价值之间关系的文献相对较少，且主要是从顾客忠诚度的角度来探讨。Roberts 和 Dowling（1997）通过研究发现，如果企业声誉良好，消费者就会对企业的产品和服务更加青睐，减少信息不对称的负面影响，消费者的购买次数也会因此而增加。Lafferty 和 Goldsmith（1999）也认为企业声誉如果良好，可以使顾客的购买欲望更加强烈，因此增加消费。Tang 等（2012）也有类似的观点，他认为企业声誉能够对顾客忠诚度和顾客满意度产生积极影响。王广伟（2008）认为良好的企业声誉不仅可以吸引新顾客，还会使老顾客对企业更加信任。总之，企业声誉可以增加销量。

AMAC（American most admired company，即全美最受尊敬企业）、RQ（corporate reputation quotient，即声誉商数）以及 BMAC（British most admired company，即英国最受尊敬企业）有关企业声誉的评分标准并不完全一致，但是综合其评分标准后发现，企业声誉和品牌价值有三个共同的维度需要关注，即产

品、盈利和员工。

通过梳理，本书认为，为了提高顾客和企业之间的紧密度，企业声誉在其中起到了“黏合剂”的重要作用。简而言之，通过提升企业声誉，可以有效地提升品牌价值。

3. 企业社会责任与品牌价值

1）国外关于企业社会责任与品牌价值关系的相关研究

国外学者对企业社会责任与品牌价值关系的关注始于 20 世纪 90 年代，Sen 和 Bhattacharya（2001）尝试构建起以消费者为核心的企业社会责任权变组织架构，他们采用的主要研究方法是访谈和调查问卷。经过研究发现，企业所进行的社会责任活动，可以改进其在顾客头脑中的观念，进而影响顾客的行为，提升顾客的忠诚度。Handelman 和 Arnold（1999）对企业社会责任与品牌价值的关系进行研究（采用了情景实验法）后，有如下发现：企业社会责任对零售商店有较大影响，当社区居民获悉某零售商店平时从不积极参与和支持社区相关活动，在慈善事业方面态度消极，或拒绝批发本国的产品时，不管该商店产品是不是种类丰富、物美价廉、交通便利，其顾客流量都较低；反之则社区居民口耳相传，顾客流量大幅上升。因此该实验证明企业的社会责任对品牌价值有相当重要的正向影响。Chu 和 Keh（2006）认为企业声誉的评价指标应当包含品牌价值这一要素。Schnietz 和 Epstein（2005）也同样认为，企业社会责任是对品牌价值产生积极影响的重要因素之一。

2）国内关于企业社会责任与品牌价值关系的相关研究

近年来，我国学者越来越关注企业社会责任与品牌价值之间的相关性。衣凤鹏（2013）在利益相关者理论的基础之上，分析了企业社会责任影响品牌价值的路径，并且对各利益相关者的重要性进行了区分。他认为企业社会责任和品牌价值之间的关系是相互的，企业社会责任给品牌价值提供资源主要是通过各利益相关者，最后建议企业在制定长期战略时要将企业社会责任考虑进去。宋洪义（2012）将企业社会责任划分为“强制性”和“非强制性”两类，在建立品牌竞争力的评价指标体系的基础上，研究了企业社会责任对品牌价值的影响（主要采取的问卷调查的方式）。研究结果显示，无论是对品牌的基础能力、管理能力还是市场能力，企业社会责任都能产生积极的影响。

辛杰和廖小平（2013）在研究中则考虑了儒家文化的因素，他们站在道德的高度，综合运用调查研究和专家访谈相结合的方式对企业社会责任展开研究。根据研究结果，他们指出，消费者对企业社会责任的感知扮演着向品牌价值传递的中介作用。新颖的研究视角，使企业社会责任的研究视野进一步开阔，也同时更进一步证明了：企业社会责任的履行对企业有毋庸置疑的正向影响。

至于实证研究，国内目前相对较少，而且其中主要以截面数据为主，而企业社会责任的信息传递是具有一定的时效性的，现有的研究在这方面并未能充分考虑。张鹏冲（2010）以实证的研究方法检验了企业社会责任信息披露和品牌价值之间的关系，研究发现二者之间相关度较高。但遗憾的是，该文对企业社会责任信息传递对品牌价值的影响未能做进一步深入分析，特别是在模型设计和变量设定中未充分考虑到企业社会责任传导到品牌价值需要一定的时间。

4. 本节小结

本书分析了品牌价值的内涵，并且通过前面的文献梳理，简要概述了企业声誉、企业社会责任这二者对品牌价值的影响，本书试图在系统回顾前人文献的基础上，得到有关企业社会责任影响品牌价值的学术证据。如果站在品牌的角度，企业声誉就是品牌价值，Fan（2005）认为企业声誉包含品牌价值，也就是说，品牌价值是企业声誉的有机组成部分。经过以上的文献梳理，本书得出以下结论：消费者的认知和对企业的相关评价受企业社会责任的影响，企业社会责任可以对企业声誉产生正向影响，同时企业声誉又可以对品牌价值产生积极的正面影响。在企业积极履行社会责任的背景下，消费者将会有更多意愿购买该企业的产品和服务，企业的销量就会增长，加之企业有意识地提高企业声誉，产生的良性效应就是企业的品牌价值得到提升；同时，如果企业的品牌价值得到增长，也会使企业更加积极地履行社会责任，这是一个双向的良性循环。总之，本书认为，企业社会责任无疑可以改善企业声誉，与此同时，也能够提升企业的品牌价值。

6.1.3　企业社会责任影响品牌价值的逻辑框架

前两小节中，沿着社会责任影响品牌价值的逻辑路径，本书综合阐述了前人的研究成果，并系统梳理了相关的理论基础，在此基础上所获得的理论支撑是：企业社会责任“表现的好坏与否”和“信息披露的充分与否”两方面对企业的品牌价值具有直接的影响。企业社会责任的优异表现可以满足利益相关者最基本的利益诉求；而企业社会责任信息的充分披露则能够将企业的社会责任履行的具体情况进行传达，以社会上更广义的利益相关者为对象，传达企业的战略规划原则、企业社会责任的履行情况以及当前企业的经营状况等，从而提高企业声誉，即提升企业的品牌形象。由此，本书得出的结论是，企业社会责任的“优异表现”和“信息充分披露”会对企业的品牌价值产生积极的正向影响，具体影响路径如图 6-1 所示。

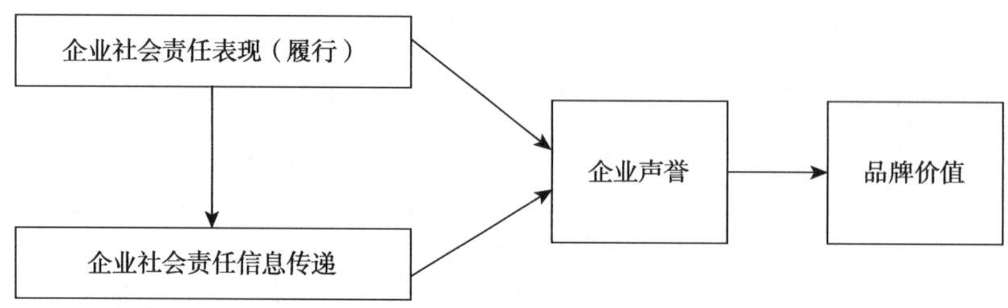

图 6-1 企业社会责任信息披露对企业品牌价值影响路径图

依据上文的分析，本书将运用实证的检验手法，检验“企业社会责任表现（履行）”以及“企业社会责任信息传递”这二者对品牌价值所产生的影响。实证检验的方法可以丰富企业社会责任理论研究的成果。

6.2 研究设计及实证结果分析

6.2.1 研究假设

履行企业社会责任不仅仅是法律和道德上对企业的约束，更是从企业的长期经营角度做出的理性选择。Roberts 和 Dowling（2002）认为，如果企业积极履行社会责任，可以维持长久的企业声誉，而连接企业社会责任和企业价值的纽带，则是作为企业声誉的一部分的“品牌价值”（Fan，2005）。

本书首先假定，消费者对企业履行社会责任的预期是中性的（理论依据为信号传递理论），也就是说，消费者认为企业主动履行社会责任和不履行社会责任的概率是一样的，各占 50%；再假定，社会责任良好的企业称为 A 类企业，其企业披露社会责任信息的概率是 90%，而社会责任感并不太良好的企业则称为 B 类企业，其披露社会责任信息的概率是 30%；如果假定信号传递的行为被称为 a，则不传递信号的行为被称为 b。根据上述的假定，则有 P（A）=0.5，P（B）=0.5，P（a/A）=0.9，P（b/A）=0.1，P（a/B）=0.3，P（b/B）=0.7。

如果消费者接收到企业社会责任的相关信号，且认为这家企业是一个社会责任感良好的企业，这样的概率为

$$P(\mathrm{A}/\mathrm{a})=\frac{P(\mathrm{a}/\mathrm{A})P(\mathrm{A})}{P(\mathrm{a}/\mathrm{A})P(\mathrm{A})+P(\mathrm{a}/\mathrm{B})P(\mathrm{B})}=\frac{3}{4}$$

消费者认为该企业是一家社会责任感欠缺的企业的概率则为：P（B/a）=1/4。

如果消费者并未接收到企业社会责任的相关信号，则可以认为这家企业是一个社会责任感良好的企业，这样的概率为

$$P(A/b)=\frac{P(b/A)P(A)}{P(b/A)P(A)+P(b/B)P(B)}=\frac{1}{8}$$

消费者认为该企业是一家社会责任感欠缺的企业的概率则为 P（B/b）=7/8。

在接收到企业社会责任信号后，如果消费者认为该企业是社会责任感良好企业的概率大于未接收到企业社会责任相关信号之时，我们可以相信，这是由于企业社会责任的信息披露，加强了消费者对企业的好感，增强了品牌价值。

以上述分析为基础，本书提出以下的假设：

$H_{6\text{-}1a}$：企业社会责任履行能够增加企业的品牌价值。

$H_{6\text{-}1b}$：企业社会责任信息披露能够增加企业的品牌价值。

我国以政府部门为代表的利益相关者近年来对企业社会责任日益关注，并相继出台了一些管理规定，推动了我国企业社会责任的发展。例如，2006 年深交所发布我国首份上市公司社会责任指引；2007 年，国务院国资委发布《关于中央企业履行社会责任的指导意见》，首次以规章制度的形式对央企的社会责任活动进行了规范。财政部于 2010 年发布《企业内部控制配套指引》，对有关企业社会责任方面的风险管控做出了指引（见指引的内部环境控制部分）；除央企外，我国部分地方政府也越来越重视企业社会责任，不断制定出相应的文件来规范企业的社会责任行为，提出了对中小企业的社会责任方面的要求。例如，杭州市制定了《杭州市企业社会责任评价体系》。又如，浦东新区以地方政府的名义发布了社会责任报告，这在我国尚属首次，也显示出上海在企业社会责任履行方面走在中国前列。另外，中小企业合作发展促进中心、中小企业全国理事会于 2013 年底发布《中国中小企业社会责任指南》，从四个方面（员工方面、环境方面、市场方面、社区方面）对中小企业提出了具体的指引和要求。

随着政府的重视和参与其中，我国社会责任事业越来越成熟，市场反应也越来越强烈。

通过上述分析，本书提出如下假设。

$H_{6\text{-}2}$：企业社会责任履行对企业品牌价值的影响，会随着时间的推移逐步加强。

基于信号传递理论的内容，为了消除与利益相关者之间的信息不对称的情况，向利益相关者（包括潜在投资者）发布积极的信息是大部分企业的行动倾向，通过信息的传递将本企业形象与其他类似企业区分开来，吸引投资者的关注，以推动企业股价的上扬。因此，社会责任信息这种正向的信息可以向企业利益相关者传递企业良好的道德素养和优良的企业文化信息，提升企业的品牌价值。为考察信号传递的时效性，本书将关注解释变量中的企业社会责任表现与企业社会责任信息披露这两个变量，分别考察：二者分别对被解释变量的影响；二者与之后一年、两年的被解释变量之间的相关性强弱。如果相关性逐渐增强，那么时效性较弱，反之则较强。鉴于我国目前的市场经济还不是十分完善，本书预计：如果时间滞后两年，那么时效性降低的幅度应该很大，即如果时间推迟到之后两年，企业社会责任表现和信息披露对品牌价值的影响比起滞后一期会大幅下降。

因此，本书提出如下假设：

$H_{6\text{-}3}$：企业社会责任信息的信号传递具有强时效性，当年的社会责任信息对当年的品牌价值影响比滞后一年深；当年的社会责任信息对滞后一年的品牌价值影响比滞后两年深。

6.2.2　样本、变量选择及数据来源

1. 样本与数据来源

本书选取 2012~2014 年中国社会科学院发布的《中国企业社会责任研究报告》中“中国国有（民营）企业社会责任 100 强企业”属于沪深 A 股上市公司的企业为研究样本。该企业社会责任发展指数是相对综合的指数，延续了“四位一体”（责任管理、市场、社会、环境）的企业社会责任模型，并且参考了 ISO 26000 等国际企业社会责任指数、国内的企业社会责任倡议文件以及世界 500 强的企业社会责任报告指标，多管齐下（涵盖了企业社会责任报告、年报、企业官网等）收集信息，对企业的企业社会责任信息进行内容的分析和定量的评价后得出企业社会责任发展指数的初始得分，然后综合相关因素（奖项、缺失以及创新管理等）进行适当的调整，从而得到企业社会责任发展指数的最终得分和排名。

同时，本书选取了 2012~2014 年《中国 500 最具价值品牌排行榜》（由中国品牌高峰会发布）中的企业作为研究样本进行分析。此排行榜所依据的是企业的品牌价值得分，中国的著名品牌都被基本涵盖其中。该榜单运用数学方法，综合了企业的财务数据、品牌下的产品和服务、企业利润中的品牌贡献值等因素，较为客观科学地对企业的盈利趋势进行了预测，相对全面地考察了企业的品牌价值。

本书将 2012~2014 年中国最有价值 500 强企业和社会责任排名 300 强企业中重合的企业选取出来，作为本书的研究样本，并且剔除了其中数据不全的企业和港股等企业。为了避开异常值可能产生的不良影响，本书删除了品牌价值处于 99%分位之上的观测值和 1%分位之下的观测值，最终取得 120 个有效初始样本。

本书认为，上市公司公告全文中是否包含了企业社会责任报告，是一个重要的衡量企业社会责任信息披露程度的指标。因此，在本书的分析中，如果企业当

年发布了企业社会责任报告，则取值为 1；如果当年没有发布，则取值为 0。本书使用的是SPSS的统计分析软件，所分析的数据来源于RESSET数据库、巨潮资讯网，并手工收集了部分来源于上市公司年报的数据。

2. 变量选择

本书主要研究企业社会责任的履行和披露这两个方面对品牌价值的影响，所以本书的被解释变量是品牌价值；解释变量为社会责任发展指数和企业社会责任信息披露状况。

众所周知，财务的衡量指标主要有两个方面：其一是利润总额、ROA（return on assets，即资产收益率）等会计上的指标；其二是托宾 Q 值、MVA（market value added，即市场增加值）、市盈率等市场数据指标。为了能够顺利获取有效数据，本书选取 MVA（企业市场价值与投入资本的差额）来衡量财务绩效（Berrone et al.，2007；Roberts and Dowling，2002；Prior et al.，2008）。MVA 能够切实反映出企业创造出的财富，同时也是外部评价公司业绩的最佳指标。

另外，规模是影响品牌价值的重要因素，因此本书选取了总资产作为控制变量。

依据国外学者的研究结论，不同行业或者即使是相同行业的不同企业所面临的个别风险是不相同的，因此可能会对品牌价值产生影响。由于个别股票相对于整个股市的价格波动情况可以用 β 系数进行衡量，因而本书考虑将 β 系数作为控制变量，作为企业市场风险的衡量标准。

曾有学者经过研究后发现，研发支出对企业的品牌价值会产生影响（McWilliams et al.，2006），因此本书选取 R&D 来分析研发支出对品牌价值的影响。具体地，本书采用了无形资产占总资产的比例来代表 R&D 指标（Cox et al.，2008）。具体指标设计如表 6-1 所示。

表 6-1　变量定义表

变量性质	变量含义	符号	变量说明
被解释变量	企业品牌价值	Brand	取中国品牌高峰会发布的《中国 500 最具价值品牌排行榜》品牌价值得分
解释变量	企业社会责任履行程度	CSR	取中国社会科学院发布的蓝皮书《中国企业社会责任研究报告》中的社会责任发展指数
	企业社会责任披露与否	Disclosure	当年披露社会责任报告为 1，否则为 0
控制变量	市场附加值	MVA	企业市场价值与投入资本的差额
	企业规模	Size	企业的总资产
	企业风险	Risk	取自 RESSET 数据库以总市值加权的 β 系数
	研发支出	R&D	取自企业披露的年报数据

6.2.3　模型设计

为了检验 H_{6-1} 和 H_{6-2}，本书建立了如下回归模型：

$$\begin{aligned}\text{Brand}_{it} &= \alpha + \beta_1\text{CSR}_{it} + \beta_2\text{Disclosure}_{it} + \beta_3\text{MVA}_{it} \\ &\quad + \beta_4\text{Size}_{it} + \beta_5\text{Risk}_{it} + \beta_6\text{R\&D}_{it} + \alpha_i + \mu_{it}\end{aligned} \qquad (6\text{-}1)$$

依据 H_{6-1}，我们预期 β_1 和 β_2 的符号应当为正。

依据 H_{6-2}，我们预期 β_1 和 β_2 的符号应当为正，并且相关系数应该逐年增大。

本书建立了如下回归模型用以检验 H_{6-3}：

$$\begin{aligned}\text{Brand}_{it+1} &= \alpha + \beta_1\text{CSR}_{it} + \beta_2\text{Disclosure}_{it} + \beta_3\text{MVA}_{it+1} \\ &\quad + \beta_4\text{Size}_{it+1} + \beta_5\text{Risk}_{it+1} + \beta_6\text{R\&D}_{it+1} + \alpha_i + \mu_{it+1}\end{aligned} \qquad (6\text{-}2)$$

$$\begin{aligned}\text{Brand}_{it+2} &= \alpha + \beta_1\text{CSR}_{it} + \beta_2\text{Disclosure}_{it+2} + \beta_3\text{MVA}_{it+2} \\ &\quad + \beta_4\text{Size}_{it+2} + \beta_5\text{Risk}_{it+2} + \beta_6\text{R\&D}_{it+2} + \alpha_i + \mu_{it+2}\end{aligned} \qquad (6\text{-}3)$$

依据 H_{6-3}，本书预期模型（6-3）中的 β_1 和 β_2 的符号应当显著为正，并且小于模型（6-1）、模型（6-2）中 β_1、β_2。

本书预期模型（6-2）中 β_1 和 β_2 的符号应当显著为正，并且应当小于模型（6-1）中 β_1、β_2。

6.2.4　实证结果分析

1. 变量的描述性统计分析

表 6-2 是样本的描述性统计结果。从表 6-2 中可以得知，在 2012~2014 年，企业的品牌价值评分结果存在较大差距：2014 年中国工商银行的品牌价值评分最高，为 2 562.19；2012 年红豆集团的品牌价值评分最低，为 31.87。本书所选取的样本均来源于中国企业300强，因此企业社会责任履行和企业社会责任的信息披露的均值都处于相对偏上的水平，其中企业社会责任履行最低的是沙钢集团，得分为 3.7，得分最高的是中石化，均值是 86.60。整体来看，本书选取的样本基本符合正态分布。

表 6-2　描述性统计

变量	样本量	均值	标准差	最小值	最大值
Brand	123	498.819 8	510.978 2	31.87	2 562.19
CSR	123	41.526 0	23.612 0	3.7	86.60
Disclosure	123	0.780 5	0.415 6	0	1
MVA	123	e^{11}	$3\times e^{11}$	$-2\times e^{11}$	$2\times e^{12}$
Size	123	$2\times e^{12}$	$4\times e^{12}$	$2\times e^{9}$	$2\times e^{13}$
Risk	123	1.023 1	0.293 4	0.38	1.89
R&D	123	0.029 7	0.029 4	0	0.11

2. 相关性检验

本书针对三个模型进行了 Pearson 相关性检验，以检验各变量之间是否具有相关性，是否适合做多元回归分析。

表 6-3 是依据 2012 年的样本所做的相关性检验，样本共计 41 个。从表（6-3）中可以看出，企业社会责任的两个方面（CSR 和 Disclosure）、企业规模、企业风险、市场附加值和 R&D 等变量与品牌价值都显著相关。这初步验证了本书的假设：企业履行社会责任与其品牌价值相关，同时基于市场表现的传统财务指标与品牌价值的相关性更高。

表 6-3　模型（6-1）Pearson 相关性

变量	Brand	CSR	Disclosure	MVA	Size	Risk	R&D
Brand	1.000						
CSR	0.659** 0.000	1.000					
Disclosure	0.380* 0.014	0.545** 0	1.000				
MVA	0.641** 0	0.425** 0.006	0.249 0.117	1.000			
Size	0.635** 0.000	0.320* 0.042	0.232 0.145	0.433** 0.005	1.000		
Risk	−0.390* 0.012	−0.395* 0.011	−0.042 0.796	−0.357* 0.022	−0.516** 0.001	1.000	
R&D	−0.310* 0.049	−0.212 0.184	0.411** 0.008	−0.182 0.254	−0.393* 0.011	−0.128 0.427	1.000

*表示在 10%水平上显著，**表示在 5%水平上显著，***表示在 1%水平上显著

表 6-4 是滞后一年的样本对模型（6-2）的相关性检验结果，结果显示，滞后一年的企业社会责任履行程度、市场附加值、企业规模、企业社会责任信息披露与否和品牌价值之间仍然显著相关。

表 6-4　模型（6-2）Pearson 相关性

变量	Brand	CSR	Disclosure	MVA	Size	Risk	R&D
Brand	1.000						
CSR	0.581** 0.000	1.000					
Disclosure	0.410** 0.008	0.545** 0	1.000				
MVA	0.553** 0.000	0.369* 0.018	0.202 0.205	1.000			

续表

变量	Brand	CSR	Disclosure	MVA	Size	Risk	R&D
Size	0.585**	0.321*	0.233	0.301*	1.000		
	0.000	0.041	0.143	0.056			
Risk	− 0.115	0.057	0.020	0.113	− 0.071	1.000	
	0.476	0.724	0.900	0.481	0.658		
R&D	− 0.257	− 0.194	− 0.447**	− 0.150	− 0.403**	0.132	1.000
	0.105	0.224	0.003	0.349	0.009	0.410	

*表示在 10%水平上显著，**表示在 5%水平上显著，***表示在 1%水平上显著

接下来本书基于一年滞后的样本，对模型（6-2）进行了相关性检验。结果如表 6-5 所示。检验结果显示，滞后一年企业社会责任履行程度、企业社会责任披露与否与品牌价值仍显著相关，市场附加值、企业规模、企业风险与品牌价值关系不显著。

表 6-5 模型（6-2）Pearson 相关性

变量	Brand	CSR	Disclosure	MVA	Size	Risk	R&D
Brand	1.000						
CSR	0.588**	1.000					
	0.000						
Disclosure	0.428**	0.545**	1.000				
	0.005	0.000					
MVA	0.247	0.307	0.211	1.000			
	0.119	0.051	0.185				
Size	0.171	0.188	0.204	0.371*	1.000		
	0.286	0.240	0.200	0.017			
Risk	0.238	− 0.002	0.033	0.096	0.132	1.000	
	0.134	0.992	0.839	0.551	0.412		
R&D	− 0.053	− 0.116	− 0.019	− 0.189	− 0.437**	− 0.384*	1.000
	0.741	0.470	0.904	0.236	0.004	0.013	

*表示在 10%水平上显著，**表示在 5%水平上显著，***表示在 1%水平上显著

3. 回归分析

本书依据之前提出的假设建立起计量模型进行了多元线性回归分析，结果如表 6-6 所示。其中以 2012 年的研究样本为基础的是模型 1a，以 2013 年的研究样本为基础的是模型 1b，以 2014 年的研究样本为基础的是模型 1c。以 2013 年企业社会责任信息的滞后一年的数据为基础的是模型 2（CSR 和 Disclosure 是 2012 年的数据，其他的变量均选自 2013 年的数据）。2012 年社会责任信息进行滞后两

年的数据是模型 3（CSR 和 Disclosure 选取的是 2012 年的数据，其他变量均选自 2014 年的数据）。回归结果发现，以上模型的拟合优度良好，可以对方程进行一定程度的解释。

表 6-6　回归结果

变量	模型 1a	模型 1b	模型 1c	模型 2	模型 3
	Brand 1a	Brand 1b	Brand 1c	Brand 2	Brand 3
CSR	0.464*** (3.658)	−0.265 (−1.883)*	0.531 (3.314)***	0.283** (2.092)	0.517 (3.239)***
Disclosure	−0.055 (−0.449)	0.408 (2.996)***	−0.114 (−0.644)	0.140 (1.012)	0.118 (0.753)
Size	0.413*** (3.401)	0.461*** (3.818)	0.094 (0.571)	0.385*** (3.162)	0.064 (0.415)
MVA	0.316*** (2.901)	0.468 (3.934)***	0.099 (0.644)	0.335*** (2.884)	0.042 (0.289)
Risk	0.120 (1.023)	−0.145 (−1.334)	0.303* (1.896)	−0.155 (−1.451)	0.281* (2.000)
R&D	−0.030 (−0.227)	0.099 (0.755)	0.204 (1.191)	0.087 (0.682)	0.153 (0.981)
F 统计量	13.989	9.210	2.984	9.540	4.347
F 统计量的 *P* 值	0.000	0. 000	0.019	0.000	0.002
调整后 R^2	0.661	0.552	0.229	0.562	0.334
N	41	41	41	41	41

*表示在 10%水平上显著，**表示在 5%水平上显著，***表示在 1%水平上显著

本书针对表 6-6 的回归结果进行了对比。对 2012 年和 2014 年的数据进行回归之后发现，企业社会责任履行程度、企业规模和市场附加值等变量与品牌价值显著正相关，这基本符合本书之前的预期。虽然 2013 年企业社会责任与品牌价值呈现负相关，但相比 2012 年、2014 年并不明显。企业社会责任披露与否、企业风险以及研发支出的回归结果则和本书之前的预期出现了不完全相符的现象。

在模型 1a 和模型 1c 中，企业社会责任履行程度和品牌价值在 1%的水平上显著正相关，在模型 1b 中，两者在 10%的水平上显著正相关，$H_{6\text{-}1a}$ 得到了验证，说明企业履行社会责任对品牌价值能产生积极影响。但是企业社会责任信息披露仅仅在模型 1b 中与品牌价值显著正相关，其他模型中虽然正相关，却与品牌价值的相关关系并不显著，$H_{6\text{-}1b}$ 并未完全得到验证，即企业社会责任信息披露对品牌价值有一定的正向影响，但并不完全显著，本书认为，这可能是由目前我国企业社会责任多数是国家强制性披露，自愿披露的比例过小导致的，因此还需要从法律、制度上去规范和引导。

模型 1a、模型 1b 和模型 1c 的 CSR 和 Brand 之间的关系都是显著的，并且系数分别为 0.464、−0.265、0.531。三个模型的拟合优度分别是 0.661、0.552、

0.229，模型拟合优度的变化不能完全验证 H_{6-2}，主要原因可能是数据样本有限，且国家政策和经济形势的调整，使企业在社会责任的履行上产生变化，这需要政府加强监管引导以及加大对企业责任履行方面的支持力度。

模型 1a、模型 1c 及模型 3 的回归结果显示：CSR 在 1%的水平上与 Brand 显著相关；模型 2 的回归结果显示：CSR 在 5%的水平上与 Brand 显著相关。模型 1a、模型 2 以及模型 3 的 CSR 与 Brand 的系数分别为 0.464、0.283、0.517，说明企业社会责任对企业品牌价值的影响存在一定的滞后性，但滞后性有一定的波动，H_{6-3}不能完全得以验证，只能说明企业社会责任的信号传递具有一定的时效性。

研究还显示出企业规模对品牌价值的影响比较显著，这也说明了企业规模可以对品牌价值产生较大的影响，企业规模越大，越重视企业的品牌建设，进而使企业的品牌价值增加。同时，企业的市场价值如果增加，对其品牌价值也有比较显著的影响。

4. 回归结果分析

以上的实证检验可以证实本书的部分假设：①企业社会责任履行能够有效地提升品牌价值；②在国家政策逐步完善的背景下，企业社会责任履行对品牌价值的影响也逐渐增强；③企业社会责任的相关信息对品牌价值产生影响具有一定的时效性，企业社会责任信息披露对品牌价值的正向影响并不非常显著。

6.3　本章小结

在本章中，本书探讨了企业社会责任与品牌价值的关系，检验了企业社会责任信息传递影响品牌价值的时效性，研究结果进一步揭示：企业社会责任在创造社会价值的基础上，也会为企业带来品牌价值的提升和长期核心竞争力的取得，主要研究结论包括以下内容。

（1）企业社会责任履行对提升企业社会价值具有显著的推动作用，而且随着时间的推移，该推动能力会逐渐增强。

（2）进一步验证了信号传递理论，发现企业向利益相关者有效地传递社会责任信息后，各利益相关者将会改善对企业的印象；同时企业向利益相关者有效地传递社会责任信息能够提升企业的品牌价值；企业社会责任信息的传递存在一定的时效性。

（3）目前我国企业的社会责任履行和信息披露仍有很大的提升空间。大部分企业未能在战略决策时考虑社会责任因素，而且社会责任披露主动性比较低，向社会传递的信号不够强烈，社会责任报告有待进一步规范，社会责任报告的关注度也有待进一步提高。

参考文献

宝贡敏，徐碧祥. 2007. 国外企业声誉理论研究述评[J]. 科研管理，28（3）：98-107.

邓晓辉. 2004. 企业研究新视角：企业声誉理论[J]. 外国经济与管理，26（6）：14-19.

范秀成. 2000. 品牌权益及其测评体系分析[J]. 南开管理评论，3（1）：9-15.

符国群. 1999. 关于商标资产研究的思考[J]. 武汉大学学报，（1）：71-74.

黄合水，彭聃龄. 2002. 论品牌资产—— 一种认知的观点[J]. 心理科学进展，10（3）：350-359.

霍彬，周燕华. 2014. 企业社会责任、公司声誉与企业绩效关系研究[J]. 工业技术经济，（1）：59-65.

蒋廉雄，朱辉煌. 2010. 品牌认知模式与品牌效应发生机制：超越“认知—属性”范式的理论建构[J]. 管理世界，（9）：95-115.

杰克逊 K. 2006. 声誉管理[M]. 燕清，顾捷昕，张宏超译. 北京：新华出版社：38-64.

李海芹，张子刚. 2010. CSR 对企业声誉及顾客忠诚影响的实证研究[J]. 南开管理评论，13（1）：90-98.

李泉洲，王艳平，栗建华. 2012. 企业社会责任、企业声誉对员工满意度影响的实证研究[J]. 价值工程，31（33）：7-10.

李新娥. 2010. 企业社会责任和企业绩效：企业社会回应管理视角[M]. 北京：经济管理出版社：111-129.

廉春慧，唐婉虹. 2010. 社会责任、社会责任信息披露与公司声誉[C]. 中国会计学会高等工科院校分会 2010 年学术年会论文集.

任巧巧. 2006. 强化我国企业社会责任的战略性思考[J]. 广东财经职业学院学报，5（2）：67-70.

沈洪涛，王立彦，万拓. 2011. 社会责任报告及鉴证能否传递有效信号？——基于企业声誉理论的分析[J]. 审计研究，（4）：87-93.

宋洪义. 2012. 企业社会责任与品牌竞争力关系研究[D]. 华东师范大学硕士学位论文.

汪凤桂，戴朝旭. 2012. 企业社会责任与企业声誉关系研究综述[J]. 科技管理研究，32（21）：237-241.

王广伟. 2008. 企业声誉对顾客认同的影响研究[D]. 浙江大学硕士学位论文.

吴丹红. 2012. 企业社会责任信息披露研究——基于纵向比较的视角[J]. 财会通讯，（15）：50-52.

辛杰，廖小平. 2013. 论企业可持续发展与企业社会责任[J].中南林业科技大学学报（社会科学版），7（3）：77-80.

衣凤鹏. 2013. 企业社会责任与品牌价值关系——基于利益相关者理论的研究[J]. 理论界，（9）：186-189.

张传忠. 2002. 品牌价值的评估方法略论[J]. 价格理论与实践，（9）：29-31.

张鹏冲. 2010. 企业品牌价值与社会责任信息披露质量——基于 2007 年中国最具品牌价值 500 强企业实证数据研究[J]. 财会通讯，（6）：155-157.

Adams C A. 2008. A commentary on：corporate social responsibility reporting and reputation risk management[J]. Accounting，Auditing & Accountability Journal，21（3）：365-370.

Berrone P，Gomez-Mejia L R. 2009. Environmental performance and executive compensation：an integrated agency-institutional perspective[J]. Academy of Management Journal，52（1）：103-126.

Berrone P，Surroca J，Tribo J A. 2007. Corporate ethical identity as a determinant of firm performance：a test of the mediating role of stakeholder satisfaction[J]. Journal of Business Ethics，76（1）：35-53.

Bonner P G，Nelson R. 1985. Product attributes and perceived quality：foods[A]//Jacoby J，Olson J C. Perceived Quality[C]. Lexington：Lexington Books：64-79.

Chu S，Keh H T. 2006. Brand value creation：analysis of the interbrand-business week brand value rankings[J]. Marketing Letters，17（4）：323-331.

Cox P，Brammer S，Millington A. 2008. Pension funds and corporate social performance an empirical analysis[J]. Business & Society，47（2）：213-241.

Fan Y. 2005. Ethical branding and corporate reputation：corporate communications[J]. An International Journal，10（4）：341-350.

Fombrun C，Shanley M. 1990. What's in a name? Reputation building and corporate strategy[J]. Academy of Management Journal，33（2）：233-258.

Gotsi M，Wilson A M. 2001. Corporate reputation：seeking a definition[J]. Corporate Communications：An International Journal，（1）：24-30.

Handelman J M，Arnold S J. 1999. The role of marketing actions with a social dimension：appeals to the institutional environment[J]. Journal of Marketing，63（3）：33-48.

Keller K L. 1993. Conceptualizing，measuring，and managing customer-based brand equity[J]. Journal of Marketing，57（1）：1-22.

Keller K L. 2003. Brand synthesis：the multidimensionality of brand knowledge[J]. Journal of Consumer Research，29（4）：595-600.

Kim H B，Kim W G，An J A. 2003. The effect of consumer-based brand equity on firms' financial performance[J]. Journal of Consumer Marketing，20（4）：335-351.

Kreps D M，Milgrom P，Roberts J，et al. 1982. Rational cooperation in the finitely repeated prisoners' dilemma[J]. Journal of Economic Theory，27（2）：245-252.

Lafferty B A，Goldsmith R E. 1999. Corporate credibility's role in consumers' attitudes and purchase intentions when a high versus a low credibility endorser is used in the Ad[J]. Journal of Business Research，44（2）：109-116.

McWilliams A，Siegel D S，Wright P M. 2006. Introduction by guest editors corporate social responsibility：international perspectives[J]. Journal of Business Strategies，23（1）：1-7.

Prior D，Surroca J，Tribo J A. 2008. Are socially responsible managers really ethical? Exploring the relationship between earnings management and corporate social responsibility[J]. Corporate Governance an International Review，16（3）：160-177.

Roberts P W，Dowling G R. 1997. The value of a firm's corporate reputation：how reputation helps attain and sustain superior profitability[J]. Corporate Reputation Review，（1）：72-75.

Roberts P W，Dowling G R. 2002. Corporate reputation and sustained superior financial performance[J]. Strategic Management Journal，23（12）：1077-1093.

Roberts R W. 1992. Determinants of corporate social responsibility disclosure：an application of stakeholder theory[J]. Accounting，Organization and Society，17（6）：595-612.

Schnietz K E，Epstein M J. 2005. Exploring the financial value of a reputation for corporate social responsibility during a crisis[J]. Corporate Reputation Review，7（4）：327-345.

Sen S，Bhattacharya C B. 2001. Does doing good always lead to doing better? Consumer reactions to corporate social responsibility[J]. Journal of Marketing Research，38（2）：225-243.

Tang Z，Hull C E，Rothenberg S. 2012. How corporate social responsibility engagement strategy moderates the CSR-financial performance relationship[J]. Journal of Management Studies，49（7）：1274-1303.

Waddock S A，Graves S B. 1997. Quality of management and quality of stakeholder relations are they synonymous?[J]. Business & Society，36（3）：250-279.

Zairi M，Peters J. 2002. The impact of social responsibility on business performance[J]. Managerial Auditing Journal，17（4）：174-178.

第7章　企业社会责任信息传递、产权性质与企业价值

第 6 章分析了企业社会责任信息传递能够对企业品牌价值起到促进作用，进而提升企业的价值。为了系统探究企业社会责任信息传递机制的价值增值作用，本章将企业社会责任信息划分为责任管理信息、市场责任信息、社会责任信息、环境责任信息以及综合责任信息，进而基于这些分类的企业社会责任信息构成企业社会责任的信息传递机制，进一步深入分析企业社会责任信息传递对企业价值的影响。同时，鉴于中国企业中以央企为代表的国有企业在创造企业价值的同时必然承担一部分社会功能，因此从产权性质的角度进一步研究企业社会责任信息传递与企业价值的关系就非常必要。

7.1　企业社会责任信息传递、产权性质与企业价值的关系

企业社会责任信息披露在一定程度上有助于缓解公司与利益相关者之间信息不对称的程度。因此，有效的企业社会责任信息传递机制有助于让利益相关者充分了解企业的社会责任履行情况，从而合理地向市场传递确切的公司价值信号，以此吸引更多的投资者关注与投资，进而促进企业价值的创造。

现有研究已经证实了企业社会责任有助于企业价值的创造，但缺乏从企业社会责任传递机制角度去分析此促进过程的研究。事实上，西方国家先有企业社会责任规范后才有企业社会责任信息披露规范，而我国目前主要从企业社会责任信息披露规范的角度去规范企业的社会责任履行。由此可见，相比于西方企业而言，我国企业社会责任信息披露基本上是利益相关者了解企业社会责任履行情况的主要信息渠道。因此，如果仅仅探究企业社会责任信息披露对企业价值的综合

影响，可能对企业社会责任履行的价值增值作用意义并不大，还需要从企业社会责任信息传递机制角度去分层剖析企业社会传递机制对企业价值的影响，也就是探究企业社会责任传递机制的价值增值作用。

本章以 2012~2014 年中国社会科学院发布的《中国企业社会责任研究报告》中“中国国有（民营）企业社会责任 100 强企业”属于沪深 A 股上市公司的企业为研究样本，将企业社会责任信息划分为责任管理信息、市场责任信息、社会责任信息、环境责任信息以及综合责任信息，进而基于这些分类的企业社会责任信息构成企业社会责任的信息传递机制，以此探究企业社会责任信息传递机制对企业价值的影响、产权视角下企业社会责任信息传递机制对企业价值的影响，旨在证实企业社会责任信息传递机制是否存在价值增值作用。本章的研究框架具体如图 7-1 所示。

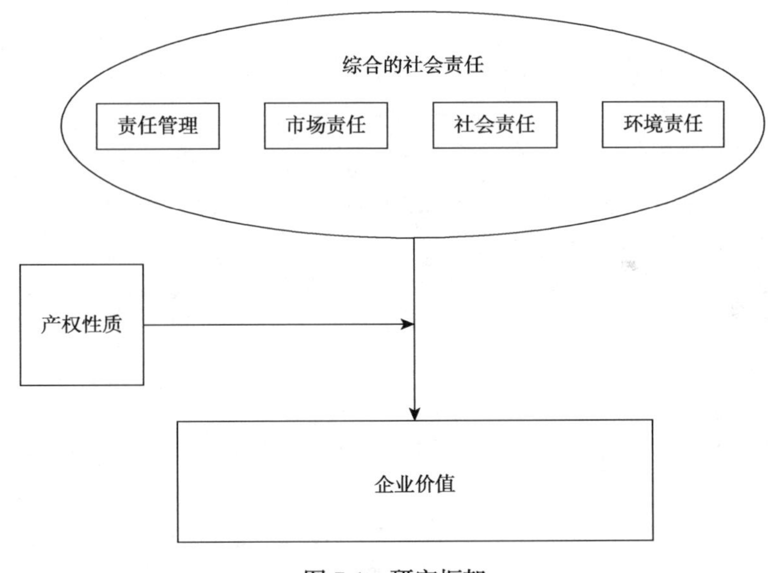

图 7-1　研究框架

本章可能存在的理论贡献如下。

（1）拓展了企业社会责任信息传递对企业价值影响的研究视角。现有研究鲜有将企业社会责任信息传递机制进行分层后探究企业社会责任信息传递机制对企业价值的影响，而本章主要构建了包括责任管理信息、市场责任信息、社会责任信息、环境责任信息以及综合责任信息的企业社会责任信息传递机制，由此拓展了企业社会责任信息传递对企业价值影响的研究视角。

（2）丰富了企业社会责任信息传递机制相关研究文献。本章基于企业社会责任信息传递机制的视角，分层考虑了各部分企业社会责任信息传递机制对企业价值的影响，以此揭示企业社会责任信息传递机制的价值增值作用，由此丰富了企业社会责任信息传递机制相关研究文献。

7.1.1　企业社会责任信息传递与企业价值

有关企业社会责任信息披露与企业价值的关系研究主要从以下两方面展开。

（1）企业社会责任信息披露与财务业绩关系研究。Waddock 和 Graves（2009）、吴彬和宋宝莉（2005）、沈洪涛（2005）、张兰霞等（2009）、张兆国等（2013）研究发现企业社会责任信息披露促进企业财务业绩提升。而温素彬和方苑（2008）研究发现短期内企业社会责任信息披露并没有促进财务业绩的提升，反而起到抑制的作用，但长期看企业社会责任信息披露是促进企业财务业绩提升的。陶文杰和金占明（2012）将嵌入媒体关注度作为两者关系研究的中介，研究发现，媒体关注度中介作用促使了企业社会责任信息披露促进企业财务业绩提升。

（2）企业社会责任信息披露价值相关性研究。陈玉清和马丽丽（2005）研究发现，当前企业社会责任信息与企业的价值相关性并不强；随着行业因素的影响，这种价值相关性呈现不同的变化趋势。江炎骏等（2011）研究发现企业社会责任信息披露市场反应是存在的，而且呈现正向显著关系。朱松（2011）研究发现企业社会责任信息披露的市场正向反应进一步提升了企业的盈余信息。汤晓建和杜剑（2013）实证发现，企业社会责任信息披露与股价波动存在显著相关性，但随时间不同而趋势不同。Kim 等（2014）研究发现企业社会责任信息披露有助于抑制股价崩盘风险。

因此，虽然企业社会责任信息披露与企业价值（包括财务业绩）正向、负向和无关关系都存在，但是基本上两者的正向关系是占据主导地位的。由此可见，现有研究基本证实了企业社会责任信息披露对企业价值具有显著的促进作用，但是，现有研究鲜见系统探究企业社会责任信息传递机制的价值增值作用。

7.1.2　企业社会责任传递、产权性质与企业价值

现实中，由于我国经济体制的原因，相比于民营企业，国有企业承担了较多的如就业问题的企业社会责任，在企业社会责任信息披露方面更多地面临强制性披露的要求，而且披露相对规范，所反映的信息内容可能更全面、更完整，进而企业社会责任信息披露质量可能“天生”就是较高的。但是，就目前来看，正如前文所述，我国企业社会责任信息披露存在以下不足：①披露的总体比例不高；②披露内容量化数据少，可比性差，且不规范；③缺乏参考标准、缺乏鉴证等（沈弋等，2014）。此外，权小锋等（2015）基于股价崩盘风险的角度，研究发现企业社会责任更多地体现为一种“工具特征”而非“创值特征”。由此体现出企业社会责任信

息更多的是一种“企业社会责任履行”的形式而非实质。

不过，虽然目前国有企业更多地被强制分摊一些企业社会责任，而且很多企业的社会责任信息更多地体现出形式性特征。但是，民营企业可能更重视企业社会责任的履行（van Gils et al.，2014；Campopiano and Massis，2015），而且民营企业通过履行企业社会责任以促进企业价值的提高的行为动机更强烈。

7.2　研究设计及实证结果分析

7.2.1　研究假设

根据 Carroll（1991）提出的企业社会责任金字塔的思路，即在利益相关者导向框架下，企业应该分别承担经济责任、法律责任、伦理责任与慈善责任，企业社会责任信息传递机制在一定程度上可以被划分为责任管理信息、市场责任信息、社会责任信息、环境责任信息以及综合责任信息的企业社会责任信息传递机制。因此，企业社会责任信息传递机制各内部机制对企业价值会产生怎样的影响？现有研究已经揭示了企业社会责任信息披露对企业价值的促进作用，可以预见，企业社会责任信息传递机制各内在机制对企业价值可能都存在促进作用。因此，本书提出如下假设。

$H_{7\text{-}1a}$：企业综合责任信息传递能促进企业价值的提高。

$H_{7\text{-}1b}$：企业责任管理信息传递能促进企业价值的提高。

$H_{7\text{-}1c}$：企业市场责任信息传递能促进企业价值的提高。

$H_{7\text{-}1d}$：企业社会责任信息传递能促进企业价值的提高。

$H_{7\text{-}1e}$：企业环境责任信息传递能促进企业价值的提高。

借鉴 van Gils 等（2014）、Campopiano 和 Massis（2015）的研究，可以预见的是，相比于国有企业而言，在民营企业中，企业社会责任信息传递机制各内在机制对企业价值影响可能更显著。所以，本书提出如下假设。

$H_{7\text{-}2a}$：相比于国有企业，民营企业综合责任信息传递更能促进企业价值的提高。

$H_{7\text{-}2b}$：相比于国有企业，民营企业责任管理信息传递更能促进企业价值的提高。

$H_{7\text{-}2c}$：相比于国有企业，民营企业市场责任信息传递更能促进企业价值的提高。

$H_{7\text{-}2d}$：相比于国有企业，民营企业社会责任信息传递更能促进企业价值的提高。

$H_{7\text{-}2e}$：相比于国有企业，民营企业环境责任信息传递更能促进企业价值的提高。

7.2.2　样本、变量的选择及数据来源

1. 样本与数据来源

本章选取 2012~2014 年中国社会科学院发布的《中国企业社会责任研究报告》中“中国国有（民营）企业社会责任 100 强企业”属于沪深 A 股上市公司的企业为研究样本。同时，根据以下原则，本章对样本进行了筛选：①剔除金融类公司；②剔除 ST、*ST 公司；③剔除数据有缺失值的公司。最终本章得到 2012~2014 年 229 个公司年度数据。为了避开异常值可能产生的不良影响，本书删除了 99%分位之上的观测值和 1%分位之下的观测值。

如表 7-1 所示，本章研究样本中公司数量占比处于前五的行业包括：汽车制造业（9.61%），房地产业（9.17%），黑色金属冶炼和压延加工业（8.73%），建筑业（8.73%），采矿业（8.30%）；此外，隶属污染型企业的数量占总公司数量的 64.62%。本章的内部控制质量数据来自“迪博 · 中国上市公司内部控制信息披露指数库”，企业社会责任信息披露得分数据来自《中国企业社会责任研究报告》中的“中国国有（民营）企业 100 强社会责任得分库”，其他相关的财务数据来自 CSMAR 数据库。

表 7-1　公司行业分布情况

行业	数量	百分比
采矿业	19	8.30%
制造业—农副食品加工业	6	2.62%
制造业—食品制造业	3	1.31%
制造业—纺织业	5	2.18%
制造业—纺织服装、服饰业	12	5.24%
制造业—化学原料和化学制品制造业	8	3.49%
制造业—医药制造业	5	2.18%
制造业—化学纤维制造业	3	1.31%
制造业—非金属矿物制品业	3	1.31%
制造业—黑色金属冶炼和压延加工业	20	8.73%
制造业—有色金属冶炼和压延加工业	9	3.93%
制造业—通用设备制造业	6	2.62%
制造业—专用设备制造业	9	3.93%

续表

行业	数量	百分比
制造业—汽车制造业	22	9.61%
制造业—电气机械和器材制造业	3	1.31%
制造业—计算机、通信和其他电子设备制造业	6	2.62%
电力、热力、燃气及水生产和供应业	9	3.93%
建筑业	20	8.73%
批发和零售业	12	5.24%
交通运输、仓储和邮政业	17	7.32%
信息传输、软件和信息技术服务业	3	1.31%
房地产业	21	9.17%
租赁和商务服务业	3	1.31%
水利、环境和公共设施管理业	3	1.31%
综合	2	0.87%
合计	229	100%

注：表中数据进行过舍入修约

2. 变量选择

1）被解释变量

本章选取的被解释变量企业价值的替代变量为托宾 Q 值。

一般地，现有研究中企业价值替代变量主要分为市场指标和会计指标。具体地，会计指标主要包括资产收益率（roa）、净资产收益率（roe）；而市场指标主要包括托宾 Q 值（tq）。会计指标主要基于历史成本进行计量，市场指标主要基于公允价值进行计量。更重要的是，与会计指标相比较而言，托宾 Q 值更少地受财务报表粉饰的影响，在一定程度上能较好地反映企业价值的情况。因此本章选取托宾 Q 值作为企业价值的替代变量。

2）解释变量

本章选取的解释变量分别为企业社会责任信息披露综合得分、责任管理得分、市场责任得分、社会责任得分和环境责任得分。基于这些得分的描述性统计结果，可以发现我国企业社会责任信息披露得分水平偏低，如以 60 分为标准，处于不及格的水平。因此，为了使样本中的企业社会责任得分产生区分度，本章对企业社会责任信息披露综合得分、责任管理得分、市场责任得分、社会责任得分和环境责任得分进行了分组。具体地，当某项社会责任信息披露得分大于等于其均值时，取值为 1；反之，取值为 0。由此，这分别产生了企业社会责任信息披露综合得分、责任管理得分、市场责任得分、社会责任得分和环境责任得分的虚拟变量 csrd_d、csr1_d、csr2_d、csr3_d、csr4_d。

3）控制变量

参考 Dhaliwal（2015）、沈洪涛（2007）、张正勇等（2014）、汤晓建（2016）关于控制变量的选取方法，本章选取了产权性质（state）、公司规模（size）、财务业绩（roa）、资产负债率（lev）、污染行业（industry）、内部控制（ic）、年度效应（year）作为控制变量。此外，本章对内部控制（ic）变量进行了虚拟变量化处理，即当内部控制信息披露指数大于等于其中位数时，取值为 1，表明企业内部控制质量较高；反之，取值为 0，表明企业内部控制质量较低，具体的变量符号为 ic_d。具体的变量定义见表 7-2。

表 7-2　变量定义

变量名称	变量符号	变量说明
被解释变量		
托宾 Q 值	tq	托宾 Q 值=（股权市值+净债务市值）/期末资产总额，主要用于衡量企业价值
解释变量		
企业社会责任信息披露综合得分	csrd	数据来源于中国社会科学院发布的 2012~2014 年《中国企业社会责任研究报告》中的“中国国有（民营）企业 100 强社会责任综合得分”
企业社会责任信息披露责任管理得分	csr1	数据来源于中国社会科学院发布的 2012~2014 年《中国企业社会责任研究报告》中的“中国国有（民营）企业 100 强社会责任责任管理得分”
企业社会责任信息披露市场责任得分	csr2	数据来源于中国社会科学院发布的 2012~2014 年《中国企业社会责任研究报告》中的“中国国有（民营）企业 100 强社会责任市场责任得分”
企业社会责任信息披露社会责任得分	csr3	数据来源于中国社会科学院发布的 2012~2014 年《中国企业社会责任研究报告》中的“中国国有（民营）企业 100 强社会责任社会责任得分”
企业社会责任信息披露环境责任得分	csr4	数据来源于中国社会科学院发布的 2012~2014 年《中国企业社会责任研究报告》中的“中国国有（民营）企业 100 强社会责任环境责任得分”
控制变量		
产权性质	state	如果取值为 1，代表为国有上市公司；反之，为民营上市公司
资产负债率	lev	资产负债率，主要用于衡量企业财务风险
财务业绩	roa	财务业绩=净利润/资产总额
公司规模	size	其取值为期初资产的对数
污染行业	industry	如果样本公司属于污染行业企业，则取值为 1；反之，取值为 0
内部控制	ic	以 2012~2014 年“迪博 · 中国上市公司内部控制信息披露指数”，除以 100 的计算处理
年度效应	year	年度虚拟变量

7.2.3　模型设计

为了检验企业社会责任信息传递对企业价值的影响，以及检验产权性质视角下企业社会责任信息传递机制对企业价值的影响，本章构建了模型（7-1）：

$$\begin{aligned} tq_{i,t} &= a_0 + a_1 independent\_variables + a_2 state_{i,t} + a_3 lev_{i,t} \\ &+ a_4 roa_{i,t} + a_5 size_{i,t} + a_6 industry_{i,t} + year + \varepsilon_{i,t} \end{aligned} \quad (7\text{-}1)$$

7.2.4　实证结果分析

1. 描述性统计结果分析

如表 7-3 所示，它表示样本公司的描述性统计结果。

表 7-3　描述性统计结果

变量	样本量	均值	1/4 值	中位数	3/4 值	最小值	最大值	标准差
tq	229	0.748	0.328	0.543	0.931	0.098	3.519	0.625
csrd	229	0.364	0.110	0.342	0.590	0.022	0.843	0.257
csr1	229	0.333	0.051	0.240	0.555	0	0.964	0.298
csr2	229	0.394	0.150	0.400	0.600	0.017	0.875	0.252
csr3	229	0.375	0.111	0.347	0.603	0	0.940	0.270
csr4	229	0.310	0.066	0.300	0.525	0	0.900	0.255
csrd_d	229	0.502	0	1	1	0	1	0.501
csr1_d	229	0.498	0	0	1	0	1	0.501
csr2_d	229	0.502	0	1	1	0	1	0.501
csr3_d	229	0.502	0	1	1	0	1	0.501
csr4_d	229	0.511	0	1	1	0	1	0.501
ic	229	0.347	0.292	0.370	0.413	0.110	0.516	0.097
ic_d	229	0.502	0	1	1	0	1	0.501
state	229	0.568	0	1	1	0	1	0.497
lev	229	0.632	0.527	0.657	0.761	0.251	0.852	0.150
roa	229	0.035	0.010	0.027	0.055	−0.073	0.142	0.040
size	229	24.36	23.30	24.61	25.77	21.16	26.03	1.383
industry	229	0.646	0	1	1	0	1	0.479

首先，tq 均值为 0.748，中位数为 0.543，表明样本公司企业价值水平整体偏低。

其次，csrd、csr1、csr2、csr3、csr4 均值显著小于 0.6，表明样本企业社会责任信息的综合社会责任信息披露、责任管理信息披露、市场责任信息披露、社会责任信息披露和环境责任信息披露水平显著较低，这也正反映了我国企业社会责任信息披露水平低下的现状。需要注意的是，本章又基于企业社会责任相关信息披露按披露得分是否高于其中位数对研究样本进行分组，可以发现，csrd_d、csr1_d、csr2_d、csr3_d、csr4_d均值基本维持在0.5水平左右，由此可见，至少有一半的样本公司企业社会责任信息披露状况能得到大幅度的改善，从而带动整体企业社会责任信息披露水平的提高。

再者，state 均值为 0.568，表明有 56.8%的企业为国有企业，43.2%的企业为民营企业；ic 均值为 0.347，表明样本公司内部控制水平整体偏低；industry 均值为 0.646，表明样本企业中有 64.6%的企业为污染型企业。

2. 回归结果分析

1）企业社会责任信息传递与企业价值关系

将 csrd、csr1、csr2、csr3、csr4 分别作为解释变量，可将模型（7-1）分解为模型（1）、模型（2）、模型（3）、模型（4）、模型（5），回归结果如表 7-4 所示，它表示企业社会责任信息披露得分与企业价值关系的回归结果。

表 7-4　企业社会责任信息披露得分与企业价值关系的回归结果

变量	tq				
	模型（1）	模型（2）	模型（3）	模型（4）	模型（5）
_cons	5.959*** （9.40）	5.769*** （9.26）	5.963*** （9.47）	6.088*** （9.85）	5.815*** （9.41）
state	−0.020 （−0.28）	−0.010 （−0.14）	−0.021 （−0.30）	−0.052 （−0.72）	−0.008 （−0.12）
lev	−0.484* （−1.94）	−0.474* （−1.89）	−0.452* （−1.81）	−0.441* （−1.78）	−0.505** （−2.02）
roa	7.265*** （8.61）	7.365*** （8.65）	7.520*** （8.75）	7.349*** （8.76）	7.245*** （8.56）
size	−0.219*** （−7.80）	−0.211*** （−7.58）	−0.219*** （−7.86）	−0.226*** （−8.21）	−0.212*** （−7.79）
ic_d	−0.025 （−0.38）	−0.022 （−0.33）	−0.025 （−0.38）	−0.007 （−0.11）	−0.018 （−0.27）
industry	0.107 （1.62）	0.110* （1.67）	0.087 （1.30）	0.120* （1.83）	0.100 （1.51）
csrd_d	0.130* （1.75）				
csr1_d		0.088 （1.18）			

续表

变量	tq				
	模型（1）	模型（2）	模型（3）	模型（4）	模型（5）
csr2_d			0.135* （1.83）		
csr3_d				0.190** （2.51）	
csr4_d					0.101 （1.45）
Year	Control	Control	Control	Control	Control
调整后 R^2	0.544	0.540	0.544	0.550	0.542
F	31.18***	30.77***	31.26***	31.99***	30.94***
N	229	229	229	229	229

*表示在 10%水平上显著，**表示在 5%水平上显著，***表示在 1%水平上显著

注：括号内为 t 值

第一，模型（1）中，F 值为 31.18，在 1%水平上统计显著，表明模型设定是稳健的。其中，csrd_d 与 tq 在 10%水平上显著正相关，表明企业社会责任信息披露综合得分的提高显著促进企业价值的提高，支持了 $H_{7\text{-}1a}$。

第二，模型（2）中，F 值为 30.77，在 1%水平上统计显著，表明模型设定是稳健的。其中，csr1_d 与 tq 正相关，但这种关系并不显著，表明企业社会责任信息披露责任管理得分的提高并不显著影响企业价值，不支持 $H_{7\text{-}1b}$。

第三，模型（3）中，F 值为 31.26，在 1%水平上统计显著，表明模型设定是稳健的。其中，csr2_d 与 tq 在 10%水平上显著正相关，表明企业社会责任信息披露市场责任得分的提高显著促进企业价值的提高，支持了 $H_{7\text{-}1c}$。

第四，模型（4）中，F 值为 31.99，在 1%水平上统计显著，表明模型设定是稳健的。其中，csr3_d 与 tq 在 5%水平上显著正相关，表明企业社会责任信息披露社会责任得分的提高显著促进企业价值的提高，支持了 $H_{7\text{-}1d}$。

第五，模型（5）中，F 值为 30.94，在 1%水平上统计显著，表明模型设定是稳健的。其中，csr4_d 与 tq 正相关，但这种关系并不显著，表明企业社会责任信息披露环境责任得分的提高并不显著影响企业价值，不支持 $H_{7\text{-}1e}$。

由此可见，企业社会责任信息披露综合得分、市场责任得分、社会责任得分的提高显著促进了企业价值的提高，但责任管理得分、环境责任得分并不显著影响企业价值。

2）企业社会责任信息传递、产权性质与企业价值关系

表 7-5 显示了企业社会责任信息披露得分、产权性质与企业价值的回归结果。表 7-5 中根据国有企业和民营企业分为两组数据分别进行回归，其中，国有企业

用 SOE（state owned enterprise）表示，民营企业用 Non-SOE（Non-state owned enterprise）表示。

表 7-5　企业社会责任信息披露得分、产权性质和企业价值关系回归结果

变量	tq				
	模型（1）	模型（2）	模型（3）	模型（4）	模型（5）
	Non-SOEs	SOEs	Non-SOEs	SOEs	Non-SOEs
_cons	5.059***	7.130***	4.432***	7.071***	5.885***
	（3.54）	（11.63）	（3.27）	（11.60）	（4.43）
lev	0.264	−1.421***	0.233	−1.413***	0.385
	（0.58）	（−5.31）	（0.51）	（−5.23）	（0.86）
roa	8.072***	5.162***	8.091***	5.221***	7.926***
	（5.53）	（5.41）	（5.42）	（5.43）	（5.57）
size	−0.211***	−0.230***	−0.183***	−0.228***	−0.249***
	（−3.20）	（−9.13）	（−2.90）	（−9.02）	（−4.06）
ic_2	−0.011	−0.016	−0.006	−0.014	−0.020
	（−0.09）	（−0.24）	（−0.05）	（−0.21）	（−0.17）
industry	0.325***	−0.120*	0.337***	−0.118*	0.288**
	（2.67）	（−1.73）	（2.75）	（−1.68）	（2.41）
csrd_d	0.166	0.072			
	（1.02）	（1.06）			
csr1_d			0.055	0.053	
			（0.34）	（0.77）	
csr2_d					0.360**
					（2.38）
csr3_d					
csr4_d					
Year	Control	Control	Control	Control	Control
调整后 R^2	0.420	0.653	0.414	0.652	0.448
F	9.86***	31.40***	9.64***	31.20***	10.93***
N	99	130	99	130	99

续表

变量	tq				
	模型（6）	模型（7）	模型（8）	模型（9）	模型（10）
	SOEs	Non-SOEs	SOEs	Non-SOEs	SOEs
_cons	6.957*** （11.25）	5.743*** （4.37）	7.085*** （11.63）	4.687*** （3.40）	7.088*** （11.76）
lev	−1.446*** （−5.32）	0.332 （0.74）	−1.410*** （−5.23）	0.229 （0.50）	−1.434*** （−5.38）
roa	5.140*** （5.25）	8.160*** （5.71）	5.211*** （5.44）	8.020*** （5.48）	5.145*** （5.39）
size	−0.220*** （−8.60）	−0.243*** （−3.99）	−0.229*** （−9.05）	−0.194*** （−3.06）	−0.228*** （−9.34）
ic_2	−0.016 （−0.23）	0.002 （0.01）	−0.008 （−0.12）	−0.011 （−0.09）	−0.005 （−0.08）
industry	−0.124* （−1.77）	0.349*** （2.96）	−0.118* （−1.69）	0.331*** （2.70）	−0.127* （−1.83）
csrd_d					
csr1_d					
csr2_d	−0.005 （−0.07）				
csr3_d		0.365** （2.27）	0.062 （0.87）		
csr4_d				0.098 （0.65）	0.074 （1.13）
Year	Control	Control	Control	Control	Control
调整后 R^2	0.650	0.445	0.652	0.416	0.654
F	30.97***	10.81***	31.26***	9.72***	31.45***
N	130	99	130	99	130

*表示在 10%水平上显著，**表示在 5%水平上显著，***表示在 1%水平上显著

注：括号内为 t 值

如表 7-5 所示，它体现了企业社会责任信息披露得分、产权性质和企业价值

关系的回归结果。

第一，在民营企业样本模型（1）中，F 值为 9.86，在 1%水平上统计显著，表明模型设定是稳健的。其中，csrd_d 与 tq 正相关，但这种关系并不显著，表明民营企业社会责任信息披露综合得分的提高并不能显著影响企业价值。此外，在国有企业样本模型（2）中，F 值为 31.40，在 1%水平上统计显著，表明模型设定是稳健的。其中，csrd_d 与 tq 正相关，但这种关系并不显著，表明国有企业社会责任信息披露综合得分的提高并不能显著影响企业价值。由此，不支持 $H_{7\text{-}2a}$，表明相比于国有企业，民营企业社会责任信息披露综合得分对企业价值的正向影响并不显著。

第二，在民营企业样本模型（3）中，F 值为 9.64，在 1%水平上统计显著，表明模型设定是稳健的。其中，csr1_d 与 tq 正相关，但这种关系并不显著，表明民营企业社会责任信息披露责任管理得分的提高并不能显著影响企业价值。此外，在国有企业样本模型（4）中，F 值为 31.20，在 1%水平上统计显著，表明模型设定是稳健的。其中，csr1_d 与 tq 正相关，但这种关系并不显著，表明国有企业社会责任信息披露责任管理得分的提高并不能显著影响企业价值。由此，不支持 $H_{7\text{-}2b}$，表明相比于国有企业，民营企业责任管理得分对企业价值的正向影响并不显著。

第三，在民营企业样本模型（5）中，F 值为 10.93，在 1%水平上统计显著，表明模型设定是稳健的。其中，csr2_d 与 tq 在 5%水平上显著正相关，表明相比于国有企业，民营企业市场责任得分的提高显著促进了企业价值的提高。此外，在国有企业样本模型（6）中，F 值为 30.97，在 1%水平上统计显著，表明模型设定是稳健的。其中，csr2_d 与 tq 负相关，但这种关系并不显著，表明国有企业社会责任信息披露市场责任得分的提高并不能显著影响企业价值。由此，支持了 $H_{7\text{-}2c}$，表明相比于国有企业，民营企业社会责任信息披露市场责任得分的提高显著促进了企业价值的提高。

第四，在民营企业样本模型（7）中，F 值为 10.81，在 1%水平上统计显著，表明模型设定是稳健的。其中，csr3_d 与 tq 在 5%水平上显著正相关，表明相比于国有企业，民营企业社会责任信息披露得分的提高显著促进了企业价值的提高。此外，在国有企业样本模型（8）中，F 值为 31.26，在 1%水平上统计显著，表明模型设定是稳健的。其中，csr3_d 与 tq 正相关，但这种关系并不显著，表明国有企业社会责任信息披露社会责任得分的提高并不能显著影响企业价值。由此，支持了 $H_{7\text{-}2d}$，表明相比于国有企业，民营企业社会责任信息披露社会责任得分的提高显著促进了企业价值的提高。

第五，在民营企业样本模型（9）中，F 值为 9.72，在 1%水平上统计显著，表明模型设定是稳健的。其中，csr4_d 与 tq 正相关，但这种关系并不显著，表明民营企业环境责任信息披露责任管理得分的提高并不能显著影响企业价值。此外，在国有企业样本模型（10）中，F 值为 31.45，在 1%水平上统计显著，表明模型设定是稳健的。其中，csr4_d 与 tq 正相关，但这种关系并不显著，表明国有企业社会责任信息披露环境责任得分的提高并不能显著影响企业价值。由此，不支持 $H_{7\text{-}2e}$，表明相比于国有企业，民营企业环境责任得分对企业价值的正向影响并不显著。

由此可见，相比于国有企业而言，民营企业社会责任信息披露市场责任、社会责任得分的提高显著促进了企业价值的提高。这从而证实了相比于国有企业而言，民营企业社会责任信息披露市场责任、社会责任信息披露对企业价值具有增值作用。但是，本章实证分析中并未发现相比于国有企业而言，民营企业社会责任信息披露综合责任、责任管理和环境责任信息披露对企业价值具有增值作用。

3. 稳健性检验

由于企业社会责任信息传递对企业价值的影响，以及产权性质视角下企业社会责任信息传递对企业价值的影响存在内生性问题，故为了克服样本内生性问题的影响，增强本章研究的稳健性，本章采用了工具变量法的方法重新进行了多元回归。具体地，分别取 csrd_d、csr1_d、csr2_d、csr3_d、csr4_d 滞后一期的值作为 csrd_d、csr1_d、csr2_d、csr3_d、csr4_d 的工具变量代入两阶段最小二乘法中进行多元回归。具体稳健性检验结果分别如表 7-6 和表 7-7 所示。

表 7-6　企业社会责任信息披露得分与企业价值稳健性检验结果

变量	tq				
	模型（1）	模型（2）	模型（3）	模型（4）	模型（5）
_cons	7.937***	8.330***	7.844***	4.426**	6.965***
	（4.71）	（5.37）	（5.45）	（2.14）	（6.69）
state	−0.190	−0.288*	−0.186	0.149	−0.110
	（−1.24）	（−1.69）	（−1.38）	（0.60）	（−1.07）
lev	−0.382	−0.163	−0.229	−0.627*	−0.493*
	（−1.35）	（−0.47）	（−0.73）	（−1.81）	（−1.91）
roa	7.269***	8.399***	8.145***	7.213***	7.278***
	（7.87）	（7.25）	（7.93）	（7.51）	（8.18）
size	−0.310***	−0.337***	−0.307***	−0.145	−0.263***
	（−4.01）	（−4.51）	（−4.63）	（−1.46）	（−5.67）
ic_d	−0.046	−0.037	−0.042	−0.043	−0.010
	（−0.63）	（−0.47）	（−0.58）	（−0.53）	（−0.14）

续表

变量	tq				
	模型（1）	模型（2）	模型（3）	模型（4）	模型（5）
industry	0.096 （1.32）	0.123 （1.52）	−0.002 （−0.02）	0.090 （1.13）	0.069 （0.96）
csrd_d	0.680 （1.56）				
csr1_d		0.903** （2.05）			
csr2_d			0.675* （1.82）		
csr3_d				−0.341 （−0.54）	
csr4_d					0.461* （1.73）
Year	Control	Control	Control	Control	Control
调整后 R^2	0.429	0.291	0.433	0.450	0.486
卡方值	234.5***	191.0***	236.8***	241.1***	260.8***
N	229	229	229	229	229

*表示在 10%水平上显著，**表示在 5%水平上显著，***表示在 1%水平上显著

注：括号内为 t 值

表 7-7 企业社会责任信息披露得分、产权性质和企业价值稳健性检验结果

变量	tq				
	模型（1）	模型（2）	模型（3）	模型（4）	模型（5）
	Non-SOEs	SOEs	Non-SOEs	SOEs	Non-SOEs
_cons	17.72 （1.56）	6.614*** （6.41）	13.860** （2.07）	7.168*** （7.39）	8.384*** （3.32）
lev	1.009 （0.97）	−1.490*** （−5.11）	1.029 （1.11）	−1.384*** （−4.06）	0.639 （1.26）
roa_b	9.212*** （3.32）	5.137*** （5.33）	11.880*** （3.37）	5.284*** （5.03）	7.826*** （5.40）
size	−0.787 （−1.52）	−0.200*** （−3.71）	−0.624** （−1.99）	−0.234*** （−4.24）	−0.363*** （−3.14）
icc2	−0.116 （−0.51）	−0.015 （−0.22）	−0.114 （−0.54）	−0.013 （−0.19）	−0.044 （−0.37）
industry	0.052 （0.16）	−0.134* （−1.83）	0.073 （0.27）	−0.112 （−1.33）	0.206 （1.47）

续表

变量	tq				
	模型（1）	模型（2）	模型（3）	模型（4）	模型（5）
	Non-SOEs	SOEs	Non-SOEs	SOEs	Non-SOEs
csrd_d	2.591 （1.21）	−0.159 （−0.42）			
csr1_d			2.198 （1.50）	0.104 （0.26）	
csr2_d					0.892* （1.86）
csr3_d					
csr4_d					
Year	Control	Control	Control	Control	Control
调整后 R^2	.	0.621	.	0.650	0.372
卡方值	26.28***	245.6***	30.91***	266.4***	82.59***
N	99	130	99	130	99

变量	tq				
	模型（6）	模型（7）	模型（8）	模型（9）	模型（10）
	SOEs	Non-SOEs	SOEs	Non-SOEs	SOEs
_cons	8.018*** （4.84）	2.361 （0.26）	6.496*** （6.96）	10.340*** （2.80）	7.103*** （10.19）
lev	−1.153** （−2.24）	0.072 （0.09）	−1.575*** （−4.63）	0.422 （0.75）	−1.432*** （−5.53）
roa_b	6.418*** （3.03）	7.798*** （4.30）	4.924*** （4.68）	8.312*** （4.66）	5.144*** （5.58）
size	−0.283*** （−3.03）	−0.087 （−0.21）	−0.189*** （−3.60）	−0.446*** （−2.69）	−0.229*** （−7.00）
icc2	−0.003 （−0.04）	−0.010 （−0.07）	−0.048 （−0.56）	−0.091 （−0.60）	−0.004 （−0.05）
industry	−0.175 （−1.64）	0.338*** （2.60）	−0.152* （−1.84）	0.179 （1.04）	−0.127* （−1.89）
csrd_d					
csr1_d					

续表

变量	tq				
	模型（6）	模型（7）	模型（8）	模型（9）	模型（10）
	SOEs	Non-SOEs	SOEs	Non-SOEs	SOEs
csr2_d	0.452 （0.69）				
csr3_d		−0.431 （−0.20）	−0.253 （−0.68）		
csr4_d				1.217* （1.80）	0.083 （0.34）
Year	Control	Control	Control	Control	Control
调整后 R^2	0.527	0.294	0.596	0.056	0.654
卡方值	197.6***	70.37***	230.9***	55.84***	269.1***
N	130	99	130	99	130

*表示在 10%水平上显著，**表示在 5%水平上显著，***表示在 1%水平上显著

注：括号内为 t 值

1）企业社会责任信息传递与企业价值关系稳健性检验

如表 7-6 所示，它表示企业社会责任信息披露得分与企业价值关系的回归结果。

第一，模型（1）中，卡方值为234.5，在1%水平上统计显著，表明模型设定是稳健的。其中，csrd_d 与 tq 正相关，虽然这种关系并不在 10%水平上统计显著，但可以基本表明微弱地通过了统计检验，进而表明企业社会责任信息披露综合得分的提高显著促进了企业价值的提高。

第二，模型（2）中，卡方值为191.0，在1%水平上统计显著，表明模型设定是稳健的。其中，csr1_d与tq在5%水平上显著正相关，采用工具变量的方法表明企业社会责任信息披露责任管理得分的提高对企业价值有显著影响。

第三，模型（3）中，卡方值为236.8，在1%水平上统计显著，表明模型设定是稳健的。其中，csr2_d 与 tq 在 10%水平上显著正相关，表明企业社会责任信息披露市场责任得分的提高显著促进了企业价值的提高。

第四，模型（4）中，卡方值为241.1，在1%水平上统计显著，表明模型设定是稳健的。其中，csr3_d 与 tq 负相关，但这种关系并不显著，采用工具变量法未证实企业社会责任信息披露社会责任得分的提高对企业价值产生显著影响。

第五，模型（5）中，卡方值为260.8，在1%水平上统计显著，表明模型设定是稳健的。其中，csr4_d 与 tq 在 10%水平上显著正相关，采用工具变量的方法表明企业社会责任信息披露环境责任得分的提高对企业价值存在显著影响。

基于采用工具变量法的稳健性结果，在克服内生性问题后，我们基本证实了

企业社会责任信息披露综合得分、市场责任得分、社会责任得分的提高显著促进了企业价值的提高，但责任管理得分、环境责任得分并不显著影响企业价值。

2）企业社会责任信息传递、产权性质与企业价值关系稳健性检验

如表 7-7 所示，它表示企业社会责任信息披露得分、产权性质和企业价值关系的回归结果。

第一，在民营企业样本模型（1）中，卡方值为 26.28，在 1%水平上统计显著，表明模型设定是稳健的。其中，csrd_d 与 tq 正相关，但这种关系并不显著，表明民营企业社会责任信息披露综合得分的提高并不能显著影响企业价值。此外，在国有企业样本模型（2）中，卡方值为245.6，在1%水平上统计显著，表明模型设定是稳健的。其中，csrd_d 与 tq 正相关，但这种关系并不显著，表明国有企业社会责任信息披露综合得分的提高并不能显著影响企业价值。由此表明，相比于国有企业，民营企业社会责任信息披露综合得分对企业价值的正向影响并不显著。

第二，在民营企业样本模型（3）中，卡方值为 30.91，在 1%水平上统计显著，表明模型设定是稳健的。其中，csr1_d 与 tq 正相关，但这种关系并不显著，表明民营企业社会责任信息披露责任管理得分的提高并不能显著影响企业价值。此外，在国有企业样本模型（4）中，卡方值为266.4，在1%水平上统计显著，表明模型设定是稳健的。其中，csr1_d 与 tq 正相关，但这种关系并不显著，表明国有企业社会责任信息披露责任管理得分的提高并不能显著影响企业价值。由此表明，相比于国有企业，民营企业责任管理得分对企业价值的正向影响并不显著。

第三，在民营企业样本模型（5）中，卡方值为 82.59，在 1%水平上统计显著，表明模型设定是稳健的。其中，csr2_d 与 tq 在 10%水平上显著正相关，表明民营企业社会责任信息披露市场责任得分的提高显著促进了企业价值的提高。此外，在国有企业样本模型（6）中，卡方值为197.6，在1%水平上统计显著，表明模型设定是稳健的。其中，csr2_d 与 tq 正相关，但这种关系并不显著，表明国有企业社会责任信息披露市场责任得分的提高并不能显著影响企业价值。由此表明，相比于国有企业，民营企业社会责任信息披露市场责任得分的提高显著促进了企业价值的提高。

第四，在民营企业样本模型（7）中，卡方值为 70.37，在 1%水平上统计显著，表明模型设定是稳健的。其中，csr3_d 与 tq 负相关，但这种关系并不显著，采用工具变量法表明民营企业社会责任信息披露社会责任得分的提高并不显著影响企业价值。此外，在国有企业样本模型（8）中，卡方值为230.9，在1%水平上统计显著，表明模型设定是稳健的。其中，csr3_d 与 tq 负相关，但这种关系并不显著，表明国有企业社会责任信息披露社会责任得分的提高并不能显著影响企业价值。由此，采用工具变量法表明相比于国有企业，民营企业社会责任得分对企

业价值的影响并不显著。

第五，在民营企业样本模型（9）中，卡方值为 55.84，在 1%水平上统计显著，表明模型设定是稳健的。其中，csr4_d 与 tq 在 10%水平上显著正相关，采用工具变量法表明民营企业环境责任信息披露责任管理得分的提高能显著影响企业价值。此外，在国有企业样本模型（10）中，卡方值为 269.1，在 1%水平上统计显著，表明模型设定是稳健的。其中，csr4_d 与 tq 正相关，但这种关系并不显著，表明国有企业社会责任信息披露环境责任得分的提高并不能显著影响企业价值。由此表明，相比于国有企业，民营企业责任得分对企业价值产生显著影响。

基于采用工具变量法的稳健性结果，在克服内生性问题后，我们基本证实了相比于国有企业而言，社会责任信息披露对民营企业的价值更具有增值作用。

4. 实证结果

综上分析，可以得出以下实证研究发现：①企业社会责任信息披露综合得分、市场责任得分、社会责任得分的提高显著促进了企业价值的提高，但责任管理得分、环境责任得分并不显著影响企业价值。②相比于国有企业而言，民营企业社会责任信息披露市场责任、社会责任得分的提高显著促进了企业价值的提高。这从而证实了相比于国有企业而言，民营企业社会责任信息披露市场责任、社会责任信息披露对企业价值具有增值作用。但是，本章实证分析中并未发现相比于国有企业而言，民营企业社会责任信息披露综合责任、责任管理和环境责任信息披露对企业价值具有增值作用。

7.3　本 章 小 结

现有研究鲜有从企业社会责任信息传递机制角度去研究企业社会责任信息机制内在组成部分对企业价值的影响，也就是系统探究企业社会责任信息传递机制的价值增值作用。

本章以 2012~2014 年中国社会科学院发布的《中国企业社会责任研究报告》中“中国国有（民营）企业社会责任 100 强企业”属于沪深 A 股上市公司的企业为研究样本，将企业社会责任信息划分为责任管理信息、市场责任信息、社会责任信息、环境责任信息以及综合责任信息，进而基于这些分类的企业社会责任信息构成企业社会责任的信息传递机制，以此探究企业社会责任信息传递机制对企业价值的影响、产权视角下企业社会责任信息传递机制对企业价值的影响，旨在证实企业社会责任信息传递机制是否存在价值增值作用。

因此，本章研究发现：①企业社会责任信息传递机制在综合信息、市场责任和社会责任信息方面具有价值增值功能。具体地，企业社会责任综合信息传递、市场责任信息传递和社会责任信息传递显著促进了企业价值的提高。②相比于国有企业，民营企业社会责任在企业社会责任市场责任信息、社会责任信息方面具有价值增值功能。具体地，相比于国有企业，民营企业市场责任信息传递和社会责任信息传递更显著促进了企业价值的提高。

结合以上的研究发现，本书认为，从全局看，企业社会责任信息传递可能存在形式主义，但是，事实上，企业社会责任传递机制对企业价值确实是起到增值的功能，而且可能在民营企业中这种价值增值功能更显著。所以，本书认为，从局部看，完善企业社会责任传递机制在一定程度上有助于去除企业社会责任履行的形式主义，成为一种"价值利器"，从而起到促进企业价值提高的作用。

由此，为了发挥企业社会责任传递机制的"价值利器"作用，本书认为，第一，建议监管层应积极完善我国的企业社会责任信息披露规范，完善企业社会责任信息披露的鉴证制度，以此从源头上规范企业社会责任的履行；第二，在企业社会责任信息披露中，建议监管层应根据企业社会责任信息传递机制的内在内容，要求企业根据这些内在内容规范披露企业社会责任信息；第三，建议监管层加强企业社会责任履行的责任管理，定期对企业社会责任的履行情况进行实地调研，在公开媒体发布企业社会责任履行排行榜，并且对企业社会责任履行前五名实行奖励、后五名实行惩罚；等等。

参考文献

陈可，李善同. 2010. 企业社会责任对财务绩效影响：关键要素视角[J]. 统计研究，27（7）：105-111.

陈玉清，马丽丽. 2005. 我国上市公司社会责任会计信息市场反应实证分析[J]. 会计研究，（11）：76-81.

郭红玲. 2006. 国外企业社会责任与企业财务绩效关联性研究综述[J]. 生态经济，（4）：83-86.

何贤杰，肖土盛，陈信元. 2012. 企业社会责任信息披露与公司融资约束[J]. 财经研究，38（8）：60-71，83.

何贤杰，肖土盛，朱红军. 2013. 所有权性质、治理环境与企业社会责任信息披露的经济后果：基于分析师盈利预测的研究视角[J]. 中国会计与财务研究，15（2）：57-120.

江炎骏，徐勇，刘得格，等. 2011. 企业社会责任信息披露的市场反应[J]. 经济与管理研究，

（8）：123-128.

权小锋，吴世农，尹洪英. 2015. 企业社会责任与股价崩盘风险："价值利器"或"自利工具"[J]. 经济研究，（11）：49-64.

沈洪涛. 2005. 公司社会责任与公司财务业绩研究[D]. 厦门大学博士学位论文.

沈洪涛. 2007. 公司特征与公司社会责任信息披露——来自我国上市公司的经验证据[J]. 会计研究，（3）：9-16，93.

沈弋，徐光华，王正艳. 2014. "言行一致"的企业社会责任信息披露——大数据环境下的演化框架[J]. 会计研究，（9）：29-36，96.

汤晓建. 2016. 内部控制、制度环境与企业社会责任信息披露质量[J]. 会计与经济研究，（2）：85-104.

汤晓建，杜剑. 2013. 国有企业社会责任信息披露研究：现状、市场反应与信息质量分析[C]. 中国会计学会 2013 年学术年会论文集.

陶文杰，金占明. 2012. 企业社会责任信息披露、媒体关注度与企业财务绩效关系研究[J]. 管理学报，9（8）：1225-1232.

王怀明，宋涛. 2007. 我国上市公司社会责任与企业绩效的实证研究——来自上证 180 指数的经验证据[J]. 南京师大学报（社会科学版），（2）：58-62.

温素彬，方苑. 2008. 企业社会责任与财务绩效关系的实证研究——利益相关者视角的面板数据分析[J]. 中国工业经济，（10）：150-160.

吴彬，宋宝莉. 2005. 正相关：社会责任与企业收益[J]. 中国社会科学院研究生院学报，（4）：24-28.

张兰霞，袁栋楠，牛丹，等. 2009. 企业社会责任对财务绩效影响的实证研究——以我国上市公司为研究对象[J]. 东北大学学报（自然科学版），32（2）：292-296.

张兆国，靳小翠，李庚秦. 2013. 企业社会责任与财务绩效之间交互跨期影响实证研究[J]. 会计研究，（8）：32-39.

张正勇，吉利，毛洪涛. 2014. 上市公司社会责任报告自愿披露的动机——以所有权性质为背景的经验分析[J]. 证券市场导报，（7）：21-27.

钟向东. 2011. 企业社会责任、财务业绩与盈余管理[D]. 西南财经大学博士学位论文.

朱松. 2011. 企业社会责任、市场评价与盈余信息含量[J]. 会计研究，（11）：27-34，92.

Campopiano G，Massis A D. 2015. Corporate social responsibility reporting：a content analysis in family and non-family firms[J]. Journal of Business Ethics，129（3）：511-534.

Carroll A B. 1991. The pyramid of corporate social responsibility：toward the moral management of organizational stakeholders[J]. Business Horizons，34（4）：39-48.

Dhaliwal D S. 2015. Nonfinancial disclosure and analyst forecast accuracy[J]. Accounting Review，87（3）：180-181.

Edmans A. 2010. Does the stock market fully value intangibles? Employee satisfaction and equity prices[J]. Journal of Financial Economics，101（3）：621-640.

Freeman R E，Gilbert D. 1987. Managing stakeholder relationships[A]//Sethi S P，Falbe C M. Business and Society：Dimensions of Conflict and Cooperation[C]. Lexington：Lexington Books：397-423.

Guidry R P，Patten D M. 2010. Market reactions to the first-time issuance of corporate sustainability reports[J]. Sustainability Accounting，Management and Policy Journal，1（1）：33-50.

Kim Y，Li H，Li S. 2014. Corporate social responsibility and stock price crash risk[J]. Journal of Banking & Finance，43（1）：1-13.

Kothari S P，Lewellen J，Warner J B. 2006. Stock returns，aggregate earnings surprises，and behavioral finance[J]. Journal of Financial Economics，79（3）：537-568.

Lang M，Lundholm R. 1993. Cross sectional determinants of analyst ratings of corporate disclosures[J]. Journal of Accounting Research，31（2）：246-271.

Mcguire J B，Sundgren A，Schneeweis T. 1988. Corporate social responsibility and firm financial performance[J]. Academy of Management Journal，31（4）：854-872.

McWilliams A，Siegel D. 2001. Corporate social responsibility：a theory of the firm perspective[J]. Academy of Management Review，26（1）：117-127.

Moskowitz M R. 1972. Choosing socially responsible stocks[J]. Business and Society，（1）：71-75.

Orlitzky M，Schmidt F L，Rynes S L. 2003. Corporate social and financial performance：a meta-analysis[J]. Organization Studies，24（3）：403-441.

Roberts P W，Dowling G R. 2002. Corporate reputation and sustained superior financial performance[J]. Strategic Management Journal，23（12）：1077-1093.

Simpson W G，Kohers T. 2002. The link between corporate social and financial performance：evidence from the banking industry[J]. Journal of Business Ethics，35（2）：97-109.

Soana M G. 2011. The relationship between corporate social performance and corporate financial performance in the banking sector[J]. Journal of Business Ethics，104（1）：133-148.

Tang Z，Hull C E，Rothenberg S. 2012. How corporate social responsibility engagement strategy moderates the CSR-financial performance relationship[J]. Journal of Management Studies，49（7）：1274-1303.

van Gils A，Dibrell C，Neubaum D O，et al. 2014. Social issues in the family enterprise[J]. Family Business Review，27（3）：193-205.

Waddock S A，Graves S B. 2009. The corporate social performance-financial performance link[J]. Corporate Social Responsibility and Environmental Management，16（2）：61-78.

第8章　企业社会责任信息传递与税收规避的相关性研究

第 7 章的分析，显示企业社会责任信息传递机制对企业价值确实起到了增值的功能，尤其在民营企业中更为明显。从理论上说，这一结果既有利于利益相关者，又有利于企业的可持续发展。然而，正如第 5 章中所描述的，由于我国企业社会责任信息披露不够充分，企业社会责任信息披露有可能导致其对实际履行的社会责任（如应承担的对政府的税收责任）的规避。

8.1　企业社会责任信息传递与税收规避

如前文所述，近年来企业社会责任信息披露是学术界研究的热点话题，国内外学界对此已产生了丰富的理论成果，其中，代表性成果主要围绕企业社会责任信息披露与其经济后果展开，如企业社会责任信息披露与财务绩效关系研究、与公司治理关系研究等。然而，综观这些研究成果，迄今为止，国内外学术界都鲜有对企业社会责任信息披露与企业税收规避的相关研究。当企业社会责任税收政策通常独立于企业社会责任政策时，税收规避将会显著影响全世界社会发展日程，尤其影响全球的金融危机环境。此外，根据利益相关者理论，企业社会责任维度中包含着企业与政府的关系，它们之间联系的桥梁就是企业税收（主要是企业所得税）（Freeman，1994），而企业税收作为国家财政收入的主要来源之一，税收规避必然会影响到国家财政收支状况，进而影响整个社会发展，以致整个社会难以实现“帕累托最优”。由此可见，根据利益相关者理论，在一定程度上，企业税收规避将会使企业背离企业肩负社会责任的方向；更进一步地，根据公共选择理论，政府作为公共产品的主要供给者，如果企业税收规避泛滥，那么公共财政收入在企业税收方面的收入将有所减少，恶性地引起税收总量的减少，随之表现出公共产品供给在量的供应上将会减少，而且在质的供应上也会下降，进一步影响整个社会公共产品的有效供给，从而造成整个社会福利水平下降，乃至企业也会深受其害，毕竟企业无法脱离社会而独立存在。

所以，税收规避永远也绕不开企业社会责任的话题，而通常作为企业社会责任重要度量标准的企业社会责任信息披露势必与税收规避也有着千丝万缕的联系。因此，可以达成这样一个共识：单独披露社会责任信息的企业会更少地从事税收规避行为。基于此，本书产生如下两个疑问：①税收规避是一个贬义词吗？②企业社会责任信息披露与税收规避的现实关系究竟怎样？对于①的回答，本书认为，税收规避词性的确定取决于企业所处的制度、法律环境。当制度环境完善、法律环境运行良好时，它就是一个中性词。因为税收规避有法可依、有法可循，再加之制度、法律监管到位，企业也不必以身犯法进行严重而又违法的税收规避，毕竟这样将会面临更大的法律成本以及产品市场声誉的损失等。然而，它又可能是一个贬义词。由于制度的不健全、法律的不完善，税收政策方面存在许多漏洞，企业虽然表面上是合法地进行了税收规避，但它是以违背社会责任为前提，钻了许多相关税收法律空子，再加上法律监管不到位，长远地，这是以牺牲社会长期利益为代价，也就是形成了企业名义上“不违法”，但实际上是“违背立法精神”的情况。而综观我国实际情况，本书认为我国企业税收规避更具贬义词性。在厘清本书所研究“税收规避”词性后，对于②的回答，本书将在接下来的实证研究中予以回答。

本书着重以在深交所和上交所上市、在当年中国社会科学院《企业社会责任研究报告》中得分为正的行业 300 强企业为研究样本，这样选取的理由是，中国社会科学院选取的行业 300 强企业具有一定代表性，而与小规模企业相比，行业 300 强企业的社会责任水平更具有一定可信性和参考意义，相比于以企业社会责任整体水平较高的国有上市企业作为样本来说，也更有具有普遍意义的研究参考价值。

国外在企业社会信息披露规范上领先于国内，具体表现在成文规范产生时间上、内容健全度上及实施效果上。例如，国际上就有公认健全的社会责任信息披露参照指南《可持续发展报告指南（GRI）》等。而国内真正规范的企业社会责任信息披露，始于 2006 年深交所发布的《上市公司社会责任指引》，之后上交所、国务院国资委又相继分别公布了规范企业社会责任的相关部门规章和规范性文件。目前我国大型上市公司的社会责任信息披露具备一定的规范性，但总体而言，社会责任报告的发布还是以自愿性披露为主。根据信号传递理论，信息披露能有效降低投资者与公司管理层的信息不对称程度，以此促进投资者监督经理层行为，进而进行有效的投资者利益保护。此外，自愿性信息披露一般更能向资本市场传递公司良好发展的信号，而应用于本书研究则表现为企业履行并对外公开披露社会责任。当然，即使企业自愿披露了社会责任的信息，其所披露的信息仍呈现出连续性差、披露的内容差异较大、责任范围不一致、形式化、报喜不报忧、缺乏第三方审计等特征，进而导致信息披露可靠性低、相应导致信息披露后企业市价变化不一的结果。同时，国内企业社会责任信息披露水平较高的国有企业（以央企占主导），相应地社会责任信息披露水平受区域因素影响很大，而且也暴露出整体可靠性较低且披露不及时的问题。由此可见，我国企业社会责任信息披露水平（主要集中在可靠性上）整体偏低。这也或多或少地反映了我国企业社会责任信息披露制度的不健全，间接反映了经济转型期我国制度环境的薄弱性。因此，这在一定程度上为本书所研究的、企业假借社会责任信息披露之名来进行严重的税收规避提供了可能。

再者，相对于非关联企业，我国政治关联的企业通常以较高的税收负担来谋求政治成本，而企业规模与税收负担呈显著正相关，由此可见，相比于中小型企业，大型企业更愿意承受较高的税收负担以此作为“政治成本”来维持与政府的关联性从而谋取更多的经济利益。毕竟我国税收法律体系建设尚处于完善阶段。例如，《中华人民共和国企业所得税法》（以下简称《企业所得税法》）上存在许多可以运用的税收规避技术，加之相对于《增值税暂行条例》等间接税法条文而言违反《企业所得税法》的法律成本较低，从而为企业提供了税收规避的可能。再结合本书之前对税收规避词性分析得出的我国企业税收规避更具贬义词性，因此，本书认为，在企业社会责任信息披露制度不完善的情况下，企业更倾向假借社会责任信息披露之名来进行严重的税收规避。

在企业社会责任信息披露与税收规避的研究方面，国外的相关研究主要处在企业社会责任信息披露与税收规避关系从理论分析到实证分析的过渡阶段。具体而言，Friedman（1970）认为，政府的职能之一是税收的征收与支出，允许公司经理由股东任命，是因为公司经理作为股东的代理人来满足作为委托人的股东的利益。但是，当公司经理决定支付公司税收来满足社会目的时，这样的理由不足支撑。Desai 等（2006）指出，对公司经理的绩效激励能够抑制他们为了“在职消费”而做出的税收规避决策。Lanis 和 Richardson（2011）研究发现，企业社会责任是通过董事会潜在地影响公司税收激进性；此外，他们提出，独立董事更能抑制董事会的税收激进政策。Lanis 和 Richardson（2012）以澳大利亚上市公司为样本，研究发现，越肩负社会责任的企业其税收激进性越小。之后 Lanis 和 Richardson（2015）又运用美国上市公司的数据，同样发现，越肩负社会责任的企业其税收激进性越小。

而国内对此的相关研究，主要集中在翟华云（2012）通过对 2008~2010 年我国发布的 A 股上市公司社会责任报告的研究，发现企业社会责任表现越好，企业税收政策越不激进。之后再无学者进一步对企业社会责任信息披露与税收规避进行深入而系统的研究。

基于以上分析，本书发现：①关于企业社会责任信息披露与税收规避相关研究，相比于国内，国外相应的理论成果十分丰富，尤其是对此的理论分析成果颇丰。②纵使国内外有涉及企业社会责任信息披露与税收激进性（也称“税收规避”）的初步实证研究成果，但或许是刚刚研究的关系，研究过于表面，未更进一步地展开研究。此外，虽然 Lanis 和 Richardson（2011，2012，2015）对此领域的实证研究可以用开创性来形容，但是从之前围绕澳大利亚资本市场再到美国资本市场的跨市场研究，仅仅告诉了我们一个共识性的概念：越能单独披露社会责任信息的企业越能抑制自身的税收规避行为。之后，翟华云（2012）沿用了 Lanis 和 Richardson（2012）的研究方法，检验了我国资本市场也存在这样一个共识。可以说，他们的贡献主要在于基于不同制度背景来检验：越能单独披露社会责任信息的企业，越能抑制自身的税收规避行为。这些研究不免显得宽泛而不够细致。例如，在他们的相应研究中，缺乏进一步基于行业因素、区域因素与终极控制人的考虑。在他们的研究中，关于企业社会责任信息披露变量的选择主观性比较大，带有一定的研究偏向。其中 Lanis 和 Richardson（2012）对此的替代变量采用主观得分法得出，Lanis 和 Richardson（2015）沿用美国 KLD 数据库的得分，而翟华云（2012）则采用润灵环球的得分数据。再者，翟华云（2012）选取的 A 股上市公司的数据时间段为 2008~2010 年，而在衡量税收激进性时，虽然借鉴了 Desai 和 Dharmapala（2006）的处理方法，但替代变量计算的基础是基于企业所得税所计算出的有效税率（effective tax rate，ETR），那么他就忽略了 2008 年新企业所得税法实施的影响，这或多或少会降低翟华云（2012）结论的可靠性与稳健性。

由此，本书拟克服上述缺陷，结合我国十八届三中全会《中共中央关于全面深化改革若干重大问题决定》精神，通过对 2012~2014 年我国《企业社会责任研究报告》中得分为正的行业 300 强企业相关数据分析，重点观察我国企业社会责任与税收规避的关系，并进一步从行业因素与区域角度深入观察。为此，可以进一步为我国深化财税体制改革提供支持。

8.2　研究设计及实证结果分析

8.2.1　研究假设

综前所述，是什么原因导致企业社会责任信息披露与税收规避相关研究甚少的呢？这是源于会计与商业研究中代理理论占支配地位（Avi-Yonah，2006；Desai and Dharmapala，2006；Lanis 和 Richardson，2012）。这导致学界普遍认为企业社会责任信息披露与公司运行具有很小的关联性。由此，依据代理理论，这些领域研究因不能扩大企业利润最大化而受摈弃（Friedman，1970），进而公司仅仅需要考虑如果企业肩负社会责任能实现利润最大化，那么基于代理理论企业社会责任活动中所产生的成本则被认为是声誉成本或者政治成本（Chen et al.，2010）。所以，Lanis 和 Richardson（2012，2015）突破代理理论研究框架，发现无论是在澳大利亚还是在美国，越能肩负社会责任的企业对税收规避的可能越小，即越能单独披露社会责任信息的企业越能抑制自身的税收规避行为。此外，翟华云（2012）将此应用于中国经验，也得出了与之相同的结论。

那么，更具体的，涉及民营企业时，企业社会责任信息披露与税收规避究竟存在一个怎样的关系呢？Chen 等（2010）发现家族企业比非家族企业表现出更小的税收激进性可能。这主要是因为家族企业税收规避受制于非税收成本（遭受国家税务总局罚款、声誉损失等），其中，不是由于股东与经理层的第一类代理问题，而是大股东（家族控股股东）与中小股东的第二类代理问题，中小股东在资本市场上“用脚投票”，导致股价下跌。由此可见，民营企业为了防止第二类代理问题，势必在税收规避上表现得更为谨慎。但是，这仅仅局限于美国的背景。综观国内，本书之前就分析税收规避在我国更多地表现为贬义的色彩，毕竟国内法律不够完善，制度并不完全有效，这势必会给企业更多税收规避漏洞可钻，进而违背社会责任。同时，本书认为，由于国内企业社会责任信息披露规范的不完善、不健全，或多或少，公益性捐赠可能成为企业进行税收规避的工具。例如，在汶川地震时，就有某企业假借慈善捐赠之名来表现自己的企业社会责任之心，但实则捐赠出的产品乃过期食品。最终，企业在税法许可范围内，并未违法地在利润表净利润计算中进行了相应的公益性捐赠税前费用扣除，名义上实现了企业社会责任，但实际上并未实现，反而进一步恶化了自身的社会责任，并假借企业社会责任之名进行了合理的税收规避。由此，本书得出以下假设。

$H_{8\text{-}1}$：限定条件下，社会责任信息进行单独披露的企业更容易倾向企业税收规避。

此外，为了延伸 Lanis 和 Richardson（2012，2015）、翟华云（2012）的研究范围，本书将基于行业视角、区域视角重点深入讨论企业社会责任信息披露与税收规避的相关性。一般地，从行业角度观察，由于我国正处在经济结构转型的关键阶段，与之相伴的是产业结构的转型，相对于传统产业制造业而言，非制造业，尤其是以服务业为主的第三产业将会有更多的税收规避空间，这样呈现出相对于制造业，非制造业，尤其是以服务业为主的第三产业将会表现出企业社会责任信息的披露使其更倾向税收规避。再者，从区域角度观察，由于我国在国民经济发展中对中部、西部企业税收优惠政策上的倾斜，出现了很多企业为了进行税收规避纷纷向中、西部迁移或者直接在中西部注册公司。由此可见，相对于东部，中、西部企业社会责任信息的披露导致其更倾向进行企业税收规避。由此，本书分别得出如下假设。

$H_{8\text{-}2a}$：限定条件下，相对于制造业企业，社会责任信息单独披露的非制造业企业更倾向进行企业税收规避。

$H_{8\text{-}2b}$：限定条件下，相对于东部企业，社会责任信息单独披露的中、西部企业更倾向进行企业税收规避。

8.2.2　样本、变量选择及数据来源

1. 样本与数据来源

本书选取 2012~2014 年中国社会科学院发布的《中国企业社会责任研究报告》中"中国国有（民营）企业社会责任 100 强企业"属于沪深 A 股上市公司的企业为研究样本。其中，数据选取的原则：①为了保证实证研究的准确性，本书在考虑税法政策连贯性的基础上，选取了 2008 年新《企业所得税法》实施后的数据；②为了保证公司数据的连贯性，选取的企业数据必须是 2012 年 1 月 1 日前在上交所或深交所上市的企业；③剔除亏损企业的数据；④剔除 ST、*ST 的企业；⑤剔除有极端值、缺失值数据的企业。至此，本书共选取了 254 份上市企业相关数据。其中，制造业企业样本 151 份，非制造业企业样本 103 份，而且非制造业企业中以涉及服务业为主的第三产业居多。本书相关的财务数据来源于锐思数据库、CSMAR 数据库，而作为企业社会责任信息披露载体的企业社会责任报告数据则来源于巨潮资讯网、《企业社会责任研究报告》。

2. 变量选择

1）被解释变量

税收规避（也称"税收激进性"）代理变量的选取主要有以下几种情况：①有效税率，即所得税费用/利润总额的比值（Desai et al.，2007；吴联生，2009；Chen et al.，2010；Lanis and Richardson，2012；杨杨等，2014）；②会计-应税利润差异（book-tax differences，BTD），即会计利润减去应税利润后的差额（Desai et al.，2006）；③会计-应税利润差异残差（book-tax differences residual，BTD residual）（Desai and Dharmapala，2006；金鑫和雷光勇，2011；翟华云，

2012）。具体计算过程是：第一步计算出 BTD；第二步计算出企业总应计项目（total asset，TA）；最后运用固定效应面板数据模型，变量在以上期资产总额标准化处理的基础上，再进行被解释变量为 BTD，解释变量为 TA 的多元回归分析，所得出的残差与误差项之和则为会计–应税利润差异残差（Desai et al.，2006）。由此，本书选取税收规避的替代变量为有效税率，具体表现为有效税率越小，表明企业越倾向税收规避；稳健性检验时的替代变量为会计–应税利润差异残差，具体表现为残差越大，企业税收规避越严重。这样选取的理由主要为，基于会计–应税利润差异角度，企业采用会计与税收技术方法降低所得税费用以及维持利润总额以期使企业的有效税率下降，可见有效税率是税收规避的适当替代变量（Lanis and Richardson，2012）。此外，会计–应税利润差异残差对此的结论检验，更进一步加强了本书结论的可靠性与稳健性。

2）解释变量

企业社会责任信息披露的替代变量选取主要有：①主观得分法。它又分为内容分析法与声誉指数法。前者主要是根据企业公开的各类文件（如企业社会责任报告）按照所指定的企业社会责任活动的打分标准进行打分，以此来反映企业社会责任信息披露水平；而后者则建立企业社会责任专家调查组，来对企业社会责任活动进行打分，以此来反映企业社会责任信息披露水平。②哑变量方法。企业单独发布社会责任报告，则取值为 1，反之，取值为 0，由此来反映企业社会责任水平。本书认为，主观得分法虽然能给企业社会责任信息披露赋以具体的值，但无法避免人为主观性的判断，而且无法摆脱被人为操纵的可能，毕竟只要利益存在，企业社会责任信息披露打分很难公正地反映现实情况。再加之我国企业社会责任信息披露规范尚未完善、统一与健全，以及企业社会责任报告的发布缺少有效的审计监督，由此，主观得分法应用于企业社会责任信息披露水平的反映公信力势必下降。所以，按照哑变量的方法来选取反映本书企业社会责任信息披露水平的替代变量，即企业单独发布企业社会责任报告赋值为 1，否则，赋值为 0。

3）控制变量

企业社会责任是通过董事会潜在地影响公司税收激进性来实现的；此外，独立董事更能抑制董事会的税收激进政策（Lanis and Richardson，2011）。在研究企业社会责任信息披露与税收规避关系时，理应考虑公司治理与税收规避传统影响因素（Lanis and Richardson，2015）。由此，本书选取如下控制变量：①公司治理方面。股权集中度（Block）反映第一大股东持股比例；独立董事比率（independent director ratio，IDR）为独立董事人数/董事会人数；两职分离（BS）反映总经理与董事长是否为同一人兼任，取值为 0，否则，取值为 1。②税收规避传统影响因素。资本密集度（capital-intensity，CI）为固定资产/资产总额；

公司规模（Size）指期初资产的对数。此外，本书又加入行业因素（Industry）与区域因素（Area）的控制变量。最后，为了控制年度效应的影响，加入年度效应（Year_i）控制变量。

8.2.3　模型设计

本书设计以下三个模型对企业社会责任信息披露水平与税收规避关系进行检验：

$$\begin{aligned}\text{ETR} &= \alpha_0 + \alpha_1 \times \text{CSRD} + \alpha_2 \times \text{Industry} + \alpha_3 \times \text{Area} + \alpha_4 \times \text{Block} + \alpha_5 \\ &\quad \times \text{IDR} + \alpha_6 \times \text{BS} + \alpha_7 \times \text{Size} + \alpha_8 \times \text{CINT} + \alpha_k \times \sum_{t=1}^{3} \text{Year}_t + \varepsilon_1\end{aligned} \tag{8-1}$$

其中，k=12，13，14；在模型设计中，ETR 指的是有效税率，与税收规避水平成反比，ETR值越小表明有效税率越小，税收规避越严重；CSRD作为哑变量代表的是企业社会责任信息披露水平，取值为 1 代表企业单独发布社会责任报告，取值为 0 代表企业未单独发布社会责任报告；Industry 作为哑变量表示行业分类，取值为 0 代表样本企业为制造业，取值为 1 代表样本企业为非制造业；哑变量 Area 代表区域属性，取值为 0 代表样本企业位于东部经济地区，取值为 1 代表样本企业位于中部经济地区，取值为 2 代表样本企业位于西部；Block 代表股权集中度，即企业第一大股东持股比例；IDR 代表独立董事比率，即独立董事占董事会人数的比例；哑变量 BS 代表两职分离，取值为 0 代表董事长和总经理由一人兼任，反之则取值为 1；Size 代表公司规模；CINT 代表企业资本密集度；Year 代表年度因素。

此外，本书从行业因素、区域因素来考虑两者关系，构建如下模型：

$$\begin{aligned}\text{ETR} &= \alpha_0 + \alpha_1 \times \text{CSRD} + \alpha_2 \times \text{Industry} + \alpha_3 \times \text{Area} + \alpha_4 \times \text{Industry} \\ &\quad \times \text{CSRD} + \alpha_5 \times \text{Block} + \alpha_6 \times \text{IDR} + \alpha_7 \times \text{BS} + \alpha_8 \times \text{Size} \\ &\quad + \alpha_9 \times \text{CINT} + \alpha_k \times \sum_{t=1}^{3} \text{Year}_t + \varepsilon_2\end{aligned} \tag{8-2}$$

其中，k=12，13，14。

$$\begin{aligned}\text{ETR} &= \alpha_0 + \alpha_1 \times \text{CSRD} + \alpha_2 \times \text{Industry} + \alpha_3 \times \text{Area} + \alpha_4 \times \text{Area} \\ &\quad \times \text{CSRD} + \alpha_5 \times \text{Block} + \alpha_6 \times \text{IDR} + \alpha_7 \times \text{BS} + \alpha_8 \times \text{Size} \\ &\quad + \alpha_9 \times \text{CINT} + \alpha_k \times \sum_{t=1}^{3} \text{Year}_t + \varepsilon_3\end{aligned} \tag{8-3}$$

其中，k=12，13，14。

8.2.4　实证结果分析

1. 变量的描述性统计分析

表 8-1 为本书研究的描述性统计结果。其中，在去除极端值以及有效税率为负值的样本后进行统计，ETR 值主要集中在 21.85%~22.26%，而法定税率为 25%，ETR 值低于法定税率，这反映出在样本中存在税收规避行为；CSRD 均值为 80%，而中位数为 1，表明研究样本中大约有 80%的企业单独发布企业社会责任报告；再者，Size 值集中于 24.889 3~25.138 0，CINT 值集中在 0.121 5%~0.201 0%，Block 值主要集中在 41.03%~41.38%，IDR 值主要集中在 36.36%~38.73%，样本的这几项指标较为集中，水平相差不大，由此加强了样本的可比性和结论的可靠性。此外，BS 均值为 17%，表明样本中有 17%的上市企业董事长和总经理两职由一人兼任。最后，Industry 均值为 41%，反映了样本中非制造业上市公司占样本上市企业总数的 41%，而 Area 均值为 24%，可推测中、西部企业占样本企业总数小于 24%，实际上通过统计，中西部企业占样本的 42%。

表 8-1　描述性统计结果表

变量	样本量	均值	中位数	最大值	最小值	标准差
ETR	254	0.218 5	0.222 6	0.718 2	0.0482	0.092 9
CSRD	254	0.8	1	1	0	0.401
Size	254	25.138 0	24.889 3	30.571 1	17.654 9	2.377 0
CINT	254	0.201 0	0.121 5	0.866 8	0.001 7	0.196 1
Block	254	0.413 8	0.410 3	0.864 0	0.054 1	0.188 1
IDR	254	0.387 3	0.363 6	0.800 0	0.222 2	0.078 8
BS	254	0.17	0	1	0	0.376
Industry	254	0.41	0	1	0	0.492
Area	254	0.24	0	2	0	0.586

2. Pearson 相关性分析

本书对研究样本进行 Pearson 相关性分析，结果如表 8-2 所示。首先，可见 ETR 与 CSRD 呈负相关关系，且通过 5%的显著性水平，相关性较为显著，表明样本企业存在用单独披露社会责任信息的方式掩盖企业的税收规避行为，支持 $H_{8\text{-}1}$。其次，Size 与 ETR 的正相关关系通过了 10%的显著性水平，反映了公司规模越大，越不容易进行税收规避行为，与 Lanis 和 Richardson（2012）结论相同。再次，IDR 与 ETR 呈正相关，初步断定独立董事群体规模在一定程度上发挥了独立的功能，对于管理层对公司良性治理产生一定积极影响，符合 Lanis 和 Richardson（2011）预期，但这种关系并不显著。最后，Industry 与 ETR 呈正相关关系，但并不显著，这与按照企业社会责任报告进行样本采集时，制造业数量与非制造业企业数量不均衡有关，结果不能证明 $H_{8\text{-}2}$；而 Area 与 ETR 的负相关关系通过了 5%的显著性检验，表明样本中的中西部企业更倾向税收规避，与预期假设相同。

表 8-2　Pearson 相关性分析结果

变量	ETR	CSRD	Industry	Area	Block	IDR	BS	Size	CINT
ETR	1								
CSRD	－0.150**	1							
Industry	0.121	0.194***	1						
Area	－0.139**	－0.043	－0.194***	1					
Block	0.029	0.030	－0.339***	－0.064	1				
IDR	0.072	0.054	－0.030	－0.040	0.119*	1			
BS	－0.021	0.043	－0.031	－0.081	－0.104*	0.187***	1		
Size	0.108*	0.425***	0.448***	－0.184***	0.002	0.083	－0.055	1	
CINT	－0.016	0.054	－0.367***	－0.053	0.235***	－0.075	0.076*	－0.226***	1

*表示在 10%水平上显著，**表示在 5%水平上显著，***表示在 1%水平上显著

3. 回归分析

本书对模型（1）、模型（2）、模型（3）进行回归分析，结果如表 8-3 所示。首先，由表 8-3 可见，模型（1）中 F 值为 2.762，能够证明模型很稳健；对模型（1）自相关性进行杜宾检验，D-W 值为 2.297，反映模型（1）自相关问题不严重；此外，对模型（1）进行共线性检验，各变量值均小于 5，表明该模型变量没有受多重共线性影响。其次，CSRD 与 ETR 的负相关关系通过 1%的显著性水平，能够证明 $H_{8\text{-}1}$：企业单独披露社会责任信息存在掩盖自身严重的税收规避行为的目的。此外，Industry 与 ETR 相关关系并不显著，不能支持 $H_{8\text{-}2a}$；Area 与 ETR 相关关系不显著，无法支持 $H_{8\text{-}2b}$；CINT 与 ETR 呈正相关关系，表明资本密集企业更倾向税收规避；而 IDR 与 ETR 呈不显著正相关关系，从而我们认为独立董事群体对于防范企业税收规避有一定积极作用；另外，BS 与 ETR 呈不显著负相关关系，表明两职分离对于企业税收规避行为的避免并没有起到明显的作用，相反有促进企业税收规避的可能性。

表 8-3　样本回归结果

系数	模型（1）	VIF 值	模型（2）	VIF 值	模型（3）	VIF 值
C	−1 025.37 （0.182）		3.130 （0.421）		−955.088 （−0.652）	
CSRD	−5.837 （−3.67）***	1.266	−4.175 （−2.392）**	1.551	−6.995*** （−33.918）	1.604
CSRD×Industry			−6.938 （−2.063）**	8.285		
CSRD×Area					3.542 （1.413）	5.611
Industry	2.404 （1.640）	1.619	8.078 （2.589）***	7.444	2.372 （1.621）	1.619
Area	−1.416 （−1.395）	1.101	−1.407 （−1.397）	1.101	−4.227* （−1.893）	5.347
Size	0.598 （1.987）**	1.590	0.684 （2.272）**	1.617	0.671* （2.204）	1.638
CINT	3.600 （1.121）	1.234	2.890 （0.904）	1.243	4.015 （1.248）	1.244
Block	1.954 （0.577）	1.261	2.268 （0.677）	1.255	2.032 （0.602）	1.261
BS	−0.774 （−0.492）	1.089	−0.987 （−0.633）	1.086	−0.722 （−0.459）	1.090
IDR	8.487 （1.115）	1.119	8.083 （1.084）	1.092	8.045 （1.059）	1.120
Year	控制		控制		控制	
调整后 R^2	0.059	样本数	0.073	样本数	0.063	样本数
F 值	2.762***	*N*	3.221***	*N*	1.988***	*N*
D-W 值	2.297	254	2.270	254	2.050	254

*表示在 10%水平上显著，**表示在 5%水平上显著，***表示在 1%水平上显著

注：括号里面表示 *t* 值

模型（2）中 *F* 值为 3.221，通过 1%的显著性水平，反映模型（2）很稳健；对模型（2）进行杜宾检验，其 D-W 值为 2.270，表明该模型自相关问题不严重；此外，各变量值均未小于 5，反映了模型没有多重共线性问题。其中，CSRD 与 ETR 呈显著负相关关系，CSRD×Industry 也呈显著负相关关系，不能证明样本中制造业企业显著的倾向税收规避，与 $H_{8\text{-}2a}$ 不符。模型（3）中 *F* 值为 1.988，通过 1%的显著性水平，反映了模型（3）较稳健；对模型（3）进行杜宾检验，D-W 值为 2.050，表明该模型自相关问题不严重；此外，各变量值均未超过 5，表明该模型不受多重共线性问题的干扰。其中，CSRD 与 ETR 呈显著的负相关关系，支持 $H_{8\text{-}1}$，Area 与 ETR 呈显著负相关关系，而乘积项 CSRD×Area 与 ETR 呈现正相关关系，虽然不显著，但反映了东部企业并不倾向于税收规避，无法支持 $H_{8\text{-}2b}$。另外，通过对模型（1）、模型（2）、模型（3）进行综合分析发现，和 Lanis 和 Richardson（2012）分析结果相同，虽然关系并不显著，但独立董事对于抑制企

业税收规避有一定作用；而模型（1）、模型（2）、模型（3）中 BS 与 ETR 均呈不显著负相关，反映了通过两职分离的方式来抑制上市公司税收规避的效果并不理想；另外，在模型（1）、模型（2）、模型（3）中，Block 与 ETR 呈不显著正相关，这表明大股东对抑制税收规避有一定作用。

4. 稳健性检验

本书通过对样本按照年度分别回归，发现所得出的结论仍旧支持 $H_{8\text{-}1}$，但不支持 $H_{8\text{-}2a}$、$H_{8\text{-}2b}$；另外，本书以会计–应税利润差异残差替代有效税率进行相关数据的非平衡面板数据分析，所得出的结论依旧支持 $H_{8\text{-}1}$，但不支持 $H_{8\text{-}2a}$、$H_{8\text{-}2b}$，这表明了本书的研究结论是稳健可靠的。

8.3　本 章 小 结

国内国外相关研究对于企业社会责任信息披露与税收规避的关系关注较少，主要的原因可能是受代理理论的影响，我们更多关注企业两类代理问题而很少关注公司外部研究领域尤其涉及企业社会责任信息披露与税收规避的关系。此外，综观国内外对此寥寥无几的研究，可发现其基本上都处在理论分析到实证分析的过渡阶段，很难扩展出更宽的研究视野。例如，针对我国实际情况，从制度背景或法律背景出发，从不同企业性质、不同信息披露方式等内容多视角剖析我国企业社会责任信息披露与税收规避状况。一般地，人们在脑海中会有一个共识：企业社会责任信息的单独披露会较好地抑制企业税收规避行为。

因此，本书以 2012~2014 年企业社会责任评分为正的上市企业为样本，对企业社会责任信息披露与税收规避的关系进行了分析。但是，通过本书的经验研究后发现事实并非如上文中人们的“共识”，研究结果发现：①单独进行社会责任信息披露的企业倾向税收规避；②相比非制造业企业，制造业上市企业社会责任信息的披露不显著地倾向于进行税收规避；③相对于东部企业，中、西部上市公司企业社会责任信息的披露不显著地促进税收规避。

这些现象存在可能的原因在于我国不完善的制度、法律环境。例如，对企业社会责任信息披露缺乏质量监督，对企业社会责任影响其实际税负的情况缺乏有效监管，而税收优惠政策的部门性、地方性规定及各地的滥用进一步加剧了这些问题。

参 考 文 献

崔之元. 1996. 美国二十九个州公司法变革的理论背景[J]. 经济研究，（4）：35-40.

冯延超. 2012. 中国民营企业政治关联与税收负担关系的研究[J]. 管理评论，24（6）：167-176.

金鑫，雷光勇. 2011. 审计监督、最终控制人性质与税收激进度[J]. 审计研究，（5）：98-106.

毛洪涛，张正勇. 2010. 我国企业社会责任信息披露的现状分析及对策思考[J]. 会计之友，（2）：89-91.

汤晓建，杜剑. 2013. 国有企业社会责任信息披露研究：现状、市场反应与信息质量分析[C]. 中国会计学会 2013 年学术年会论文集.

邬娟. 2012. 欧美国家企业社会责任信息披露分析[J]. 经济体制改革，（4）：151-155.

吴联生. 2009. 国有股权、税收优惠与公司税负[J]. 经济研究，（10）：109-120.

徐鹏杰. 2010. 以国外企业信息披露为视角看我国企业社会责任[J]. 中国经贸导刊，（24）：74.

杨亚娥，刘建红. 2007. 我国企业社会责任信息披露现状分析[J]. 财会通讯（学术版），（2）：78-81.

杨杨，汤晓健，杜剑. 2014. 我国中小型民营企业税收负担与企业价值关系——基于深交所中小板上市公司数据的实证分析[J]. 税务研究，（3）：3-7.

翟华云. 2012. 产权性质、社会责任表现与税收激进性研究[J]. 经济科学，（6）：80-90.

Avi-Yonah R S. 2006. Corporate social responsibility and strategic tax behavior[J]. SSRN Electronic Journal，（65）：183-198.

Chen S P，Chen X，Cheng Q，et al. 2010. Are family firms more tax aggressive than non-family firms？[J]. Journal of Financial Economics，95（1）：41-61.

Desai M A，Dharmapala D. 2006. Corporate tax avoidance and high-powered incentives[J]. Journal of Financial Economics，79（1）：145-179.

Desai M A，Foley C F，Hines J R. 2006. Do tax havens divert economic activity？[J]. SSRN Electronic Journal，90（2）：219-224.

Desai M A，Dyck A，Zingales L. 2007. Theft and taxes[J]. Journal of Financial Economics，84（3）：591-623.

Freeman R E. 1994. The politics of stakeholder theory：some future directions[J]. Business Ethics Quarterly，4（4）：409-421.

Friedman M. 1970. The social responsibility of business is to increase its profits[J]. The New York Times Magazine，（33）：32-33.

Hicks J R，Friedman M. 1963. Capitalism and freedom[J]. Ethics，34（7~8）：16-28.

Lanis R，Richardson G. 2011. The effect of board of director composition on corporate tax aggressiveness[J]. Journal of Accounting and Public Policy，30（1）：50-70.

Lanis R，Richardson G. 2012. Corporate social responsibility and tax aggressiveness：an empirical analysis[J]. Journal of Accounting and Public Policy，31（1）：86-108.

Lanis R，Richardson G. 2015. Is corporate social responsibility performance associated with tax avoidance？[J]. Journal of Business Ethics，127（2）：439-457.

第9章　利益相关者对企业社会责任信息传递的感知分析

正如第 7~8 章所述，理论上，“以企业社会责任信息披露来提升企业价值”与“企业履行社会责任从而造福利益相关者”的“双赢”格局在我国并未得到验证，究其原因主要是我国现行制度导致企业社会责任信息传递的充分性不足。因此，本书拟对我国现行企业社会责任信息传递的接收者（利益相关者）的感知进行分析，以了解利益相关者受企业社会责任信息影响的程度。

9.1　利益相关者对企业社会责任信息传递感知指标体系的构建

9.1.1　利益相关者对企业社会责任信息传递感知指标体系建立的原则和依据

前文对企业社会责任信息传递的动机、充分性，信息传递通过企业声誉对企业价值的影响、不同产权性质的企业社会责任信息传递对企业价值的影响、信息传递与税收规避的关系进行了分析，虽然其中论述了企业社会责任信息传递会影响利益相关者的心理，从而通过利益相关者的反馈增加企业的声誉，进而提升企业的价值，但并未从利益相关者的视角对企业社会责任传导的感知效应进行分析。因此，本书通过借鉴 ISO 26000 标准，在构建企业社会责任信息传递感知指标体系的基础上，通过调查问卷取得企业利益相关者感知价值的相应数据，研究利益相关者对企业社会责任信息传递的感知情况。本书在设计利益相关者对企业社会责任信息传递的感知指标时主要遵循以下几项原则：科学性原则、系统性原则、代表性原则和可操作性原则。

第一，科学性原则。评价指标体系的构建需要有科学的依据，本指标体系的构建主要依据 ISO 26000 进行，因为 ISO 26000 是经历了多个国家和组织参与形成的国际公认的较为科学的企业社会责任规范。第二，系统性原则。社会责任涉及的内容较多，因此本指标体系参照 ISO 26000 分为几大类指标群，所有的指标群围绕利益相关者构成一个整体，同时各指标群之间具有次级指标，通过层次划分和上下层次之间的联系和整体指标群组成一个完整的指标体系。第三，代表性原则。本指标体系参照 ISO 26000 中的核心指标群，包括股东、员工、消费者、商业伙伴、社区、政府、环境等，均为企业社会责任涉及的最有代表性的利益相关者或第三方事务，由此进行问卷调查得出的数据分析也才有说服力。第四，可操作性原则。企业社会责任的感知指标的选取需要结合中国的具体实践。考虑到调查问卷对象的可理解性和具体量化指标的可评价性，本指标体系在依据 ISO 26000 进行设计的基础上删除了个别难以获取或无法量化处理的指标，以便于之后的综合数据分析。

9.1.2　利益相关者对企业社会责任信息传递感知指标体系的构建

1. 企业社会责任——股东核心指标

作为企业的所有者，股东理所当然是企业最重要的利益相关者。在企业社会责任最初的理论争议中，不少学者认为企业利润最大化或者股东权益最大化就是全部的企业社会责任，因为在市场经济中，企业首要的目标是盈利，为股东创造财富和价值。但是随着社会的发展，尤其在西方发达国家，企业的股权集中度越来越低，随着股东权益的分散化，传统的大股东与企业管理层之间的委托代理关系往往已经转变为小股东与企业管理层之间的委托代理关系。由于小股东分布比较分散，获取信息的渠道也不尽相同，故企业的小股东之间的关系也逐渐演变为企业和社会公众投资者之间的关系，企业对股东的责任已经具有明显的社会性特征。总体而言，企业对股东的社会责任和企业对其他利益相关者的社会责任具有较大的差异性，其主要特点表现如下。

（1）企业对股东的首要社会责任是不得侵犯股东的合法权益。具有职业道德的企业管理层不会通过逆向选择、道德风险等方式侵害股东的合法权益。次贷危机发生之后美国三大汽车公司总裁乘坐私人飞机到美国国会寻求援助就是滥用职务消费，侵害股东权益的典型案例。因此，如何维持企业最基本的道德底线，切实维护股东权益是企业对股东的首要社会责任。

（2）企业对股东的次要社会责任是保障股东的资金安全、努力经营获得良好的投资回报率。企业经营的目的是盈利，但需要注意的是，盈利的前提是保障股东的资金安全，企业管理层不应为了自身的权力而贸然投资于风险较大的项目，如当年巴林银行就是被一个小小的交易员所拖垮，而企业管理层为了自身丰厚的报酬忽略了对该交易员的监管。因此，在保障股东资金安全基础上，如何更好地创造企业的利润是企业对股东次要的社会责任。

（3）企业对股东的再次要社会责任是需要向股东提供真实的生产经营、投资等信息。企业通过财务报表和年度报告等向股东提供信息，从而使投资者了解公司产品的经营情况和业绩，以及资产收益率、市盈率、资产负债率等财务指标信息。企业有责任而且有义务保证公司披露的所有信息及时、真实、可靠，企业对披露信息进行的虚假性陈述和误报都是违反法律规定、违背道德约束的，并将为此付出沉重的代价。

（4）企业对股东的其他社会责任还包括与企业的所有者（投资者）的沟通渠道通畅、树立良好的企业信誉、保证企业的长期生存和发展、努力降低操作成本等。

2. 企业社会责任——员工核心指标

根据前文所述的企业社会责任的理论基础之一——契约理论，企业和员工之间最基本的关系是契约关系，企业对员工的社会责任除了契约规定的支付员工合理报酬的经济关系之外，还有保障员工的安全工作权、休息休假权、就业选择权、社会保险权、接受职业教育权等法律责任和道德责任。只有履行应尽的法律责任，充分尊重员工的各项权益，才能有效调动员工的主观能动性，激发员工的工作热情，实现企业和员工的“双赢”。企业对员工的社会责任主要表现在以下几个方面。

（1）企业对员工的首要社会责任是为员工提供保障职业健康和安全的措施。员工通过提供劳务获取报酬以满足自身的生存、发展需求，企业通过员工提供的劳务创造经济价值以保证企业的生产经营和发展，因此，企业应为员工的生命安全提供保障，应为员工创造安全的工作环境和良好的工作条件。化工、采矿和深海作业等行业的工作性质本身带有一定的危害性，企业为获得与员工之间长期而稳定有效的工作关系，应严格执行相关行业有关劳动保护和行业安全的规定。此外，企业为牟一己私利使员工长期在阴暗潮湿、通风透气性不好的工作环境中作业，也是违背安全健康的工作环境标准的。

（2）企业对员工的次要社会责任是为员工提供平等的就业、升迁及接受职业教育的机会。企业为员工提供平等的就业机会在中国具有非常重要的现实意义，各种媒体报道的乙肝携带者在寻找工作时所遭遇的“隐形歧视”、男女性别不同造成的工作机会不同的情况屡见不鲜，要真正实现不同年龄、性别、民族、信仰等差异化员工的就业、升迁和接受职业教育机会的公平是企业对员工的次要社会责任，通过为员工提供良好的发展前景，提升员工的人力资本，有利于员工在自我实现的过程中为企业创造价值。

（3）企业对员工的再次要社会责任是为员工提供民主参与企业管理的渠道和机会。员工作为企业生产、经营活动的参与者，对企业的业务活动最为熟悉；同时员工作为被管理者间接或直接与企业领导接触，对企业的管理活动相对了解。因此，员工能够对企业的生产经营活动提出具有建设性的意见，应该拥有对企业的重大经济决策、未来发展等重大问题发表意见和建议的权利。企业尊重并赋予员工民主管理企业的权利，重视并采纳员工的意见和要求，能够调动员工的工作热情和劳动的积极性，提高工作效率，无形中助推企业利润最大化。

（4）企业对员工的其他社会责任还包括为员工提供良好的、科学透明的薪酬和福利待遇，为员工提供良好的休息制度（如带薪休假），塑造融洽的企业氛围和人际关系，与工会建立良好的合作关系，为员工提供投诉渠道，使其意见和建议能迅速得到反馈等。

3. 企业社会责任——消费者核心指标

消费者是企业创造利润的源泉，只有消费者认可的产品和服务才能为企业带来持续不断的收益。在市场经济环境下，提供高质量产品和优良服务的企业与消费者之间是“双赢”关系，消费者享受到优良的产品和服务所带来的满足感，企业获得利润，得以更好地扩大再生产。企业对消费者的社会责任主要表现在以下几个方面。

（1）企业对消费者的首要社会责任是保护消费者安全。企业应提供保护消费者健康和安全的合格产品和优良的服务，不生产、不经营假冒伪劣产品。通过公平交易，制定合理的产品价格，为顾客提供良好的售后服务，树立良好的品牌形象，以产生持续的利润。企业和消费者是相对又统一的矛盾体：利润最大化是企业追求的最终目标，而这一目标要靠消费者购买产品得以实现，消费者越青睐企业的产品并进行购买，企业效益越好。如果企业生产的产品物美价廉且安全环保，并能够满足消费者的需求和消费愿望，企业的销售额便会稳步提升，从而完成企业整个的资金循环，实现产品生产的利润；如果企业生产的产品以次充好、消费质量不过关，靠蒙骗消费者，损害消费者利益获取利润，企业就算短期能获得盈利，但长期而言会丧失消费者信任，导致产品销量大幅下滑，难以实现利润最大化的目标，并可能因为损害消费者权益付出高额的罚金。前几年三聚氰胺事件导致我国奶品行业销量和利润大幅下滑就是明显的例证。

（2）企业对消费者的次要社会责任是保护消费者信息和隐私的安全。消费者的个人信息和隐私是重要的私人权利。由于消费者在购买商品的过程中不可避免地暴露个人信息，办理会员卡或银联消费等都有可能将私人信息透漏给企业。而近年来消费者信息泄露的事件频发，一方面侵犯消费者的隐私权，另一方面给消费者带来财、物的损失，引发消费者的信任危机。由于目前我国企业对消费者信息安全责任的忽视，如记录信息的媒介丢失、员工离职带出等，尤其在信息时代，用电子文档存储大量个人信息的数据已被企业广泛采用，只需要拷贝或病毒侵袭就可能使消费者信息和数据被他人利用，故如何有效保护消费者信息的安全已经成为我国企业需要对消费者履行的次要社会责任。

（3）企业对消费者的再次要社会责任是保护消费者知情和自由选择的权利。由于企业和顾客之间存在着信息不对称，故企业可以利用信息优势诱导消费者，使其与企业之间达成不公平的消费交易。因此公平营销，向消费者提供全面、客观、真实的产品信息是企业应向消费者履行的重要社会责任。企业有责任通过发布真实的宣传资料，使消费者了解产品的性能、质量、价格等基本信息，如果企业在提供产品信息时发生提供虚假的宣传、说明书和标签与实际内容不符等行为，就是对消费者的知情权和自由选择权的侵犯，严重的还会产生法律后果。

（4）企业对消费者的其他社会责任还包括把顾客满意度作为企业绩效指标之一，建立良好的消费者争端处理机制，积极响应并处理每一件顾客投诉；平等对待所有消费者，给予消费者基本的尊重，不歧视消费者；不断进行技术开发和科技创新，从而提高产品质量，促进可持续消费；提高企业管理层与员工保护消费者权益的意识等。

4. 企业社会责任——商业伙伴核心指标

企业的商业伙伴主要是指债权人、供应商和销售商。商业伙伴与企业之间存在着密切的利益关系，如企业与债权人之间长期稳定的合作关系能保障企业现金流的安全，有利于企业可持续发展，而企业的健康运营也能保障债权人取得稳定的收益。经济全球化使供应链中企业间的关系发展成复杂的关系网络。企业的经营行为同时受其他许多上下游企业的影响，这些企业的生产效率和经营效益与企业的发展息息相关。因此，供应链整体生产效率和经营效益的提高能够增强企业的竞争力。故企业要在关注自身发展的同时协助供应链中其他企业的发展。也可以说，企业实现其对商业伙伴的责任能产生双赢的结果，企业对商业伙伴的社会责任主要表现在以下几个方面。

（1）企业对商业伙伴的首要社会责任是形成良好的合作伙伴关系。企业与债权人之间的合作伙伴关系是企业资金保持稳定来源的重要保证。这就需要企业对债权人要及时足额归还欠款，按商定的用途使用贷款，配合债权人的贷款条件审核，配合债权人的还款调查，让债权人有机会了解和参与企业的管理工作，以便于与债权人建立长期稳定的合作关系。企业与供应商、销售商之间的合作伙伴关系的基础是信任，尤其体现在供应链结点的企业之间。形成的原因通常是为了降低供应链总成本、降低库存水平、增强信息共享、改善相互之间的交流、保持战略伙伴关系之间操作的一贯性、产生更大的竞争优势，因此企业与供应商之间良好的合作伙伴关系主要体现在遵守商业合同，及时足额偿付供应商的货款，公平对待各个供应商，不利用买方优势讹诈供应商，为供应商提供技术支持，为供应商提供财务支持，让供应商有机会了解和参与企业的管理，最终建立双方稳定的业务关系。企业与销售商之间良好的合作伙伴关系主要体现在为分销商及时稳定供货，为分销商的业务增加价值，为分销商提供财务支持和技术支持，主动向分销商提供相关的生产信息，主动适应分销商的业务流程，让分销商有机会了解和参加企业的管理。

（2）企业对商业伙伴的次要社会责任是对商业伙伴的选择和监督。商业伙伴为企业的经营活动提供了各种相关要素，如资金、原材料、能源、设备、物流、分销和服务等，商业伙伴所提供的相关要素的质量、数量、价格会影响企业财务绩效及产品质量，尤其是在履行对消费者的社会责任时，商业伙伴的选择和监督十分重要，如三聚氰胺事件中，国内各奶业公司未能严格按质量标准选择其供应商——奶站，是酿成这一严重损害消费者利益事件的一个重要原因。因此，企业在选择商业伙伴时首先应不与从事各种非法商业活动，或形象不良的企业进行贸易往来，在对商业伙伴进行监督时应要求供应商、代理商、分销商等商业伙伴遵守商业道德。这方面可以借鉴全球化经营中在供应链合作关系方面有着更多实践经历的跨国公司的成功经验。

5. 企业社会责任——社区核心指标

企业在生产过程中与社区联系密切，社区是企业生存的根基，影响着企业的经营和发展。社区的社会服务是企业赖以生存的外部环境，企业的经营活动离不开金融与证券服务、水电供应、交通物流、治安环保、消防卫生等社区服务。企业是社区公民的一员，有享受所有社区服务的权利，也应承担对社区的责任。企业对社区的社会责任主要表现在以下几个方面。

（1）企业对社区的首要社会责任是提供就业机会，促进当地社区经济发展。企业是当地社区的基本经济单位，与当地社区的经济、社会发展密切相关，因此企业应主动采取对当地经济发展有益的措施，改善当地经济状况和发展水平。尤其是在解决当地社区的就业方面，企业的人力资源战略应充分考虑当地就业需要，为当地社区提供就业机会，促进当地待业人员的技能发展。

（2）企业对社区的次要社会责任是公益捐赠。企业公益捐赠行为，也可称为慈善公益，是企业资源将财、物赠送给与企业没有直接利益关系的受赠者用于慈善公益事业的行为。慈善是中华民族的传统美德，其理论与实践源远流长。企业捐赠是我国民间慈善的主体，相对于公民个人，企业慈善公益有着更强的社会感召力和影响力，能在全社会范围内改善整个慈善公益氛围。企业将慈善公益融于自身经营中，发挥产品技术优势和资源优势，同时享受慈善公益带来的社会认可和赞誉，于有形和无形中增强企业的持续竞争力。企业要将自身发展战略与公益事业相结合，制定公益事业规划，有计划、有步骤地进行公益投入，使其与企业成长相互促进。就企业在社区的公益捐赠责任履行方面，企业应积极进行慈善活动和社会公益宣传，赞助社区的文化、教育、艺术、体育等活动。其具体措施包括：首先，企业应建立和完善公益捐赠制度，明确企业捐赠的领域和每年捐赠预算，获得股东的支持。其次，企业要了解社区需求，优先解决最迫切的困难。最后，企业还需要确保其捐赠和资助的项目的切实可行性，把捐赠财物用到实处，为社会做出贡献。

（3）企业对社区的再次要社会责任是员工志愿者。企业作为所在社区的一员，其经营活动时时刻刻影响着社区，因此也必须履行其义务，而员工作为企业的一员，也应当为了地区的繁荣发展适当参与志愿者服务活动。凭借志愿活动，员工建立与当地社会的联系，实现从企业人到社会人的转变，从中也体现出自身更多的价值。企业应当积极开展和推动本企业的志愿者活动，服务于社区，并支持员工自发的志愿者活动。企业支持员工志愿者活动的原则：一是除企业计划的工作时间和社会贡献活动外，在尊重员工参与自由的基础上对志愿者活动进行支援；二是在员工专注于志愿活动时，管理层必须充分理解其意义，给予时间、考核等方面的支持，创造良好的氛围。

（4）企业对社区的其他社会责任包括主动参与社区发展规划与行动，收集社区投诉意见并迅速做出反应，避免与社区发生重大诉讼，由企业高层管理者监督企业活动对社区造成的负面影响，提升社区档次和品位、促进社区发展，投资社区的社会事业，积极促进社区卫生健康水平的提高，制定和执行有利于当地社区道德标准提高的企业伦理准则。当然，在全球化的背景下，大企业可以考虑在部分程度上拓展社区概念，如近年来，中国的一些大企业先后加入了联合国“全球契约”，这是在国际上推动企业社会责任的实践。

6. 企业社会责任——政府核心指标

企业是社会的基本经济单位，企业的发展离不开政府提供的公共产品和公共服务，而政府的有效运作、社会的进步也需要企业不断地创造价值和履行自身责任。企业更好地承担社会责任，能够营造一个更适合、更优异的生存和发展的外部环境，从而保障自身的可持续发展。因此，企业应牢记自己社会公民的角色，自觉承担社会公民应尽的责任和义务，要按照国家法律法规的规定进行合法经营、依法纳税，进一步完善企业内部责任治理，接受政府的监督和依法干预。

企业对政府的社会责任主要表现在以下几个方面。

（1）企业对政府的首要社会责任是合法诚信经营。企业的合法诚信经营是指企业要严格按照国家有关法律、法规和前置审批条件在行政管理机关登记注册的具体范围内从事生产经营活动。企业必须遵守工商行政管理、公共卫生、安全生产、环保、知识产权等多方面的法律、法规和部门规章的相关规定。合法诚信经营主要包括两个部分：①守法合规；②反腐败与反商业贿赂。

（2）企业对政府的次要社会责任是依法纳税。依法纳税是企业作为社会经济基本单位的法定义务和道德义务。作为社会的组成部分，企业享受了政府所提供的公平的市场竞争环境、较为完善的教育体系、便捷的公共交通系统、广覆盖的社会保障系统等公共产品和公共服务，为企业的生存和可持续发展奠定了良好的基础。作为法定义务和道德义务，企业依法纳税，通过将自身利润的一部分回馈给政府，以维持和改善公共产品和公共服务的提供，是维持社会有效正常运转的重要资金来源。因此，企业依法纳税是应对政府履行的重要社会责任。同时，企业要以纳税人的高度责任感，监督国家税务机关的执法行为，保障纳税人的合法权利。

（3）企业对政府的其他社会责任包括配合政府解决贫困、犯罪等社会问题，配合政府解决社会性灾难（如非典等突发事件），完善内部责任治理，要求企业自身行为符合社会道德要求，通过在企业治理、战略、结构、制度、文化、审计等管理措施中，将社会责任遵从意识进行深入，重新组合形成新的经营规则，并予以继承。

7. 企业社会责任——环境核心指标

企业在生产经营过程中必然会对环境产生影响，保护环境资源、节能降耗是企业基本的社会责任。只有企业和社会公民都积极行动起来，才能使普通民众远离雾霾，使天更蓝，水更清澈，绿色覆盖大地。企业对环境的社会责任主要表现在以下几个方面。

（1）企业对环境的首要社会责任是依法保护环境。目前我国环境保护法等相关法律法规对企业的环境保护责任已经有了明确的规定，政府各职能部门也相继颁布相关的部门规章对环境保护责任进行了约束和规范。因此，节约资源与能源，减少污染排放，减少环境影响已经成为企业的法定义务和责任。这就要求企业既要依法节能降耗、节约资源，在废物排放方面严格遵守国家标准，减少对水、空气等自然资源和社会环境的污染（如噪声），又要承担自身资源浪费和污染环境的治理费用，及时修复对环境造成的损害，切实履行起保护环境的法定责任。

（2）企业对环境的次要社会责任是自觉改善环境。企业应树立可持续发展理念，不能仅仅承担对环境的事后补救工作（污染环境后承担一定的治理费用），还应主动承担改善生态环境的重任，积极主动地开发节能环保产品，积极推进能源节约项目和环境保护项目，追求资源可持续利用，推进废料的回收与循环利用，定期监测和评价企业生产经营活动对环境的影响，避免类似于渤海湾漏油事件等严重损害自然生态环境的事件的发生。只有企业充分发挥在环保方面的带动作用，积极推进绿色会计和绿色审计，参与和开展环境公益活动，才能更好地履行自身的环保社会责任。

8. 指标体系构建

根据以上的分析以及在充分参考前人研究的基础上，基于本书研究的侧重点和方向，再针对各个利益相关者的企业社会责任设计了以下量化指标，如表 9-1 所示。其他非量化指标体现在企业社会责任信息传递感知调查问卷中，详见附录Ⅱ。

表 9-1　利益相关者对企业社会责任感知指标体系

<table>
<tr><th>利益相关者</th><th colspan="3">指标</th></tr>
<tr><td rowspan="6">员工</td><td colspan="2" rowspan="2">工资</td><td>员工收入提高率</td></tr>
<tr><td>工资拖欠率</td></tr>
<tr><td colspan="2" rowspan="2">福利</td><td>社保提取率</td></tr>
<tr><td>社保支付率</td></tr>
<tr><td colspan="2" rowspan="2">培训</td><td>人力资本投入水平</td></tr>
<tr><td>员工人均年教育经费率</td></tr>
<tr><td rowspan="4">消费者</td><td colspan="2" rowspan="2">产品质量</td><td>产品返修率</td></tr>
<tr><td>消费者投诉率</td></tr>
<tr><td colspan="2">产品价格</td><td>产品价格比率</td></tr>
<tr><td colspan="2">服务质量</td><td>准时交货率</td></tr>
<tr><td rowspan="5">商业合作伙伴</td><td rowspan="3">债权人</td><td rowspan="2">及时收回贷款</td><td>资产负债率</td></tr>
<tr><td>现金流动负债比率</td></tr>
<tr><td>长期发展</td><td>已获利息倍数</td></tr>
<tr><td rowspan="2">供应商和销售商</td><td>企业及时付款</td><td>平时及时结算比率</td></tr>
<tr><td>长期稳定合作</td><td>订货完成率</td></tr>
</table>

续表

利益相关者	指标	
政府	社会贡献	社会贡献率
		就业贡献率
	税收	社会积累率
		税负比率
社区	社区活动赞助	活动赞助比率
	社区共建	社区活动次数比率
环境资源	环境保护	环保投资率
		单位收入耗能量
		单位收入排放量
		材料用废率
	节约资源能源	单位产值能耗
		可再生能源使用比率
股东	成长性	资本保值增值率
		销售增长率
	收益性	净资产收益率
		每股收益
	安全性	资产负债率
		流动比率

9.2　利益相关者对企业社会责任信息传递感知指标体系的应用

9.2.1　数据来源

本书根据被调查对象不同，将企业社会责任信息传递感知调查问卷分为一般组企业社会责任调查问卷和专家组企业社会责任调查问卷，其中一般组企业社会责任感知的调查问卷随机选取涉及消费者、企业员工、企业债权人、企业供应商、社区工作人员、股东、税务机关工作人员等利益相关者群体的个人进行调查，而专家组企业社会责任感知的调查问卷主要选取社会学、经济学、管理学等企业社会责任涉及学科的大学教授作为调查主体，具体调查问卷见附录Ⅱ。一般组企业社会责任感知的调查问卷主要采取网络在线调查、电子邮件调查、电话调查和现场采访等方式完成；专家组企业社会责任感知的调查问卷主要采取电子邮件调查和电话调查的形式完成。本次调查问卷针对一般组共发放调查问卷 2 000

份，实际收回的有效调查问卷为1 387份；针对专家组共发放调查问卷300份，实际收回的有效调查问卷为218份。

9.2.2 数据分析

1. 一般问卷分析

1）基本信息分析

由表 9-2 可知，本次调查所涉及的调查对象涵盖了企业从业人员、企业管理人员（由于企业可能既扮演供应商，又扮演销售商的角色，故企业管理人员的社会责任感知情况既包括了本企业的社会责任感知状况，又包括了供应商和销售商的感知状况）、农民工（由于我国城乡二元经济体制，本书专门将农民工从公司员工中独立出来进行统计，因此本调查问卷中的公司员工统计口径不包括农民工）、自由职业者、消费者协会从业人员、公务员（由于政府这个企业的利益相关者重点关注的是企业的纳税情况，同时企业社会责任中的环保责任广受重视，调查问卷中将政府公务员划分为环保部门、税务部门和非环保非税务部门——主要是社区公务员）、在校学生和其他，其中企业从业人员、农民工加上自由职业者达 36.69%，能较好地反映员工这个利益相关者群体对企业社会责任的感知情况，而除了消费者协会从业人员之外的被调查个人也兼具消费者的身份，有助于系统地反映消费者的感知情况。

表 9-2 被调查对象职业统计

职业	人数	比例
企业从业人员	273	19.68%
企业管理人员	177	12.76%
农民工	135	9.73%
自由职业者	101	7.28%
消费者协会从业人员	71	5.12%
公务员（环保部门）	80	5.77%
公务员（税务部门）	101	7.28%
公务员（非环保非税务部门）	16	1.16%
在校学生	376	27.11%
其他	57	4.11%
合计	1 387	100.00%

由表 9-3 可知，调查对象的受教育程度分布在 10.74%~24.95%，涵盖了初中及以下到研究生各个不同受教育程度的阶层，各个调查对象分布平均，表明调查

问卷数据来源广，能较为准确地反映利益相关者的感知情况。

表 9-3　被调查对象受教育程度统计

受教育程度	人数	比例
初中及以下	299	21.56%
高中（中专）	346	24.95%
大专	328	23.65%
本科	265	19.11%
研究生	149	10.74%
合计	1 387	100.00%

注：表中数据进行过舍入修约

由表 9-4 可知，由于互联网技术的迅猛发展，网络媒体已经成为人们获取信息的首要渠道，故本书的被调查对象了解企业社会责任的首要信息渠道是网络新闻，高达 73.83%，然后才是电视和报刊等传统媒体，当然，与人们日常生活息息相关的微博微信仅仅发挥了 36.55%的作用，说明企业社会责任还并未成为普通民众日常生活的常用词，企业社会责任的信息传递渠道还有待进一步完善。政府部门宣传也占了 22.78%的比例，说明政府的公信力还是发挥了一部分作用，而企业公布的社会责任报告也起到了一定的信息传递的作用，消费者保护协会等行业协会的宣传、工会的日常工作也有一定的效果，而社区的宣传由于其范围的限制，效果相对较差。

表 9-4　被调查对象了解企业社会责任信息渠道统计

了解渠道	选中次数	比例
网络新闻	1 024	73.83%
电视	840	60.56%
报刊	613	44.20%
微博微信	507	36.55%
政府部门宣传	316	22.78%
企业公布的社会责任报告	190	13.70%
消费者保护协会宣传	180	12.98%
工会	167	12.04%
社区宣传	118	8.51%

2）企业社会责任信息传递感知分析

由表 9-5 可以发现：被调查对象对上市公司和央企的社会责任方面的信息了

解较多，尤其是企业员工政策、消费者问题和环境保护责任，均有超过 60%以上的简要了解，说明我国的上市公司和央企的强制性社会责任信息披露取得了一定效果。但对中小企业的社会责任，即使是最受关注的企业员工政策和消费者问题也未能超过 50%，说明由于企业规模的限制及生存的压力，在企业社会责任信息披露方面仍未能引起足够重视。被调查对象对外资企业的社会责任的了解也不足，在环境保护责任方面的了解不如我国的上市公司和央企，仅仅高于规模小的中小企业，可能是因为除了部分大型的跨国企业之外，其他外资企业缺乏披露社会责任的动机，尤其在中国法治环境还有待进一步健全的背景下具有侥幸心理。

表 9-5　被调查对象对企业所披露的社会责任信息了解程度统计表

企业社会责任信息	上市公司		央企		中小企业		外资企业	
	选中次数	比例	选中次数	比例	选中次数	比例	选中次数	比例
企业员工政策	1 011	72.89%	941	67.84%	632	45.57%	533	38.43%
消费者问题	982	70.80%	917	66.11%	621	44.77%	623	44.92%
环境保护责任	908	65.47%	852	61.43%	357	25.74%	461	33.24%
公平营运问题	763	55.01%	624	44.99%	494	35.62%	301	21.70%
组织管理	562	40.52%	699	50.40%	375	27.04%	469	33.81%
社区参与和发展	459	33.09%	543	39.15%	404	29.13%	273	19.68%

当然，即使是社会责任信息传递最好的上市公司和央企，被调查对象对公平营运问题、组织管理仍了解不足，尤其是对社区参与和发展的了解最少，这与国外企业社会责任的信息传递相比仍然有一定的差距。而由于中小企业和外资企业本身对社会责任信息披露就不足，被调查对象对其的了解就更为匮乏。

另外，本书成员根据调查问卷的统计数据发现，被调查对象的受教育水平会明显影响其了解企业社会责任信息的程度。受教育程度较高的被调查对象对企业社会责任信息的了解程度要高于受教育程度较低的被调查对象，这可能是因为受教育程度较高的被调查对象会对环境保护、消费者保护、员工福利等信息更加关注所引起的；而受教育程度较低的被调查对象可能更关注自身的收入水平，因此对企业社会责任所披露的信息的关注程度更低。

进一步的调查问卷统计数据显示，被调查对象认为：在消费者保护方面，企业需要披露的社会责任信息应主要关注于产品是否保障了消费者的身体健康和安全、是否提供了良好的售后服务；在员工福利方面，企业需要披露的社会责任信息应主要关注于员工的薪酬和福利是否合理、是否有职业健康保障、能否有较好的职业生涯发展；在环境保护方面，企业需要披露的社会责任信息应主要关注于是否按照法律法规避免了对空气和水等自然资源的污染、是否在产生污染后及时对环境进行修复；在公平运营方面，企业需要披露的社会责任信息应主要关注于是否照章纳税和诚信经营、是否及时足额归还债权人的借款、是否公平对待供应商和销售商、是否要求供应商和销售商遵守职业道德、是否遵守合同，不从事任何非法的商业活动；在组织管理方面，企业需要披露的社会责任信息应主要关注于是否有合理的公司治理制度，为投资者提供合理的回报并充分披露其财务和社会责任信息、充分保障各类股东的利益；在社区参与与发展方面，企业需要披露的社会责任信息应主要关注于是否促进了当地的经济发展和就业水平、是否促进了当地社区失业人员的就业技能、是否为社区发展及规划出谋划策。

3）企业社会责任信息传递应有的主要内容及推动力量分析

从表 9-6 可以看出，被调查者认为在消费者方面，企业最应披露的社会责任指标包括消费者投诉率、产品返修率、售后服务率、准时交货率，并希望有权威的政府部门或相关协会组织保障数据的准确性；在员工政策方面，企业最应披露的社会责任指标包括员工人均收入、员工收入提高率、工资拖欠率、安全生产事故伤亡率、社保提取率等；在环境保护责任方面，企业最应披露的社会责任指标包括环保投资率、单位收入能耗率、单位收入排废率；在股东责任方面，企业最应披露的社会责任指标包括每股收益、净资产收益率、资产负债率、资本保值增值率等传统财务指标；在债权人责任方面，企业最应披露的社会责任指标包括资产负债率、已获利息倍数、现金流动负债比率等传统财务指标；在政府责任方面，企业最应披露的社会责任指标包括税负比率、就业贡献率等；在供应商责任和销售商责任方面，企业最应披露的社会责任指标包括平均及时结算比率和订货完成率；在社区责任方面，企业最应披露的社会责任指标包括捐赠收入比率、社区发展经费支出、社区活动参与次数和社区就业贡献率。

表 9-6　被调查对象认为企业社会责任信息传递应有内容列表

企业社会责任信息	应披露指标统计
消费者问题	①消费者投诉率 90.70%　②产品返修率 86.16%　③售后服务率 83.85% ④准时交货率 76.71%　⑤单位收入 57.89%　⑥售后服务费率 48.88%
员工政策	①员工人均收入 81.33%　②员工收入提高率 78.51%　③工资拖欠率 74.26% ④安全生产事故伤亡率 67.56%　⑤社保提取率 63.37% ⑥工作时间标准 59.84%　⑦人力资本投入水平 54.43% ⑧员工人均教育经费 50.04%　⑨职业病发病率 46.86% ⑩劳动合同签约率 38.93%
环境保护责任	①环保投资率 62.87%　②单位收入能耗率 62.65% ③单位收入排废率 57.75%　④环保经费与销售收入比率 49.17% ⑤材料用废率 41.74%　⑥单位产值能耗 41.02% ⑦环保经费增长率 35.04%　⑧可再生能源使用比率 32.95% ⑨污染物排放达标率 30.00%

续表

企业社会责任信息	应披露指标统计
股东责任	①每股收益 90.99%　②净资产收益率 80.03%　③资产负债率 75.99% ④资本保值增值率 72.03%　⑤流动比率 58.98%　⑥销售增长率 52.99%
债权人责任	①资产负债率 95.03%　②已获利息倍数 88.97% ③现金流动负债比率 85.94%
政府责任	①税负比率 81.10%　②就业贡献率 80.10% ③社会贡献率 67.84%
供应商责任	①平均及时结算比率 95.31%　②订货完成率 95.24%
销售商责任	
社区责任	①捐赠收入比率 79.60%　②社区发展经费支出 75.70% ③社区活动参与次数 70.30%　④社区就业贡献率 69.65%

另外，调查问卷的数据显示，被调查对象认为政府部门、环保部门和新闻媒体是推动我国企业社会责任信息传递的最重要的单位，而目前我国企业社会责任信息披露最需要解决的问题是完善相关法律法规和加强政府的监督力度。

4）调查问卷信度分析

以上调查问卷的结果为我们衡量利益相关者对企业社会责任信息传递的感知情况提供了较为直观的认识。但要保障调查问卷的科学性和有效性，还需要对本书设计的调查问卷的稳定性、可靠性进行分析，以证明调查问卷的设计是有效的。一般而言，对调查问卷设计是否合理有效的检验方法是调查问卷的信度分析，主要用于检验调查问卷的检验结果是否一贯、一致、能再现和稳定。

本书采用 SPSS 软件，对问卷进行信度分析。具体而言，针对本问卷，提取了 A1、A3、B1、B6~B14、C1、C2 等问题，对问题进行量化后进行分析，分析结果如表 9-7 所示。

表 9-7　调查问卷信息分析表

案例处理汇总			
案例	分类	*N*	%
	有效	1 387	100.0
	已排除	0	0.0
	总计	1 387	100.0

可靠性统计量		
Cronbach's Alpha	基于标准化项的 Cronbach's Alpha	项数
0.805	0.715	40

续表

项目统计数据							
项目	平均数	标准偏差	*N*	项目	平均数	标准偏差	*N*
职业	4.594 8	2.447 76	1 387	股东 1	2.762 8	2.150 36	1 387
受教育程度	2.725 3	1.287 73	1 387	股东 2	3.405 2	1.922 43	1 387
消费者 1	1.706 6	1.494 48	1 387	股东 3	3.969 7	1.735 12	1 387
消费者 2	3.637 3	2.504 63	1 387	政府 1	2.397 3	1.973 88	1 387
消费者 3	5.475 1	3.261 77	1 387	政府 2	3.114 6	1.787 56	1 387
员工 1	3.434 0	4.737 31	1 387	政府 3	3.568 9	1.534 63	1 387
员工 2	4.621 5	5.157 43	1 387	自然环境 1	2.408 1	1.987 88	1 387
员工 3	6.124 7	5.689 88	1 387	自然环境 2	3.089 4	1.764 84	1 387
债权人 1	2.400 1	1.975 48	1 387	自然环境 3	3.593 4	1.546 92	1 387
债权人 2	3.097 3	1.766 26	1 387	社区和社会 1	1.729 6	1.533 56	1 387
债权人 3	3.594 8	1.537 95	1 387	社区和社会 2	3.659 7	2.523 39	1 387
供应商 1	2.764 2	2.164 57	1 387	社区和社会 3	5.476 6	3.262 67	1 387
供应商 2	3.425 4	1.926 32	1 387	措施 1	2.419 6	2.002 49	1 387
供应商 3	3.956 7	1.717 70	1 387	措施 2	3.076 4	1.756 85	1 387
销售商 1	2.750 5	2.155 85	1 387	公布信息 1	3.217 0	1.777 62	1 387
销售商 2	3.414 6	1.923 24	1 387	公布信息 2	3.540 7	1.685 27	1 387
销售商 3	3.923 6	1.735 77	1 387	公布信息 3	3.386 4	1.659 91	1 387
单位或个人 1	1.712 3	1.510 96	1 387	公布信息 4	3.641 7	1.694 77	1 387
单位或个人 2	3.596 3	2.472 64	1 387	公布信息 5	3.600 6	1.704 91	1 387
单位或个人 3	5.400 9	3.225 88	1 387	公布信息 6	3.613 6	1.685 36	1 387

由表 9-7 可以发现，信度系数法的结果显示量表的信度系数达到 0.805，大于 0.8，表示量表的信度可以接受，也就是本书所采用的调查问卷的编制较为合理，评价结果较为可信。

5）总结

随着经济社会的发展，企业社会责任日益受到重视，公布企业社会责任报告的上市公司和非上市公司越来越多，但就本书的调查问卷结果来看，利益相关者对企业社会责任信息的传递还不太敏感，对某些信息不太了解。总体而言，大多数受访者认为企业社会责任的信息披露非常重要，而要推动我国企业进一步履行社会责任并及时有效地将信息传递给利益相关者，还有赖于法律法规的完善。多数受访者在企业社会责任信息传递机制完善的问题上，寄希望于政府的强力推动和有效监督，并认为企业应进一步重视在员工福利、消费者利益保护和环境保护方面履行相应的责任并及时向利益相关者传递信息，对消费品的质量、员工福利及安全、环境保护的效果、企业对社区的各项贡献、企业对债权人和股东及商业伙伴的责任等各方面披露较为详细的，尤其是有数据支撑的可量化的信息。

2. 专家组问卷分析

1）基本信息分析

从表 9-8 可以发现，专家组调查问卷主要针对的被调查对象是涉及企业社会责任相关理论研究的社会学、经济学、管理学专业的大学专家，有利于调查问卷回答的专业性。同时被调查对象以副高以上职称的老师为主，涵盖了教授、副教授、讲师各职称层次。除少数老教师是硕士之外，其余专家均是博士，能较好地保障专家的权威性。

表 9-8 被调查对象研究方向、职称和学历统计表

研究方向	比例	职称	比例	学历	比例
社会学	33.94%	教授	16.97%	博士	94.04%
经济学	35.78%	副教授	44.04%	硕士	5.96%
管理学	30.28%	讲师	38.99%		
合计	100%	合计	100%	合计	100%

2）对企业社会责任信息披露的满意程度及主要问题分析

从表 9-9 可以发现，没有专家对我国企业社会责任信息披露现状非常满意，很满意的专家也仅仅只有 5.5%，高达 83.03%的专家的意见是“不满意”，结合前文中的一般调查问卷，说明目前我国企业社会责任信息披露的工作仍任重而道远。当然，近年来我国企业社会责任报告的发布还是呈现积极向上的态势，因此对企业社会责任信息传递非常不满意的专家比例也不高，仅仅有 11.47%。专家不满意的主要问题体现在：高达 77.98%的专家认为目前我国企业社会责任信息披露形式化，所披露的社会责任实质内容不足；高达 72.02%的专家认为目前企业社会责任报告存在美化的嫌疑，报喜不报忧；有 71.10%的专家对企业社会责任信息传递的监督机制不满意，认为独立的第三方验证制度是缺乏的；还有 44.04%的专家认为企业社会责任范围的界定各企业不一致，导致信息的披露可比性不足；最后还有 5.05%的专家认为有其他原因影响了企业社会责任的信息有效传递。

表 9-9 专家对企业社会责任信息披露满意程度及主要问题统计表（单位：%）

披露现状	比例	主要问题	比例
非常满意	0	社会责任信息披露过于形式	77.98
很满意	5.5	企业社会责任信息披露存在报喜不报忧、言行不一致	72.02
不满意	83.03	缺乏独立的第三方审计	71.10

续表

披露现状	比例	主要问题	比例
非常不满意	11.47	对企业社会责任范围的界定不一致	44.04
		其他	5.05
合计	100		

3）利益相关者的范围分析

从表 9-10 可以发现，在对利益相关者的范围的认识上，对传统的企业关注的股东和债权人，专家是比较认可的；对员工和消费者，也有超过 65%的专家认为是重要的企业利益相关者；对自然环境、政府、供应商、社区和社会，超过一半的专家也认可属于重要的企业利益相关者范畴；对于销售商，只有 38.07%的专家认为其属于企业利益相关者的范畴，这可能是因为我国部分销售商属于企业自建的销售渠道、部分大型销售商在谈判中完全处于凌驾于企业之上的地位，因此在关注利益相关者的权益问题上，部分专家认为不需要考虑销售商。

表 9-10　专家赞同的利益相关者范围列表（单位：%）

利益相关者范围	比例	利益相关者范围	比例
股东	72.02	销售商	38.07
员工	66.97	政府	55.96
债权人	70.18	自然环境	59.17
消费者	67.89	社区和社会	50.00
供应商	55.05	其他	5.50

4）披露社会责任的主体范围分析

对于披露企业社会责任的主体范围，专家们的意见比较一致，都认为上市公司、中央企业必须披露社会责任信息，大部分专家认为外企应该披露其社会责任信息。但对中小企业，仅仅有 44.04%的专家认为中小企业也应披露企业社会责任信息，可能是因为就我国现状而言，中小企业面临的首要问题是生存，因此其社会责任披露不是首要考虑的政策目标。

5）企业社会责任信息传递指标分析

由表9-11可以发现，被调查的专家认为企业应披露的消费者问题量化信息与一般被调查者相比基本相同，应包括消费者投诉率、售后服务率、产品返修率、售后服务费率、准时交货率等；被调查的专家认为企业应披露的员工政策量化信息应包括员工收入提高率、工资拖欠率、工作时间标准、安全生产事故伤亡率、社保提取率等，与一般被调查者相比不同的是，被调查的专家认为员工人均收入的重要性远远低于员工收入提高率、工资拖欠率、工作时间标准、安全生产事故伤亡率、社保提取率等指标；被调查的专家认为企业应披露的环境保护责任量化信息应包括环保投资率、环保经费与销售收入比率、单位收入能耗率、环保经费增长率、污染物排放达标率、可再生能源使用比率、单位产值能耗、单位收入排废量等在内大部分量化指标，和一般被调查者相比，除了材料用废率指标专家选择较少外，其他各项指标的选择比例比较接近，说明专家更重视环境保护的全面指标衡量；被调查的专家认为企业应披露的股东责任信息应包括净资产收益率、每股收益、资本保值增值率等传统财务指标，与一般被调查者不同的是，专家对资产负债率的重视程度不高，因为该指标主要体现的是企业的偿债能力；与一般被调查者一样，被调查的专家认为企业应披露的债权人责任信息应包括资产负债率、现金流动负债比率、已获利息倍数等传统财务指标；被调查的专家认为企业应披露的政府责任信息应包括就业贡献率、税负比率、社会贡献率等，与一般被调查者略有不同的是，专家的重要性排序中就业贡献率高于税负比率；与一般被调查者一样，被调查的专家认为企业应披露的供应商责任和销售商责任信息应包括平均及时结算比率和订货完成率；被调查的专家认为企业应披露的社区和社会责任信息应包括社区发展经费支出、社区就业贡献率、捐赠收入比率和社区活动参与次数，与一般被调查者略有不同的是，专家的重要性排序中社区就业贡献率高于捐赠收入比率。

表 9-11　专家认可的企业社会责任信息传递应有内容列表

企业社会责任信息	应披露指标统计
消费者问题	①消费者投诉率 88.99%　②售后服务率 73.39%　③产品返修率 66.51% ④售后服务费率 65.14%　⑤准时交货率 50%　⑥单位收入 22.94%
员工政策	①员工收入提高率 66.97%　②工资拖欠率 65.14%　③工作时间标准 64.22% ④安全生产事故伤亡率 57.34%　⑤社保提取率 55.96% ⑥员工人均所得 55.05%　⑦员工人均教育经费 50% ⑧职业病发病率 48.42%　⑨劳动合同签约率 47.71% ⑩人力资本投入水平 38.07%
环境保护责任	①环保投资率 72.02%　②环保经费与销售收入比率 66.97% ③单位收入能耗率 61.01%　④环保经费增长率 60.55% ⑤污染物排放达标率 59.63% ⑥可再生能源使用比率 58.72%　⑦单位产值能耗 56.88% ⑧单位收入排废量 55.96%　⑨材料用废率 18.35%
股东责任	①净资产收益率 77.98%　②每股收益 72.48% ③资本保值增值率 71.10%　④资产负债率 50% ⑤销售增长率 34.86%　⑥流动比率 27.06%
债权人责任	①资产负债率 88.07%　②现金流动负债比率 83.49% ③已获利息倍数 50%
政府责任	①就业贡献率 88.53%　②税负比率 72.94%　③社会贡献率 55.96%
供应商责任 销售商责任	①平均及时结算比率 88.99%　②订货完成率 66.51%
社区和社会责任	①社区发展经费支出 77.52%　②社区就业贡献率 72.02% ③捐赠收入比率 61.47%　④社区活动参与次数 60.55%

另外，被调查的专家们还提出了许多进一步推进我国企业社会责任信息传递的建议，包括：法律应明确规范并细化企业社会责任信息披露的内容和形式；企业责任信息可以按企业类型和规模分类披露；企业社会责任的相关规定需要更加公开和透明；政府应披露对企业社会责任的监管情况，督促企业及时准确进行披露；企业社会责任信息的披露应接受第三方监督；企业和政府都应进一步加大对社会责任信息传递的力度；在政府加强监督的同时，企业也需要增加其企业社会责任信息披露的自律性。

9.3 本章小结

本书调查发现，由于互联网技术的迅猛发展，网络媒体已经成为人们获取企业社会责任信息的首要渠道，然后才是电视和报刊等传统媒体，作为重要的自媒体工具的微博微信，在企业社会责任信息传递方面的作用仍有待加强，政府的宣传、消费者保护协会等行业协会的传播、工会的日常工作也对企业社会责任的信息传递起到了一定的促进作用，但企业社会责任的信息传递渠道仍有待进一步完善。

从企业类型和规模来看，被调查对象对上市公司和央企的社会责任信息了解较多，尤其是企业的员工政策、消费者问题和环境保护责任，但对中小企业和外资企业的社会责任了解不足，而被调查对象的受教育水平会明显影响其了解企业社会责任信息的程度。

进一步的调查问卷统计数据显示，被调查对象认为：在消费者保护方面，企业需要披露的社会责任信息应主要关注于产品是否保障了消费者的身体健康和安全、是否提供了良好的售后服务；在员工福利方面，企业需要披露的社会责任信息应主要关注于员工的薪酬和福利是否合理、是否有职业健康保障、能否有较好的职业生涯发展；在环境保护方面，企业需要披露的社会责任信息应主要关注于是否按照法律法规避免了对空气和水等自然资源的污染、是否在产生污染后及时对环境进行修复；在公平运营方面，企业需要披露的社会责任信息应主要关注于是否照章纳税和诚信经营、是否及时足额归还债权人的借款、是否公平对待供应商和销售商、是否要求供应商和销售商遵守职业道德、是否遵守合同，不从事任何非法的商业活动；在组织管理方面，企业需要披露的社会责任信息应主要关注于是否有合理的公司治理制度，为投资者提供合理的回报并充分披露其财务和社会责任信息、充分保障各类股东的利益；在社区参与与发展方面，企业需要披露的社会责任信息应主要关注于是否促进了当地的经济发展和就业水平、是否促进了当地社区失业人员的就业技能、是否为社区发展及规划出谋划策。

通过对专家组的调查问卷分析发现，没有专家对我国企业社会责任信息披露现状非常满意，很满意的专家占比也较低，绝大多数专家对我国企业社会责任信息传递的现状并不满意。大部分专家认为目前我国企业社会责任信息披露形式化，所披露的社会责任实质内容不足，目前企业社会责任报告存在美化的嫌疑，报喜不报忧；同时大部分专家对企业社会责任信息传递的监督机制不满意，认为独立的第三方验证制度是缺乏的；部分专家指出，企业社会责任范围的界定各企业不一致，导致信息的披露可比性不足。

对于披露企业社会责任的主体范围，专家们的意见比较一致，都认为上市公司、央企必须披露社会责任信息，大部分专家认为外企应该披露其社会责任信息。但对中小企业，部分专家认为中小企业可以不必披露企业社会责任信息。

对企业应披露的社会责任信息量化指标，专家们和一般被调查者的大部分认识是一致的，认为消费者责任应披露消费者投诉率、售后服务率、产品返修率、售后服务费率、准时交货率等指标；员工政策应披露员工收入提高率、工资拖欠率、工作时间标准、安全生产事故伤亡率、社保提取率等指标；环境保护责任应披露环保投资率、环保经费与销售收入比率、单位收入能耗率、环保经费增长率、污染物排放达标率、可再生能源使用比率、单位产值能耗、单位收入排废量等指标；股东责任应披露净资产收益率、每股收益、资本保值增值率等指标；债权人责任应披露资产负债率、现金流动负债比率、已获利息倍数等指标；政府责任信息应披露就业贡献率、税负比率、社会贡献率等指标；供应商责任和销售商责任应披露平均及时结算比率和订货完成率等指标；社区和社会责任应披露社区发展经费支出、社区就业贡献率、捐赠收入比率和社区活动参与次数等指标。

另外，被调查的专家们还提出了许多进一步推进我国企业社会责任信息传递的建议，包括：法律应明确规范并细化企业社会责任信息披露的内容和形式；企业责任信息可以按企业类型和规模分类披露；企业社会责任的相关规定需要更加公开和透明；政府应披露对企业社会责任的监管情况，督促企业及时准确进行披露；企业社会责任信息的披露应接受第三方监督；企业和政府都应进一步加大对社会责任信息传递的力度；在政府加强监督的同时，企业也需要增加其企业社会责任信息披露的自律性。

第10章　完善企业社会责任信息传递机制的路径选择

从前文分析可以看出，我国企业出于更高的盈利水平、更低的融资成本及更低的代理成本等动机，向社会公众披露企业社会责任信息。企业社会责任信息主要采取定性描述的方式，普遍存在“报喜不报忧”的情况，所披露的定量数据信息较少，且较少经过专业的第三方的验证，披露的社会责任信息的充分性和完整性有待进一步加强；我国上市公司在传递企业社会责任信息这一过程中，通过“品牌价值”这一通道，进一步影响企业的价值。企业社会责任传递机制对企业价值所起到的增值功能，在民营企业中表现得更为显著。而从利益相关者对我国企业社会责任信息的感知程度来看，利益相关者对企业社会责任信息传递的感知较差，企业社会责任信息传递的接受和反馈机制仍有待进一步建立。鉴于中国的实际国情，进一步推进我国企业社会责任信息传递机制的建设，主要需要依靠政府及相关监管部门的努力。本书认为，若能从以下几个方面多管齐下，将有利于改进我国的企业社会责任信息传递机制。

10.1　建立健全企业社会责任报告相关的法律法规体系

前文研究结果表明，我国现行规范企业社会责任信息披露的法律法规及部门规章的总体规范层次较低且强制力不够，各项规范的规定与国际公认标准还有较大的差距。目前社会责任报告的披露内容仅局限于沪、深两市发布的指引所强制性要求披露的企业社会责任基本信息，强制性要求之外的自愿性社会责任信息披露与国外企业相比还有较大的差距。而由于我国对企业社会责任信息披露的认识还处于探索阶段，两市指引对企业社会责任报告内容的规定较为概括，故我国上市公司披露的社会责任报告的内容五花八门，缺乏统一的规范，与国外发达国家大公司所披露的社会责任信息还存在较大的差距。虽然企业社会责任信息披露有其特殊的时代背景和国情限制，但随着经济社会的不断发展，空气污染、土壤污染、水污染、食品安全问题、产品质量等问题日益引起人们的关注，对企业社会责任报告所披露的信息要求已经不仅局限于简单的数量要求，对企业社会责任信息披露的质量也提出了更高的要求。

鉴于此，本书建议，全国人大等立法部门可以在吸收现有的法律法规和部门规章的合理规定的基础上，参照国际公认社会责任信息披露的规范标准，吸收借鉴学术界和实务界的研究成果，从法律上建立我国统一的社会责任信息披露制度，同时辅以具体法规对法律进行解释，确保社会责任信息披露制度的可操作性。当然，鉴于目前我国的具体国情，可以分两步走：第一步，由国务院国资委、中国证监会、生态环境部等部门参照会计准则对财务报告的规定，对我国上市公司、央企、重污染行业企业的社会责任报告的原则、内容、格式、分级标准、信息的质量要求、披露不实信息或未能及时披露信息的相关惩罚等做出较为翔实的规定，应比照会计准则等规定，对企业社会责任信息披露的可靠性、充分性、可比性、及时性提出要求，切实规范我国企业（尤其是以国企和上市公司为代表的大企业）披露的社会责任报告。在企业社会责任报告的内容披露上，建议借鉴我国企业会计准则，在我国企业负责信息披露人员的素质仍有待提高的环境下，统一规定我国上市公司和大型企业所披露的社会责任报告的整体框架结构、必须披露的分级分类信息，尤其应强制性要求企业披露基本的定量信息，确保企业说明其对消费者、环境、供应商、债权人、企业管理层、员工、社区和其他利益相关者所履行的社会责任，不能仅仅通过自我美化的文字说明就完成全部的企业社会责任报告。尤其需要注意的是，社会责任报告规定中应参照财务会计报告的相关要求，参考 ISO 26000 和 GRI 等的相关规定，结合我国国情，积极探索建立企业社会责任信息披露的定量披露指标体系，强制性要求企业披露涉及各利益相关者的各项定量的社会责任指标，以避免现行的企业普遍美化夸大其履行的企业社会责任且对损害利益相关者行为避而不谈的问题。企业披露的社会责任指标体系建议采用相对值指标，以便更好地使各种行业特征、规模不同的企业所披露的企业社会责任报告具有可比性。第二步，在各部委所公布的企业社会责任信息披露规范试点实施后，根据实际运行状况组织专家和实务人员进行进一步论证，待条件成熟时，由全国人民代表大会常务委员会讨论立法，进一步为依法治国做出重要的贡献。需要注意的是，有部分专家学者建议在社会责任报告披露的规范制定时需要考虑中国各地的具体经济发展水平和现实的社会责任履责情况，本书认为，应统一由法律法规规范全国的社会责任报告行为，考虑到中国国情，根据我国区域发展、行业发展不平衡的现状，鉴于中小企业规模所限、难以承担过高的社会责任要求，可以考虑规定一定规模以上的企业才必须披露社会责任信息，以避免过分加大我国中小企业的运营成本，可以考虑借鉴企业会计准则相关指南的做法，先从影响群体较广、享受政府资源较多的上市公司开始，制定上市公司企业社会责任报告披露指南，在企业社会责任信息披露基本规范的基础上，通过指南进一步具体明确上市公司所披露的企业社会责任报告的范围及具体内容，并要求上市公司从严进行社会责任信息披露；对于中小企业，鉴于其本身税负较重，利润率较低，可以在调研取证的基础上，在合适的时机要求其主要承担员工福利、产品质量、环境保护、纳税义务等法律性强制义务，待其企业逐渐发展壮大之后再进一步要求其履行社区服务等社会责任，无论其履行责任的多寡，需要披露其履行的社会责任。各省（自治区、直辖市）若有特殊情况，可以在全国统一规定的法律框架范围内进一步制定本地区或针对某些特定行业的细则，以推进企业社会责任报告的应用性，不断规范法律、法规，使企业社会责任报告的披露规则清晰、可预见，最终建立适应我国具体情况的企业社会责任信息披露法律框架。

另外，过去从计划经济时代转型到市场经济时代的特殊背景下，为了保障企业的顺利发展，我国的法律体系较为保护企业的权利，对企业违法的惩罚成本较低。有鉴于此，未来我国企业社会责任方面的法制建设需要吸取之前的经验教训，注重社会责任的履行和对不合法行为的披露，加重企业违法成本，加强企业履行社会责任约束。

10.2　政府积极引导自愿性企业社会责任信息披露

逐渐完善的企业社会责任法律体系有助于企业正确地履行并披露其社会责任，但法律只是道德的最低标准，要真正推动企业（尤其是民营企业）社会责任的合理履行及正确披露，更需要的是企业管理层及相关利益者真正意识到企业社会责任对公民、对社会的价值，从而推动企业自发地承担社会责任并充分披露。上交所已发布的《〈公司履行社会责任的报告〉编制指引》明确鼓励上市公司在必要披露的信息基础上自愿披露利益相关者有用的信息，如每股社会贡献和第三方验证报告，表明了政府部门对自愿性社会责任信息披露的引导意图。因此，在未来法律统一规定社会责任信息披露规范的基础上，本书建议政府部门进一步加强引导，促进企业自愿披露其社会责任履责信息。正如前文所述，立法机构在立法时可以在充分征求相关专家及普通民众意见的基础上，请专家区分社会责任报告内容，将其分为核心指标和非核心指标两部分。对于社会责任报告中的核心指标，应要求强制披露；而对于由于行业性质不同的非核心指标，则鼓励自愿性披露。同时，也应该强制规定披露方式。例如，应规定必须采用数据形式披露核心指标的核心竞争力信息，而第三方验证则可针对非量化信息。对于如央企、规模较大的上市公司等企业，因其行业性质特殊，对公众影响范围广，所以存在较高的社会责任履责及信息披露内生性要求，那么其行业补充性指标、负面信息也可能实施强制披露措施。例如，既要求强制披露社会责任信息核心指标，又要求采用数据形式披露非核心指标的，可能包括采矿企业的环境信息、食品生产企业的质量安全信息。出于对披露成本的考虑，对于规模较小的公司，可鼓励其披露行业补充性信息，以提升我国企业社会责任报告的总体质量。

本书经研究后认为，获取潜在利益，实现所有者对管理者的监督，以及降低企业成本，均是企业披露社会责任报告的重要动机。从企业层面来说，对社会责任的积极承担显然利大于弊。本书在前文中已研究了企业社会责任信息传递与企业价值之间的关系，认为传递社会责任信息可以为企业在社会效益之外带来品牌价值和经济效益的提升，有利于企业核心竞争力的提高，有助于使积极履行社会责任成为企业最重要的战略之一。如果企业家能不断深化对社会责任的认识，必将使企业和社会共同进步，提升社会治理水平，降低政府治理的成本，有效实现社会治理对国家治理的有益补充，实现社会与经济可持续发展。

鉴于目前我国自愿披露社会责任报告的氛围尚未完全形成，适当的激励辅助机制也是必需的。从目前已经实施的政策来看，2008 年 8 月上交所选取上交所上市公司中在社会责任履行方面表现良好的公司股票作为样本股编制而成并发布的“上证社会责任指数”具有一定的激励作用。该指数不仅为投资者提供了新的投资指标，而且起到了良好的示范作用，对于已上市和拟上市企业，可以积极帮助其理解社会责任报告的意义，对促进我国上市公司社会责任报告质量整体水平的提高具有重要意义。

政府和相关部门应进一步加大对宣传企业社会责任履责和信息传递的力度，进一步提高公众的参与意识，提醒利益相关方加强对企业社会责任信息传递的关注程度。依据十八届三中全会提出的提升国家治理能力的精神，进一步加大以企业社会责任为代表的社会治理的能力，促进全社会的和谐和可持续发展。在全方位宣传企业社会责任的同时，政府还应积极引导建立健全民间社会责任组织，做好企业履责引导工作。同西方相比，社会责任民间组织在我国的数量不多，如果仅仅依靠政府引导力量显然不够。在政府积极出台配套措施宣传企业社会责任的同时，如何引导和规范包括具有社会责任感的投资机构在内的民间组织积极投身于社会责任事业，仍有大量的工作需要安排。只有各类投资机构、评级机构、非营利组织的力量被积极调动起来，社会责任的观念才会更深入人心，利益相关者的有效监督作用才能得到充分发挥；已有研究证明，企业履行社会责任对企业绩效的提升能够起到良性促进作用，如前文所述，本书也得出了相似的研究结论，即企业履行社会责任能够有效地提升企业价值。但是，由于多数企业尚不明确如何履责，故政府应首先做好引导工作。具体而言，建议以中国证监会为代表的政府部门应建立社会责任服务机构，以更好地帮助企业履责并积极披露。

总之，社会责任报告披露的真实性和完整性对于企业的良性发展是一个有利因素，如有助于企业树立良好的企业形象、加强潜在投资者的关注等，从而有利于提升企业价值；从政府的层面来说，应该采取积极措施，让上市公司意识到真实、完整地披露社会责任报告的重要性，让政府引导行为卓有成效。

10.3　重视社会责任报告验证与评价，完善监督机制

根据前文分析，目前的一个事实是，我国企业社会责任信息披露水平不够高。举例来说，没有公认、统一的信息披露规范是目前企业社会责任信息披露存在的最大问题之一，典型表现为：信息披露的随意性大，数据性披露较少，文字性披露不足等。部分社会责任报告没有经过独立第三方审验，但又存在自我宣传与自我标榜的嫌疑，使其真实性、可靠性和实用性受到公众质疑。因而，眼下我国迫在眉睫的工作之一，即对企业社会责任信息披露制度的相关规范的完善。如本书在前文所述，正常来说，企业社会责任信息披露的短期价值效应是被促进的，但在我国则呈现相反的态势，即企业社会责任信息披露的短期价值效应是被抑制的。这进一步反映了我国企业社会责任信息披露制度环境的脆弱性。政府和相关部门应积极发挥第三方的作用，探讨利用专业审验、评级组织等社会资源，评估和监督企业实际履行社会责任及披露企业社会责任的充分性和及时性，尤其是全面评估所披露信息的真实性和完整性，同时，应将企业的信用评级和企业社会责任信息披露状况挂钩，切实完善企业社会责任信息传递机制。

能够保证社会责任报告真实性和可靠性的有效手段之一是社会责任报告的第三方审验与评级，但在我国，目前只有少数大型上市企业将其社会责任验证结果对社会进行了公布，在权威机构中，只有上交所和深交所每年都对上市公司社会责任报告进行最低层面的考评，之后向社会公众公布，但还未有明确的质量级次之分，这说明社会责任报告评级机制有待完善。以财务审计报告为主要内容的社会责任报告鉴证业务虽然是新兴工作，但对企业社会责任可以形成良好的制约。

在“三证合一”、简化工商部门审批业务的今天，许多会计师事务所，尤其是规模不大的事务所的业务量下降，同时社会责任报告的第三方审验工作有巨大的成长空间。我国可以考虑借鉴国外发达国家的社会责任报告第三方审验的经验，将社会责任报告的独立审验工作交由会计师事务所开展，既能提高企业社会责任报告信息的公信度，又有利于会计师事务所等中介机构健康发展。

国外普遍承认的第三方验证标准是 AA 1000 标准，该标准是由名为 Account Ability 的非营利机构成立的，该机构隶属于 ISEA（Institute for Social and Ethical Accountability，即社会和伦理责任协会）。AA 1000 标准由四部分构成，分别是原则标准、框架标准、鉴证标准和利益相关方参与标准，其目的是使一个负责任的企业在行动中履行可持续发展责任并促进利益相关者了解企业社会责任的重点，另外还能帮助企业更好地向有关各方有效地传递其社会责任信息，有利于利益相关者理解企业履行社会责任的动机、战略、组织机构保障、具体行动策略等。由于规范的标准有利于第三方验证工作的实施和提高相关信息的可信度，能更有效地促进企业与其利益相关者之间的信息对称，进而促进企业的价值实现，推动企业的可持续发展，故在第三方验证工作还较为缺乏的中国，如何对不断增加的企业社会责任报告提供有效的独立鉴定工作至关重要。未来企业社会责任信息传递的重点不仅仅是通过强制性规定和激励性政策鼓励企业披露社会责任信息，更需要在企业社会责任报告数量增加的基础上进一步提升社会责任信息的质量。

根据国外发达国家的相关经验，第三方验证必须要结合规范的评级机制，正如前文所述，这需要在制定相应的社会责任信息披露规范时予以确定，只有评级机制结合第三方验证，才能真正地将社会责任履责和披露较好的企业和其他企业区分出来，提升企业价值，进而促进企业积极披露其社会责任报告，形成良性循环，社会责任报告的价值也会相应得到提升。作为我国资本市场的直接监管者，中国证监会应在法律规范体系建立之前着重建设社会责任报告评级机制。第一，中国证监会应在调研我国上市公司的具体情况的基础上，与国际标准相结合，建立起符合我国国情的、科学的社会责任报告评级机制，并制定规则，定期考察我国上市公司披露的社会责任报告，无论是量化信息还是非量化信息，无论是强制性披露还是自愿性披露，均应对其可靠性、合规性等方面进行考察，以“分级别”的方式将企业社会责任报告进行归类。第二，在社会责任报告评级时，中国证监会应适当考虑证券分析师、投资机构的意见，因为这些专业机构和人士掌握更多上市公司信息，在社会责任报告的披露质量和社会责任报告履行方面，拥有一定的评价权和发言权。例如，可以考虑，通过报告前咨询或报告后反馈的方式，将专业人士（如资深社会投资机构等）的意见纳入考评体系。第三，中国证监会应重视社会公众、投资者和潜在投资者的评价意见，这些人群对社会责任报告质量的评价，真正反映了企业社会责任报告与利益相关者之间的信息传递与反馈。中国证监会可以通过各种方式（包括电子邮件、公共信箱、网站留言等）定期地收集社会公众的反馈和意见，并在下期报告中提及对上期社会责任报告的改进之处。

一个完善的监督机制应包括事前规范、事中控制与事后监督，社会责任报告验证与评价属于企业社会责任信息披露的事后监督。结合前文分析，本书对完善的社会责任信息传递监督机制给出如下具体建议。

（1）事前规范，正如前文所述，在长期来看，需要立法机构对企业社会责任的信息披露进行立法；就短期而言，需要政府各部门协同配合，推动企业社会责任信息披露机制的规范化和完善化。需要中国证监会、国务院国资委、国家质量监督检验检疫总局、国家标准化管理委员会等各个部委，在参照 ISO 26000、SA 8000 等国际标准的基础上，在已有的 GB/T 36001—2015《社会责任报告编写指南》、GB/T 36002—2015《社会责任绩效分类指引》等规范的基础上，结合实际执行情况，进一步健全企业社会责任信息披露的相关规范，提高社会责任报告的可靠性、可比性和充分性。

（2）事中控制，在企业社会责任信息披露规范完善之后，国务院国资委、中国证监会、上交所、深交所等部门之间的信息共享势在必行，由此，建议建立起统一的官方权威平台用于企业社会责任信息披露，这样既便于信息供给方的企业的有效信息传递，也便于作为信息需求方的利益相关者在公共平台上对企业社会责任信息披露进行适时反馈和监督。此外，建立专家评价小组亦属必要，专家评价小组（包括第三方机构人员、主流媒体、政府官员、独立的专业人士等）的职责可定位成：定期对各上市公司企业社会责任履行情况进行尽职调查。

（3）事后监督，也就是独立的第三方对企业社会责任信息进行客观公正的审验。在对验证进行规范规定的基础上，可以引进民间审计机构来完成对此的审验或审计。

总之，事前规范、事中控制与事后监督的流程缺一不可。这有利于上市公司定期按照规范发布其经过独立第三方审验后的企业社会责任报告，公布于统一的官方平台，向广大利益相关者传递其社会责任信息并接受监督，在推进社会效益增长的同时提升企业的长期价值。为了推进企业社会责任信息披露工作，在规范的初期建议国务院国资委、中国证监会等政府相关部门建立奖惩机制，对社会责任信息披露良好的企业进行表扬奖励，而对企业社会责任信息披露不达标的企业进行批评处罚。

10.4　建立企业社会责任信息反馈制度

前文研究结果表明，企业的利益相关者对上市公司和央企的社会责任信息了解较多，尤其是企业的员工政策、消费者问题和环境保护责任，但对中小企业和外资企业的社会责任了解不足。而受教育水平会明显影响利益相关者了解企业社会责任信息的程度。鉴于网络媒体已经成为人们获取企业社会责任信息的首要渠道，国务院国资委、中国证监会、上交所、深交所等部门在积极建立起统一的官方权威平台用于企业社会责任信息披露的基础上，应积极探索建立企业社会责任的信息反馈制度。

如对上市公司和国有企业可以考虑强制性要求其在公司主页公布当年的企业社会责任报告之后，给有兴趣阅读该社会责任报告的利益相关者建立网上留言簿，以便企业及时了解利益相关者对其社会责任报告的意见和建议，在今后的工作中进一步加以改进。还可以引导企业积极主动充分发挥微信微博等自媒体的作用，通过微信微博在宣传企业社会责任报告，扩大企业社会影响力的同时，积极利用微信微博的交流沟通功能，对利益相关者开放各种微信微博的交流平台，及时接收利益相关者的反馈信息，切实实现企业社会责任信息传递的有效性和反馈的及时性。当然，电视和报刊等传统媒体的宣传作用仍然较为重要，企业可以利用这些渠道传递自身的社会责任报告，但限于这些媒体的局限性，反馈交流措施比较有限。企业可以继续和政府保持良好的关系，利用政府的宣传积极传递本企业的社会责任信息。

10.5　深化财税体制改革，规范税收优惠政策

前文研究结果表明，我国企业社会责任信息披露的规范和监管体系都有待进一步改进，由于制度的缺陷，不少企业假借企业社会责任信息披露的名义，在不具备合理商业目的的前提下进行所谓的资本运作，以达到避税的实际目的。在企业社会责任报告中主要体现为企业虚假地披露其并未实际履行的社会责任，并充分利用我国现行税收优惠政策全国不统一的漏洞，通过享受各地并未严格依据法律法规而自行出台的所谓“地方税收优惠政策”，达到通过减少国家税收收入，损害利益相关者——政府利益从而实现企业自身利润最大化的目标。这种行为最终会导致政府提供的为公民服务的公共产品和公共服务减少，代价为全体社会公

众受损。

因此，根据前文的研究结论，为了防范企业这种损人利己地进行企业社会责任美化包装的行为，在进一步建立健全法律法规对企业社会责任信息披露进行规范的基础上，需要进一步深化我国的财税体制改革，规范全国的税收优惠政策，促进企业真正履行其应尽的社会责任。应根据党的十八届三中全会、四中全会、五中全会的精神以及“十三五规划”安排，进一步深化改革，充分发挥财政在国家治理中的基础性作用，对法律法规和经法律法规授权的国务院规定之外的地方性、部门性税收优惠政策，尤其是各地区的区域性税收优惠政策进行规范清理。在规范企业社会责任信息披露的法律法规上，要充分考虑其对政府税收的影响，对包括公益性捐赠在内的涉及税收的企业社会责任信息披露制定较为详细的法律法规规范，避免企业滥用甚至虚假披露相关社会责任信息，达到避税的目的。在规范地方税收优惠政策方面，财政部、国家税务总局等国务院所属中央政府部门，应对全国违法违规出台的部门性、地方性税收优惠政策进行限时清理整顿，考虑到政策的平稳过渡，可以分步分阶段实施。对明确违反现有法律法规的部门性、地方性税收优惠政策应该全部废止；对现有法律法规规定不太明确或在各地执行过程中有争议的税收优惠政策，应在实际调研的基础上进一步完善法律法规的可操作性，切实保障既能通过税收优惠政策体现政府对经济、产业的调控，又堵住滥用税收优惠政策的漏洞，推动企业将注意力转移到踏踏实实的生产经营并履行其应尽的社会责任上。

10.6　本章小结

本书在前文研究的基础上，提出完善企业社会责任信息传递机制的建议，包括以下内容。

第一，从法律层面上建立、完善企业社会责任报告披露制度。建议我国人大等立法部门可以在吸收现有的法律法规和部门规章的合理规定的基础上，参照国际公认企业社会责任信息披露的规范标准，吸收借鉴学术界和实务界的研究成果，从法律上建立我国统一的社会责任信息披露制度，同时辅以具体法规对法律进行解释，确保社会责任信息披露制度的可操作性。

第二，政府积极引导自愿性企业社会责任信息披露。建议政府部门进一步加强引导，实施适当的激励辅助机制，加大宣传履行社会责任良好并积极主动全面披露其履责情况的优秀企业，从精神和物质两个层面激励更多的企业积极向利益相关者公布其社会责任履责信息。

第三，重视社会责任报告验证与评价，完善监督机制。政府和相关部门应积极发挥第三方的作用，引导会计师事务所开展社会责任报告鉴证业务，探讨利用专业审验、评级组织等社会资源，评估和监督企业实际履行社会责任及披露企业社会责任的充分性和及时性，尤其是对其披露的信息是否真实、全面、完整进行评估，同时结合规范的评级机制，切实促进企业社会责任信息传递机制的完善。

第四，建立企业社会责任信息反馈制度。应积极发挥网络媒体的重要媒介作用，充分发挥微信微博等自媒体的作用，积极利用微信微博的交流沟通功能，对利益相关者开放各种微信微博的交流平台，及时接收利益相关者的反馈信息，切实实现企业社会责任信息传递的有效性和反馈的及时性。

第五，深化财税体制改革，规范税收优惠政策。既要在企业社会责任信息披露的规范标准中对公益性捐赠等涉及税收的事宜明确加以规范，又要积极深化财税体制改革，进一步优化税收优惠政策的制定程序，清理整顿违法的税收优惠政策，在确保鼓励企业积极履行社会责任的同时避免诱发其避税倾向，切实促进企业实际履行其社会责任承诺。

附录Ⅰ　指标一览表

一级指标	二级指标	文字披露	数据披露
消费者问题	产品质量安全	提供保护消费者健康和安全的合格产品	
	真实的信息	向消费者提供全面、客观、真实的产品信息	
	公平交易	公平交易，制定合理的产品价格	产品返修率
		为顾客提供良好的售后服务与支持	单位收入售后服务费率
		建立良好的消费者争端处理机制	消费者投诉率
		把顾客满意度作为企业绩效指标之一	准时交货率
		平等对待所有消费者	售后服务率
		不断进行技术开发和科技创新	其他
		保护消费者信息和隐私	
		促进可持续消费	
		提高企业管理层与员工保护消费者权益的意识	
企业员工政策	员工政策	为员工制定科学透明的薪酬制度	员工收入提高率
		为员工提供稳定的工作岗位	员工人均所得
		为员工提供保障职业健康和安全的措施	工资拖欠率
		为员工提供良好的发展前景	安全生产事故伤亡率
		提升员工的人力资本	工作时间标准
		塑造融洽的组织气氛和人际关系	职业病发病率
		树立良好的企业形象	劳动合同签约率
		为员工提供良好的薪酬和福利	社保提取率
		为员工提供良好的休息制度	人力资本投入水平
		防止薪酬和晋升方面的员工歧视	员工人均教育经费
		按国家规定为员工办理养老、失业、医疗等社会保险	其他
		为员工提供投诉渠道，使其意见和建议能迅速得到反馈	
		员工检举工作中的不当行为（如性骚扰）有保密程序	

续表

一级指标	二级指标	文字披露	数据披露
企业员工政策	员工政策	与工会建立良好的合作关系	
		在企业内建立良好的人际关系	
		进行完善的员工职业生涯管理	
		帮助离职员工寻找新工作	
		提供员工人力资源开发和职业相关能力培训	
		让员工有机会参与企业管理	
		确保员工评价中的公平性	
		为残障人士提供就业机会	
	管理者政策	保证公司高层有妇女和少数民族成员	
公平运营问题	对供应商履行责任	要求供应商、代理商等商业伙伴遵守商业道德	平均及时结算比率
		与供应商建立稳定的业务关系	订货完成率
		遵守商业合同，及时足额偿付供应商的货款	其他
		不利用买方优势讹诈供应商	
		为供应商提供技术支持	
		让供应商有机会参与企业的管理	
		为供应商提供财务支持	
		公平对待各个供应商	
		不与从事各种非法商业活动，或形象不良的企业进行贸易往来	
	对销售商履行责任	要求分销商遵守商业道德	
		为分销商稳定及时供货	
		为分销商的业务增加价值	
		为分销商提供财务支持	
		为分销商提供技术支持	
		让分销商有机会参加企业的管理	
		主动向分销商提供相关的生产信息	
		主动适应分销商的业务流程	
		不与从事各种非法商业活动，或形象不良的企业进行贸易往来	
	对债权人履行责任	及时足额归还欠款	资产负债率
		让债权人有机会参与企业的管理工作	流动比率
		与债权人建立长期稳定的合作关系	速动比率
		配合债权人的贷款条件审核	应付账款平均支付周期
		配合债权人的还款调查	其他
		吸收债权人进入董事会	
		按商定的用途使用贷款	

续表

一级指标	二级指标	文字披露	数据披露
环境保护责任	履行环境责任	废物排放严格遵守国家标准，减少对水、空气等自然资源和社会环境的污染（如噪声）	环保投资率
		积极开发节能环保产品	环保经费与销售收入比率
		实施能源节约项目和环境保护项目	环保经费增长率
		及时修复对环境造成的损害	单位收入能耗率
		定期监测和评价企业生产经营活动对环境的影响	单位产值能耗
		实施资源可持续利用项目，推进废料的回收与循环利用	单位收入排废量
		是否属于高污染行业	材料耗用率
		是否属于国家强制要求执行环保标准行业	可再生能源使用比率
			污染物排放达标率
社区参与和发展	对社区履行责任	主动采取对当地经济发展有益的措施，改善当地经济状况和发展水平	捐赠收入比率
		公司的人力资源战略考虑当地就业需要，为当地社区提供就业机会，促进当地待业人员技能发展	社区活动参与次数
		主动参与社区发展规划与行动	社区发展经费支出
		收集社区投诉意见并迅速做出反应，避免与社区发生重大诉讼	社区就业贡献率
		由高层管理者监督企业活动对社区造成的负面影响	其他
		提升社区档次和品位，促进社区发展	
		投资社会事业	
		促进社区卫生健康水平的提高	
		赞助社区的文化、教育、艺术、体育等活动	
		积极进行慈善活动和社会公益宣传	
		制定和执行企业伦理准则	
组织管理	履行社会责任的组织结构	有助于企业社会责任决策的组织结构	
		有助于企业社会责任实际应用的组织结构	
		有助于企业社会责任信息披露的组织结构	
政府责任	对政府履行责任	照章纳税	就业贡献率
		杜绝商业贿赂	就业人数
		配合政府解决贫困、犯罪等社会问题	社会贡献率
		遵守法律和规章	税负比率
		企业诚信经营	其他
		配合政府解决自然性、社会性灾难（如非典、地震）	
		企业行为符合社会道德要求	

续表

一级指标	二级指标	文字披露	数据披露
股东责任	对股东履行责任	为股东提供满意的投资回报	
		有保障企业的所有者（投资者）权益的政策和具体措施，防止大股东侵犯中小股东的利益	
		向股东提供充分真实的信息，财务报告准确、深入、全面	
		与企业的所有者（投资者）的沟通渠道通畅	
		树立良好的企业信誉	
		保证企业的长期生存和发展	
		努力降低操作成本	
		严密监督员工生产率	
		制定和执行企业长期发展战略	
		发生的负面问题是否披露	
其他			

附录Ⅱ 调查问卷

尊敬的先生/女士：

您好！

中国企业履行企业社会责任及企业社会责任信息披露正日益引起人们的关注和重视，为此，我们组织了此次关于企业社会责任的调查，目的在于了解社会各界对企业社会责任的看法，为推进相关研究与有关政策制定提供一手资料。您的看法将代表许多与您类似的人的看法，我们真诚地希望得到您的支持与配合。本问卷中，企业社会责任是指企业在赚取利润的同时所履行的对消费者、环境、供应商、债权人、企业管理层、员工、社区和其他利益相关者的责任。您的回答无所谓对错，请您根据实际感受填答即可。我们郑重地向您承诺，所有调查资料将完全用于本次研究，我们将严格按照社会科学研究规范处理调查资料，保证任何时候都不公开单位和个人的信息。本次调查将大约占用您20分钟的时间，请您在百忙之中抽出宝贵时间惠予填写。真诚感谢您的大力支持！

贵州财经大学会计学院

2015年7月

填写说明：

1. 请在符合您的实际情况的选项序号上打"√"。

2. 如果没有特殊说明，请只选择1个最符合您的看法的选项。

您是否年满18周岁？

①是（请继续填答下面的问题）　　②否（请终止作答）

一、基本信息（仅为研究需要，请填写以下基本数据）

A1. 您的职业：

（1）企业从业人员

（2）企业管理人员

（3）农民工
（4）自由职业者
（5）消费者协会从业人员
（6）公务员（环保部门）
（7）公务员（税务部门）
（8）公务员（非环保非税务部门）
（9）在校学生
（10）其他

A2. 您的年龄是：____周岁。

A3. 您的受教育程度是：
（1）初中及以下　　（2）高中（中专）　　（3）大专
（4）本科　　（5）研究生

A4. 您了解企业社会责任相关信息的渠道是：
（1）电视　（2）报刊　（3）网络新闻　（4）微博微信
（5）社区宣传　（6）工会　（7）企业公布的社会责任报告
（8）消费者保护协会宣传　（9）政府部门宣传
（10）其他（请注明：____________）

二、企业社会责任披露

B1. 您认为企业应公布下列哪些信息？（请按重要性排序，只写序号）
（　　　　　　　　）
（1）消费者问题（包括产品质量安全、真实的信息和公平交易等）
（2）企业员工政策（包括对员工与管理者履行责任）
（3）公平运营问题（包括对供应商和债权人履行责任）
（4）环境保护责任
（5）社区参与和发展
（6）组织管理（有助于企业社会责任的决策和实际应用）
（7）其他（请注明：____________）

B2. 据您了解，我国上市公司公布了哪些信息？（可多选）
（1）消费者问题（包括产品质量安全、真实的信息和公平交易等）
（2）企业员工政策（包括对员工与管理者履行责任）
（3）公平运营问题（包括对供应商和债权人履行责任）
（4）环境保护责任
（5）社区参与和发展
（6）组织管理（有助于企业社会责任的决策和实际应用）

（7）其他（请注明：____________）

B3. 据您了解，我国央企公布了哪些信息？（可多选）

（1）消费者问题（包括产品质量安全、真实的信息和公平交易等）

（2）企业员工政策（包括对员工与管理者履行责任）

（3）公平运营问题（包括对供应商和债权人履行责任）

（4）环境保护责任

（5）社区参与和发展

（6）组织管理（有助于企业社会责任的决策和实际应用）

（7）其他（请注明：____________）

B4. 据您了解，我国中小企业公布了哪些信息？（可多选）

（1）消费者问题（包括产品质量安全、真实的信息和公平交易等）

（2）企业员工政策（包括对员工与管理者履行责任）

（3）公平运营问题（包括对供应商和债权人履行责任）

（4）环境保护责任

（5）社区参与和发展

（6）组织管理（有助于企业社会责任的决策和实际应用）

（7）其他（请注明：____________）

B5. 据您了解，我国外资企业公布了哪些信息？（可多选）

（1）消费者问题（包括产品质量安全、真实的信息和公平交易等）

（2）企业员工政策（包括对员工与管理者履行责任）

（3）公平运营问题（包括对供应商和债权人履行责任）

（4）环境保护责任

（5）社区参与和发展

（6）组织管理（有助于企业社会责任的决策和实际应用）

（7）其他（请注明：____________）

B6. 您认为企业应向公众披露的对消费者的信息是（请选出您认为最重要的3项）：

（1）提供保护消费者健康和安全的合格产品，不生产、经营假冒伪劣产品

（2）公平交易，制定合理的产品价格

（3）为顾客提供良好的售后服务与支持

（4）建立良好的消费者争端处理机制，积极响应并处理每一件顾客投诉

（5）把顾客满意度作为企业绩效指标之一

（6）平等对待所有消费者，不歧视消费者

（7）不断进行技术开发和科技创新，从而提高产品质量

（8）公平营销，向消费者提供全面客观真实的产品信息

（9）保护消费者信息和隐私

（10）促进可持续消费

（11）提高企业管理层与员工保护消费者权益的意识

（12）其他（请注明：____________）

B7. 您认为企业应向公众披露的对员工的信息是（请选出您认为最重要的 3 项）：

（1）为员工制定科学透明的薪酬

（2）为员工提供稳定的工作

（3）为员工提供保障职业健康和安全的措施（包括提供安全工作环境和良好的工作条件等）

（4）为员工提供良好的发展前景

（5）保证公司高层有妇女和少数民族成员

（6）提升员工的人力资本

（7）塑造融洽的组织气氛和人际关系

（8）树立良好的企业形象

（9）为员工提供良好的薪酬和福利

（10）为员工提供良好的休息制度（如带薪休假）

（11）防止薪酬和晋升方面的员工歧视

（12）按国家规定为员工办理养老、失业、医疗等社会保险

（13）为员工提供投诉渠道，使其意见和建议能迅速得到反馈

（14）员工检举工作中的不当行为（如性骚扰）有保密程序

（15）为员工提供稳定的工作岗位

（16）与工会建立良好的合作关系

（17）在企业内建立良好的人际关系

（18）进行完善的员工职业生涯管理

（19）帮助离职员工寻找新工作

（20）提供员工人力资源开发和职业相关能力培训

（21）让员工有机会参与企业管理

（22）确保员工评价中的公平性

（23）为残障人士提供就业机会

（24）其他（请注明：____________）

B8. 您认为企业应向公众披露的对债权人的信息是（请选出您认为最重要的 3 项）：

（1）及时足额归还欠款

（2）让债权人有机会参与企业的管理工作

（3）与债权人建立长期稳定的合作关系

（4）配合债权人的贷款条件审核

（5）配合债权人的还款调查

（6）吸收债权人进入董事会

（7）按商定的用途使用贷款

（8）其他（请注明：____________）

B9. 您认为企业应向公众披露的企业对供应商的信息是（请选出您认为最重要的 3 项）：

（1）要求供应商、代理商等商业伙伴遵守商业道德

（2）与供应商建立稳定的业务关系

（3）遵守商业合同，及时足额偿付供应商的货款

（4）不利用买方优势讹诈供应商

（5）为供应商提供技术支持

（6）让供应商有机会参与企业的管理

（7）为供应商提供财务支持

（8）公平对待各个供应商

（9）不与从事各种非法商业活动，或形象不良的企业进行贸易往来

（10）其他（请注明：____________）

B10. 您认为企业应向公众披露的对销售商的信息是（请选出您认为最重要的 3 项）：

（1）要求分销商遵守商业道德

（2）为分销商稳定及时供货

（3）为分销商的业务增加价值

（4）为分销商提供财务支持

（5）为分销商提供技术支持

（6）让分销商有机会参加企业的管理

（7）主动向分销商提供相关的生产信息

（8）主动适应分销商的业务流程

（9）不与从事各种非法商业活动，或形象不良的企业进行贸易往来

（10）其他（请注明：____________）

B11. 您认为企业应向公众披露的对股东的信息是（请选出您认为最重要的 3 项）：

（1）为股东提供满意的投资回报

（2）有保障企业的所有者（投资者）权益的政策和具体措施，防止大股东侵犯中小股东的利益

（3）向股东提供充分真实的信息，财务报告准确、深入、全面

（4）与企业的所有者（投资者）的沟通渠道通畅

（5）树立良好的企业信誉

（6）保证企业的长期生存和发展

（7）努力降低操作成本

（8）严密监督员工生产率

（9）制定和执行企业长期发展战略

（10）其他（请注明：____________）

B12. 您认为企业应向公众披露的对政府的信息是（请选出您认为最重要的3项）：

（1）照章纳税

（2）杜绝商业贿赂

（3）配合政府解决贫困、犯罪等社会问题

（4）遵守法律和规章

（5）企业诚信经营

（6）配合政府解决社会性灾难（如非典）

（7）企业行为符合社会道德要求

（8）其他（请注明：____________）

B13. 您认为企业应向公众披露的对自然环境的信息是（请选出您认为最重要的3项）：

（1）废物排放严格遵守国家标准，减少对水、空气等自然资源和社会环境的污染（如噪声）

（2）积极开发节能环保产品

（3）实施能源节约项目和环境保护项目

（4）及时修复对环境造成的损害

（5）定期监测和评价企业生产经营活动对环境的影响

（6）实施资源可持续利用项目，推进废料的回收与循环利用

（7）其他（请注明：____________）

B14. 您认为企业应向公众披露的对社区和社会的信息是（请选出您认为最重要的3项）：

（1）主动采取对当地经济发展有益的措施，改善当地经济状况和发展水平

（2）公司的人力资源战略考虑当地就业需要，为当地社区提供就业机会，促进当地待业人员技能发展

（3）主动参与社区发展规划与行动

（4）收集社区投诉意见并迅速做出反应，避免与社区发生重大诉讼

（5）由高层管理者监督企业活动对社区造成的负面影响
（6）提升社区档次和品位，促进社区发展
（7）投资社会事业
（8）促进社区卫生健康水平的提高
（9）赞助社区的文化、教育、艺术、体育等活动
（10）积极进行慈善活动和社会公益宣传
（11）制定和执行企业伦理准则
（12）其他（请注明：____________）

B15. 您认为企业应向公众披露的为保障其履行社会责任的组织结构为：
（1）决策机构
（2）执行机构
（3）信息披露机构
（4）其他（请注明：____________）

三、促进企业披露其社会责任的措施

C1. 我国推动企业履行社会责任、披露社会责任信息最主要的单位（或个人）为（请选出您认为最重要的3个）：

（1）政府部门 （2）消费者保护协会 （3）环保部门 （4）消费者
（5）员工 （6）工会 （7）股东 （8）债权人
（9）供应商 （10）销售商 （11）社区信用评级机构
（12）新闻媒体 （13）其他（请注明：____________）

C2. 我国推动企业履行社会责任、披露社会责任信息最迫切的措施为（请选出您认为最重要的2项）：
（1）完善企业社会责任信息披露的法律法规
（2）政府监督
（3）社区推动
（4）消费者保护协会等组织推动
（5）环保部门及环保协会推动
（6）消费者自身关注
（7）员工自身关注
（8）其他（请注明：____________）

C3. 您认为我国企业披露对员工的社会责任时，应该披露哪些具体数据？（可多选）

（1）员工收入提高率 （2）员工人均所得 （3）工资拖欠率
（4）安全生产事故伤亡率 （5）工作时间标准 （6）职业病发病率

（7）劳动合同签约率　　（8）社保提取率
（9）人力资本投入水平　　（10）员工人均教育经费
（11）其他（请注明：____________）

C4. 您认为我国企业披露对消费者的社会责任时，应该披露哪些具体数据？（可多选）

（1）产品返修率　　（2）单位收入　　（3）售后服务费率
（4）消费者投诉率　　（5）准时交货率　　（6）转售售后服务率
（7）其他（请注明：____________）

C5. 您认为我国企业披露对供应商的社会责任时，应该披露哪些具体数据？（可多选）

（1）平均及时结算比率　　（2）订货完成率
（3）其他（请注明：____________）

C6. 您认为我国企业披露对社区的社会责任时，应该披露哪些具体数据？（可多选）

（1）捐赠收入比率　　（2）社区活动参与次数
（3）社区发展经费支出　　（4）社区就业贡献率
（5）其他（请注明：____________）

C7. 您认为我国企业披露对环境的社会责任时，应该披露哪些具体数据？（可多选）

（1）环保投资率　　（2）环保经费与销售收入比率
（3）环保经费增长率　　（4）单位收入能耗率
（5）单位产值能耗　　（6）单位收入排废量
（7）材料耗用率　　（8）可再生能源使用比率
（9）污染物排放达标率　（10）其他（请注明：____________）

C8. 您认为我国企业披露对政府的社会责任时，应该披露哪些具体数据？（可多选）

（1）就业贡献率　　（2）就业人数
（3）社会贡献率　　（4）税负比率
（5）其他（请注明：____________）